그리스로마 신화로 읽는 사랑열전

바람난 신과 인간의 적나라한 연애사건들

그리스로마 신화로
읽는 사랑열전

| 최복현 지음 |

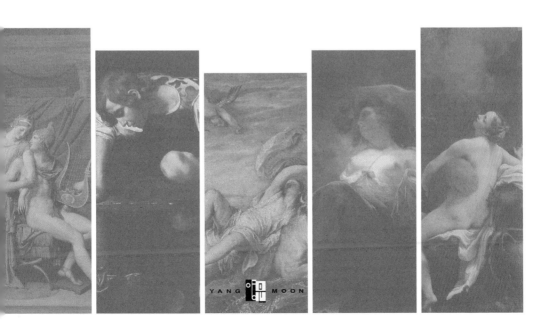

YANG 아 오 MOON

차 례

신들의 사랑, 그 사랑 이야기

　　　그리스신화가 여전히 사람들을 끌어당기고 설득력을 가지는 이유는 신들이 우리와 다른 성정을 가진 것이 아니라 우리처럼 약점이 있고 고통을 느낄 줄 알며, 비슷한 감정을 가지고 있기 때문일 것입니다. 그리스 신들은 인간보다 더 강렬한 감정과 욕구를 가진 존재입니다. 그들의 모습은 인간과 아주 유사합니다. 서로 사랑하고 질투하고 미워하며 그리워하고 화내고 주도권을 잡기 위해 서로 다투고 전쟁도 벌입니다.

　이처럼 신에 대한 고정관념을 깨는 것이 그리스신화입니다. 신이라기보다는 우리 이웃 같습니다. 그래서 우리는 그리스신화를 좋아합니다. 실제로 신들이 그런 모습이라면 우리도 신이 될 수 있을 것 같습니다. 하지만 그리스신화는 허구, 즉 인간이 지어낸 이야기에 불과합니다. 그래서 신화는 인간을 닮을 수밖에 없죠. 단지 인간의 희망 사항을 노래한 것이라 할 수 있습니다.

　필자는 신들의 여러 성정 가운데 사랑에 초점을 맞추었습니다. 사랑은 인류 보편적인 것이며, 신들의 세계는 물론 인간 세계를 유지하는 원동력이기 때문입니다. 그리스신화는 사랑 놀음을 빼고 나면 무엇이 남을까 싶을 만큼 사랑 이야기로 가득합니다. 때로는 막장 드라마를 보고 있다는 느낌도 받습니다. 우리 주변에서 아주 드물게 만날 수 있는 난봉꾼이나 남자라면 사족을 못 쓰는 막 나가는 여인네를 만날 수 있는가 하면, 사랑에 울고 사랑에 웃는 남녀와 사랑 때문에 조국과 아버지를 배신한 처녀, 심지어 어머니를 아내로 삼은 비극의 주인공도 만날 수 있습니다.

어떻게 보면 우리 사는 세상에서 만날 수 있는 온갖 사랑을 만날 수 있습니다. 지고지순한 사랑으로 눈가를 촉촉하게 적시기도 하고, 치졸한 사랑으로 핏대를 세우기도 하고, 비극적인 사랑으로 우리의 심장을 떨게도 만듭니다. 아주 다양한 사랑, 이 세상에서 일어날 수 있는 모든 사랑의 집합소가 그리스신화라는 생각을 갖게 합니다.

실제로 일어난 이야기를 기록한 것은 아니지만 입에서 입으로 전해지다가 기록자의 상상력이 가미되어 문자화된 신화이기에 현재 우리 세상에서도 충분히 개연성이 있는 일이란 점에서, 그리스신화에 등장하는 사랑의 모습들은 사실 너머에 있는 진실이라 할 수 있습니다. 우리가 내면에 꼭꼭 감춰둔 진실, 남에게 드러내기 남세스러운 진실들의 보고가 바로 그리스신화입니다. 보이지 않는 진실의 모습, 그것이 우리 마음의 욕망이며 바람이기 때문에 그리스신화로 읽는 사랑은 그만큼 매력이 있습니다.

독자들께 미리 밝혀둘 점은 이 책은 그리스신화의 여러 판본을 비교하여 보다 합리적인 것들을 재구성했습니다. 신화란 어차피 허구의 세계이므로 필자의 상상력으로 재구성한 것입니다. 그러므로 이

책에서는 인간과 마찬가지로 몸을 갖고 있는 신, 인간처럼 먹고 마시는 신, 인간처럼 감정을 가지고 고통과 환희를 느끼는 신들은 물론, 신들을 흉내 내어 사랑에 울고 웃는 인간과 다양한 성정의 남녀들을 만나는 즐거움을 누릴 수 있으리라 확신합니다. 잘생긴 남신들을 여신이 흠모하고, 미모가 뛰어난 여신들을 남신들이 치근대고, 서로 미를 뽐내기도 하고, 서로 용기를 자랑하는 등 인간과 다를 것이 없는 신들을 접하면서 신화의 재미도 맛볼 수 있을 것입니다.

　많이 부족한 글을 읽어줄 독자들께 겸허하고 부끄러운 마음으로 고개 숙여 고마움을 전합니다.

2019년 1월

최 복 현

1.
연애의 귀재 제우스, 사랑의 바다를 유영하다

제우스는 둘의 주위를 먹구름으로 가렸습니다.

그러자 이오는 안심하고 제우스의 의도에 따랐습니다.

어두운 먹구름 아래에서 둘은 마음 놓고 사랑을 나눌 수 있었습니다.

하지만 헤라는 구름을 헤치며 남편의 뒤를 추적했습니다.

연막을 친 제우스와 이오의 사랑

제우스는 미모의 여신 헤라에게 구걸하다시피 해 부부의 연을 맺었습니다. 그럼에도 그는 다른 여인들에게 눈길을 돌리곤 했습니다. 하지만 자신의 바람이 들키는 날엔 평지풍파가 일어나고, 헤라의 쟁쟁거리는 소리가 끊이지 않을 것을 알기에 쉽사리 다른 여인을 만나지 못하고 있었습니다.

그러던 어느 날, 이오라는 아름다운 님프가 제우스의 눈에 띄었습니다. 제우스는 설레는 마음으로 이오에게 접근했지만, 질투의 화신 헤라를 잘 알고 있던 이오는 제우스의 구애를 거부했습니다. 그런데도 제우스는 헤라에게 안 들킬 자신이 있다며 계속 이오를 안심시켰습니다.

제우스는 둘의 주위를 먹구름으로 가렸습니다. 그러자 이오는 안심하고 제우스의 의도에 따랐습니다. 어두운 먹구름 아래에서 둘은 마음 놓고 사랑을 나눌 수 있었습니다. 하지만 헤라는 구름을 헤치며 남편의 뒤를 추적했죠. 이리저리 돌아다닌 끝에 강기슭에 앉아 있는 제우스와 그 곁에서 풀을 뜯고 있는 한 마리 아름다운 송아지를 발견했습니다. 헤라는 잔머리의 귀재인 제우스가 자신을 완벽하게 속이기 위해 연인을 암송아지로 변신시켰다고 판단했습니다. 헤라의 예감대로 제우스는 이오와 사랑을 나누다가 헤라가 구름을 헤치는 것을 눈치 채고는 이내 이오를 암송아지로 변신시키고 태연한 척 헤라를 맞았습니다. 헤라는 짐짓 내숭을 떨며 남편에게 말했습니다.

"너무 예쁜 암송아지네요. 그런데 이 송아지는 품종이 뭔가요? 주인은 누구예요? 혈통은 어떻게 되나요?"

제우스는 아내의 집요한 물음에 더 이상의 질문을 피하려고 새로운 품종이라고만 했습니다. 그러자 헤라는 암송아지를 선물로 달라고 제우스를 졸랐습니다. 고민에 빠진 제우스는 못 준다고 하면 더 의심을 받을 것이 자명한 터라 어쩔 수 없이 헤라의 요구를 따랐습니다.

남편이 송아지를 순순히 내주자 예감이 빗나간 것일까 하는 생각도 들었지만, 헤라는 아직 의심을 거두지 않았습니다. 그녀는 송아지를 심복 아르고스에게 맡기면서 몇 번이고 엄중히 감시하도록 주의를 주었습니다.

아르고스는 머리에 백 개의 눈을 가지고 있는 괴물로, 잠을 잘 때도 최소한 두 개 이상 눈을 뜨고 있었습니다. 송아지를 감시하는 데는 적격이었죠. 헤라의 명령을 받은 아르고스는 밤이 되면 보기 흉한 끈으로 송아지의 목덜미를 묶어 나무에 매어두었습니다. 때문에 이오는 꼼짝없이 그 자리에 머물러야만 했습니다.

송아지가 되어버린 이오는 아버지와 자매들을 보고도 소 울음소리만 낼 뿐이었습니다. 그들은 송아지가 이오라고는 생각도 못하고 부드럽게 쓰다듬으며 "정말 아름다운 송아지로군!" 하며 감탄했습니다. 이오는 자기가 딸이라는 것을 알리고 싶었지만 말을 할 수가 없었습니다. 이런저런 생각 끝에 이오는 앞굽으로 바닥에 자기 이름을 써서 아버지에게 알리려고 했습니다. '송아지가 특이한 행동을 하는구나!' 생각하던 아버지 이나코스가 그 글씨를 찬찬히 보았습니다. 'IO', 자기가 그토록 찾던 딸의 이름이었습니다. 아버지는 딸이 송아지로 변했다는 것을 알고는 애통해했습니다.

이나코스가 탄식하는 것을 본 아르고스는 가까이 다가와 그를 내쫓고는, 높은 언덕 위에 그녀를 두고 사방을 감시했습니다.

제우스도 양심은 있는지라, 사랑하는 여인의 고통을 보고만 있는 자신이 부끄럽고 괴로웠습니다. 참다못한 제우스는 아르고스를 따돌릴 계교를 생각했습니다. 그는 심복 헤르메스를 불러서 아르고스를 퇴치하라고 명령했습니다.

헤르메스는 서둘러 날개 달린 신을 신고, 머리에는 모자를 쓰고, 잠을 부르는 지팡이에 칼을 감추고, 그것을 무기로 천상의 탑으로부터 지상으로 뛰어내렸습니다. 지상에 내리자 그는 날개를 떼어낸 다음, 지팡이만을 손에 들고 양치기로 변장했습니다. 그는 시링크스라고도 하고 판의 피리라고도 하는 피리를 불면서 이리저리 양을 몰았습니다.

그가 피리를 불며 아르고스 앞에 나타나자, 그 소리에 취하여 듣고 있던 아르고스가 이제껏 한 번도 본 적이 없는 그 악기가 궁금하여 그를 불렀습니다.

"젊은이, 이리 와서 앉게. 양이 풀을 뜯기에는 여기만한 곳이 없다네. 쉬기에 좋은 그늘도 있고."

기회를 얻은 헤르메스는 아르고스 곁에 앉아 두런두런 이야기를 나누며 날이 저물기만을 기다렸습니다. 드디어 밤이 되자, 그는 은은

한 곡들을 연주하면서 어떻게든 아르고스의 눈을 모두 감기려고 애썼습니다. 하지만 아르고스는 그중 몇 개는, 적어도 두 개는 여전히 뜨고 있었습니다.

곰곰이 생각한 끝에 헤르메스는 연주를 멈추고 자기가 갖고 있는 피리가 어떻게 만들어지게 되었는지를 주절주절 이야기하기 시작했습니다.

"아르고스님, 이 피리가 어떻게 만들어졌는지 얘기해 드릴게요. 옛날에 시링크스라는 님프가 있었어요. 숲속에 사는 사티로스와 요정들은 그녀를 무척이나 좋아했어요. 그런데 시링크스는 오직 한 여신 아르테미스만 극진히 사모했답니다. 더구나 재밌는 건, 시링크스가 아르테미스와 비슷한 점이 많다는 거였어요. 사냥을 좋아하는 것은 물론이고 아름다운 외모도 닮았기에 님프들은 종종 이 둘을 착각하곤 했답니다. 둘이 다른 점이라고는 시링크스의 활은 뿔로 되어 있고, 아르테미스의 활은 은으로 되어 있다는 점뿐이었어요.

어느 날 시링크스가 사냥에서 돌아오다가 판을 만났어요. 판은 그녀를 너무나 좋아하고 있던 터라 온갖 말로 그녀에게 구애했죠. 그녀는 그의 말을 들은 체도 하지 않고 달아났어요. 집요하게 따라오는 판을 피해서 시링크스는 친구인 물의 님프들에게 구원을 청했지요. 물의 님프들이 그녀를 돕기 위해 달려 나왔지만 이미 판의 팔이 시링크스의 목을 끌어안고 말았어요.

물의 님프들은 한발 빠르게 그녀를 한 묶음의 갈대로 변하게 했어요. 판이 안고 있는 건 갈대 한 묶음이 되고 말았지요. 판이 탄식하자, 그 탄식은 갈대 속에서 울리며 구슬픈 멜로디를 만들어냈어요. 판은

존 호프너, <제우스와 이오>(1785년, 미국 덴버미술관)

그 소리의 감미로움에 취해서 이렇게 말했죠.

'까짓것 이렇게 된 바에 어떻게든 꼭 너를 내 것으로 만들고야 말
겠다.'

판은 몇 개의 갈대를 쥐고, 길이가 서로 다른 것을 나란히 합쳐 피

리를 만들었지요. 그리고 그는 사랑하는 님프의 이름을 따서 시링크스라는 이름을 붙였어요.”

헤르메스가 이야기를 끝내기도 전에 신기하게도 아르고스의 눈이 전부 감겼습니다. 아르고스는 잠이 든 채 그의 이야기에 응답이라도 하는 듯이 머리를 끄덕이고 있었어요. 기회를 잡은 헤르메스는 지팡이 속에 감춰두었던 칼을 빼 단칼에 그의 목을 베었습니다. 그의 목은 바위 위로 굴러 떨어졌습니다.

나중에야 아르고스가 죽은 것을 알고 헤라는 탄식하며 말했습니다.

“오, 불쌍한 아르고스여! 그대의 백 개의 눈빛이 일시에 꺼져버렸구나.”

헤라는 그의 백 개의 눈알을 빼내 자기가 키우는 공작의 꼬리에 장식으로 박았습니다. 그때부터 공작은 꼬리에 아르고스의 눈을 달게 되었죠.

제우스의 소행을 안 헤라가 가만히 있을 리 없었습니다. 그녀의 복수심은 더욱 불타올랐습니다. 그녀는 이오를 괴롭히기 위하여 동물의 피를 빨아먹는 등에를 보냈어요. 등에는 이오를 추적하며 온 사방을 날아다녔습니다. 등에를 피하기 위해 이오는 바다를 헤엄쳐 건너기도 했는데, 이후 그 바다는 그녀의 이름을 따 이오니아 해로 불렸습니다.

아직 송아지 몸에서 풀려나지 못한 이오는 여러 나라를 떠돌아다니다가 나일강 기슭에 이르렀습니다. 연인의 도망치는 모습을 그저 지켜보아야만 했던 제우스는 결국 헤라에게 이오와의 관계를 시인하고 말았습니다. 앞으로 절대로 만나지 않겠다는 약속을 받아낸 헤라는 그제야 이오를 원래의 모습으로 돌아오도록 허락했습니다.

바람을 잘 피우려면 나름 연막전술을 잘 써야 합니다. 그래서 항간에는 똑똑한 남자와 모자라는 여자가 만나면 불륜, 똑똑한 남자와 똑똑한 여자가 만나면 로맨스, 모자라는 남자와 똑똑한 여자가 만나면 결혼, 모자라는 남자와 모자라는 여자가 만나면 임신이라는 유머가 떠돕니다. 신들의 세계에서 자신의 바람을 들키지 않기 위해 열심히 머리를 굴린 신이 있으니 바로 제우스입니다.

제우스와 칼리스토의 벌처럼 가혹한 사랑

자유로운 영혼의 제우스는 늘 새로운 상대를 찾아 나섭니다. 이번에는 칼리스토라는 님프였는데, 유난히 입술이 아름다운 그녀는 뭇 남성들의 시선을 끕니다. 남자들은 그녀와 입 맞추고 싶어서 자신도 모르게 입술을 파르르 떨곤 합니다. 게다가 그녀의 손은 그야말로 섬섬옥수이고, 목소리는 무척 애련하여 듣는 사람의 심금을 울립니다. 그토록 매력 넘치는 여인인지라, 여자에 특히 욕심이 많은 제우스가 그녀에게 눈독을 들이는 건 어찌 보면 당연합니다.

하지만 사랑의 신이 움직이면 질투의 신도 같이 움직이기에 그만의 은밀한 사랑도 오래 가지 못합니다. 금세 헤라에게 발각되고 말았죠. 헤라는 남편과 놀아난 칼리스토를 당장 해치우고 싶었지만, 보다 고통을 주고 싶었습니다. 칼리스토가 육체적인 고통은 물론 심적인 고통을 당하는 꼴을 보고 싶었죠. 그래서 다시는 제우스가 바람피울 엄두조차 내지 못하도록 본보기로 삼고 싶었습니다.

헤라는 칼리스토를 불러다가 호통을 쳤습니다.

"네 년이 내 남편을 꼬드겼겠다. 그 잘난 몸으로 나를 고통스럽게 만들고, 우리 가정을 이 지경으로 만들었으니 너도 당해 봐라! 내 남편을 홀린 너의 미모를 모두 빼앗을 테다. 너는 이제 미련한 곰으로 변할 것이니라."

제우스와 즐거운 한때를 보낼 때는 꿈결같이 아름다웠습니다. 그러나 이제 칼리스토는 눈앞이 캄캄했습니다. 그녀는 어떻게든 헤라의 마음을 풀어보고자 무릎을 꿇고 용서를 빌려고 팔을 폈습니다.

그런데 이게 웬일, 그녀의 팔에서는 이미 검은 털이 나기 시작했습니다. 우아한 곡선을 자랑하던 아름다운 손은 거칠어지고 점점 곰의 앞발로 변하고 있었습니다. 윤기 나던 손톱도 이미 구부러졌고, 제우스의 마음을 사로잡았던 매혹적인 입술 역시 무시무시한 곰의 주둥이로 변했습니다. 듣는 사람의 애간장을 녹일 만큼 애절하던 목소리는 사라지고, 곰이 울부짖는 소리가 들렸습니다. 차라리 완전히 곰으로 변한다면 속이라도 편할 텐데 기억과 마음은 칼리스토 그대로였습니다.

자신의 처지를 하소연하고 싶어도 말을 할 수가 없었습니다. 제우스는 곰으로 변한 그녀를 남겨두고 어디에 숨은 건지 코빼기도 보이지 않았습니다. 어쩔 수 없이 칼리스토는 곰의 모습을 한 채 밤새도록 홀로 숲속에 있어야만 했습니다. 여전히 칼리스토인 채 곰이 된 그녀는 숲속의 밤을 무서워하면서 이곳저곳을 방황했습니다. 엊그제까지도 사냥을 즐기던 그녀였지만 이제 사냥개에게 놀라고, 사냥꾼을 보면 무서워서 도망치기 바쁩니다. 게다가 아직도 사람 모양을 하고 있다고 착각하고는 다른 짐승들을 피해 도망 다니기도 했습니다. 그렇게 비참한 시간이 계속 흘렀지만 제우스는 감감무소식이었습니다.

세월이 흘러 어느 날 한 젊은이가 사냥을 나섰다가 칼리스토를 발견했습니다. 그녀는 젊은이를 보자 한눈에 제우스와 관계하여 낳은 아들임을 알아보고는 너무나 반가운 마음에 와락 안으려고 했습니다. 하지만 갑자기 곰이 달려들자 놀란 젊은이는 칼리스토를 찌르려고 했죠. 때마침 제우스가 이 광경을 목격하고는 더 이상의 비극을 막기 위해 두 사람을 하늘로 끌어올렸습니다. 그리고는 모자를 큰곰자리와 작은곰자리에 앉혔습니다. 그때부터 칼리스토 모자는 하늘의 별이 되어 밤하늘을 지키게 되었죠.

한편 칼리스토를 늘 감시하던 헤라는 그 미운털 칼리스토가 명예로운 별자리에 앉은 것을 보고는 너무 화가 났습니다. 하지만 아무리 제우스의 아내라 해도 별자리를 바꿀 재간은 없었습니다. 헤라는 양부모에게 달려가 도움을 청했습니다. 그녀의 양아버지는 대양의 신인 오케아노스이고, 양어머니는 테티스였습니다. 그들은 헤라에게 불쑥 찾아온 까닭을 물었습니다.

"통 나타나지 않던 네가 오늘은 무슨 바람이 분 거냐?"

그녀는 씩씩거리며 대답했습니다.

"말도 마셔요. 그이가 또 바람을 피운 건 아시지요? 그런데 그 칼리스토라는 계집이 나를 천상에서 밀어내고, 내 대신 내 자리에 앉게 되었단 말이에요. 내 말이 믿기지 않는다면 밤이 되거들랑 하늘을 쳐다보세요. 북극 하늘, 제일 작은 별자리가 있는 곳에 그 계집이 있을 거예요. 그것도 제 아들놈하고 사이좋게 나란히 앉아 있다고요. 내 자존심을 이 지경으로 짓밟은 계집이 그런 보상을 받는다면, 앞으로 누가 나를 두려워하겠어요? 난 그 계집에게 곰이 되는 벌을 주었어요. 하지만 지금은 별이 되었다고요. 내가 벌을 준 결과가 이렇게 된 거예요. 이것이 내 힘의 한계란 말예요. 이제 난 어떻게 해요. 제우스는 그 계집과 결혼하고 나를 쫓아낼지도 몰라요. 친부모와 다름없는 당신들이 나를 동정하신다면, 내가 이런 냉대를 받는 것이 부당하다고 여기신다면, 그 증거로 저 계집이 당신들의 바다 속으로 내려오는 것을 금해주세요."

애절한 부탁을 들은 양부모는 그녀의 소원을 들어주었습니다. 그날 이후 큰곰자리와 작은곰자리는 하늘에서만 돌 뿐이었습니다. 다른 별들은 가끔 바다 밑으로 가라앉아 편안히 쉬었지만 둘은 쉴 수 없었습니다.

✦ ✦ ✦ ✦ ✦ ✦ ✦

사랑은 홀로 오지 않습니다. 항상 그 이면에 상반되는 감정을 동반합니다. 기쁨과 환희가 함께하지만, 한편으로는 사랑이 깊어가는 만큼 미움, 시기, 질투, 시샘 등이 딸려옵니다. 그래서 사랑에 빠져 있을 때는 늘 긴장감, 그리움, 불안감 같은 감정들을 느끼곤 합니다. 그럼에도 사람들은 끊임없이 사랑을 합니다. 심지어 금지된 사랑에 눈독을 들이기도 하죠.

제우스에게 버림받은 레토의 서러운 사랑

바람둥이 제우스는 헤라와 결혼하기 전에도 많은 여신들과 정을 통하곤 했습니다. 레토라는 여신과도 사랑에 빠져 아이를 임신시켜놓고, 헤라를 만나면서 레토를 버리고 말았죠. 헤라는 아름다운 만큼 질투도 심해서 제우스를 끊임없이 괴롭혔습니다.

레토의 아버지 코이오스는 티탄 신족으로, 자기 누이인 포이베와 정을 통해 레토와 아스테리아라는 두 딸을 낳았습니다. 레토는 자라면서 영특하고 아름다워 제우스는 어떻게 해서든 자기 여자로 만들고 싶었습니다.

순진한 레토는 제우스의 꼬임에 쉽게 넘어가 그와 정을 통하고 말았습니다. 그런데 레토와의 사랑에 세월 가는 줄 모르던 제우스의 눈을 번쩍 뜨게 만든 여신이 나타났으니, 헤라였습니다. 헤라 역시 제우스에게 반했지만 그의 여성편력을 잘 알고 있었기에 처음엔 그의 프러포즈를 여러 번 거절했습니다. 그렇다고 그냥 물러날 제우스가 아니었죠. 제우스는 헤라의 측은지심을 이용했습니다.

제우스가 비를 흠뻑 맞은 뻐꾸기로 변신하여 접근하자 오들오들 떠는 그를 헤라가 품에 안았습니다. 제우스는 본색을 드러냈고 헤라는 그를 완강히 거부했죠. 그러나 거듭 제우스가 애걸하자 헤라는 다시는 다른 여자를 만나지 않겠다는 약속과 함께, 자신을 정실로 삼을 것을 약속받고 청혼을 받아들였습니다.

그들의 결혼 소식에 레토는 눈앞이 캄캄했습니다. 엎친 데 덮친 격으로 그녀의 몸속에는 이미 제우스의 아이가 자라고 있었습니다. 레토가 제우스의 아이를 임신했다는 사실을 들은 헤라는 그녀가 무척 미웠습니다. 질투가 활활 타올랐습니다. 헤라는 자신의 자식들보다 레토의 자식들이 더 위대한 신이 될 것을 알고 있었습니다. 때문에 헤라는 레토의 출산을 방해하려고 모든 나라에 명을 내려 레토를 받아들이지 말 것을 명령했습니다.

레토는 아이를 가진 무거운 몸으로 여기저기 떠돌아야 했습니다. 게다가 헤라는 레토에게 태양이 비치는 곳에서 아기를 낳아서도 안 된다고 명령했습니다. 그런 사실을 알 리 없는 레토는 델포이에 머물렀습니다. 그런데 헤라가 보낸 뱀 같은 괴물이 레토를 쫓아왔습니다. 질겁한 그녀는 쉴 새 없이 도망쳐야 했죠. 괴물이 쫓아오는 것도 끔찍했지만 정말 심각한 것은 어디에서도 그녀를 받아들이지 않으려고 한다는 사실이었습니다. 그녀의 몸에서 태어날 아기가 위대한 신이 될 것이라는 예언을 알고 있던 사람들은 그녀가 자신들의 동네에 접근하는 것을 두려워했습니다.

온갖 고생 끝에 출산 시기가 가까워졌습니다. 늘 헤라의 눈치만 보던 제우스도 일말의 책임감을 느꼈습니다. 제우스는 북풍의 신 보레아스에게 명하여 레토를 바다의 신 포세이돈이 있는 곳으로 보냈습니다. 포세이돈은 그녀를 델로스 섬으로 안내해 헤라에게 발각되지 않도록 섬 주변에 거센 파도를 일으켰습니다. 파도에 가려진 섬은 자취조차 찾을 수 없었고, 섬 전체가 파도에 가려 햇볕이 들지 않았으니 헤라의 명대로 된 셈이었습니다.

레토는 이 섬의 가장 큰 감람나무 밑에서 쌍둥이를 낳았습니다. 아폴론과 아르테미스였죠. 아르테미스가 세상에 먼저 나왔는데, 레토가 출산의 고통으로 애를 쓰자 아르테미스가 어머니를 도와 조금 늦게 아폴론이 태어났습니다.

레토는 출산 후에도 계속해서 헤라를 피해 다녀야했습니다. 헤라의 저주로 그녀는 어느 나라, 어느 마을에도 정착할 수 없었습니다. 그렇게 고생고생하면서 레토는 팔에 두 아기를 안고 어느 한 마을에 들어섰습니다. 잠시도 아이들을 팔에서 내려놓지 않은 탓에 레토의 몸은 지칠 대로 지쳤습니다. 레토는 마을 어귀에서 맑은 물이 솟아나오는 연못을 발견하고는 잠시 목을 축이려고 무릎을 굽혔습니다. 그런데 마을 사람들이 물을 마시지 못하게 방해했습니다.

"아니 왜 물을 못 마시게 합니까? 이 연못이 개인의 소유물도 아니잖아요. 나는 단지 목을 축이려는 것뿐입니다. 제발 방해하지 마세요. 지금 난 목이 타서 죽을 지경이랍니다. 물을 마시게 도와주신다면 당신을 생명의 은인으로 여기겠습니다. 이 어린 것들을 보아서라도 제발 도와주세요."

그녀가 그토록 간절하게 부탁했지만 농부들은 완강히 거절했습니다. 오히려 그들은 레토를 만만하게 보고는 당장 이곳을 떠나라며 윽박질렀습니다. 참다못해 그녀가 물을 마시려고 입술을 물에 대려는 순간, 그들은 연못 속으로 들어가서 발로 휘저어 흙탕물을 일으켰습니다. 더 이상 참지 못한 레토는 목마름도 잊은 채 분노로 부르르 떨며 양손을 하늘 높이 들고 부르짖었습니다.

"제발 저 사람들이 이 연못에서만 살도록 해주십시오!"

그녀의 말이 끝나자마자 연못이 요동치더니 그녀를 방해하던 농부들의 모습이 변하기 시작했습니다. 목이 갑자기 오그라들어 없어지는가 싶더니, 머리와 몸뚱이가 한데 붙어버렸습니다. 그뿐 아니라 등은 녹색으로 변하고, 전혀 어울리지 않게 큰 배는 흰색으로 변했습니다. 그들은 무리지어 물속으로 들어가는가 하면, 때로는 수면으로 손을 내밀어 헤엄을 치기도 했습니다. 가끔씩 연못가로 나오기도 했지만, 레토의 저주대로 그들은 결국 물을 떠나지 못하고 이내 다시 물속으로 뛰어 들어가곤 했습니다.

그때부터 그들은 늘 상스러운 욕지거리를 퍼부으며 물속에 살게 되었습니다. 물이란 물을 다 차지하고 있으면서도 무엇이 그리 불만이 많은지 물을 흔들어놓고, 또한 부끄러운 줄도 모르고 늘 진흙물 속에서 날마다 울어댔습니다. 그렇게 울어대다 보니 그들의 목구멍은 부풀어 올랐고, 목소리는 거칠어졌습니다. 늘 욕지거리를 하다 보니 입은 넓게 째지고 말았죠. 마침내 그 농부들은 개구리의 시조가 되었습니다.

사랑하는 일에는 늘 질투의 여신이 끼어들게 마련이지만, 그 방해를 피하는 요령이 없는 순진한 이들은 결국 사랑을 포기하곤 합니다. 반면, 몇 번의 실패 끝에 결국 사랑을 이뤄 결혼을 하고 나면, 오히려 그 속박이 야속하기도 합니다. 그러면 그럴수록 마냥 곱기만 하고 아름다웠던 첫 사랑의 시절이 떠오릅니다. 그렇지만 어찌하랴! 사랑하는 일에는 그런 우연이나 실수도 용납하지 않는 것을. 어떤 사랑이든 그에 대한 결과는 필연입니다. 사랑의 실패는 가혹합니다. 가혹한 고통을 겪는 이들, 그들을 위로하며 도와주어야 합니다.

제우스와 세멜레의 재가 되어 사라진 사랑

올림포스 신들 가운데 최고의 난봉꾼 제우스가 인간 세상을 내려다보며 아름다운 여자들을 찾고 있었습니다. 이미 신들의 세계와 인간 세계를 넘나들며 워낙 많은 여자를 만난 때문인지 제우스의 눈에는 흥미를 끌 만한 여인이 쉽사리 보이지 않았습니다.

그렇게 한참 동안 세상을 둘러보던 제우스의 눈길이 이윽고 한 여인에게 멈추었습니다. 가을빛에 곱게 물든 나뭇잎들로 가려진 푸른 호수에서 목욕을 하고 있던 세멜레라는 처녀였습니다. 제우스는 물에 젖어 더욱 고혹적으로 보이는 그녀의 몸보다는 아름다운 얼굴에 먼저 시선이 갔습니다. 분명 처음 보는 여인인데도 자꾸 어디선가 본 것 같다는 생각이 들었습니다. 제우스는 잠시 후 에우로페라는 여인의 얼굴이 떠올랐습니다. 여신을 제외한 인간 여인들 가운데 가장 사랑했던 에우로페의 얼굴이 세멜레와 비슷했습니다.

에우로페를 무척 사랑한 제우스는 그녀와 크레타 섬에서 오랜 시간 사랑을 나누며 세 명의 아이를 낳아 함께 키웠습니다. 물론 다시 시작된 바람기 때문에 그녀와 헤어졌지만, 잊고 있던 옛사랑을 다시 찾은 기분이 든 제우스는 소년처럼 마음이 들떠서 두근거렸습니다.

어떻게든 세멜레와 사랑을 나누겠다고 생각한 제우스는 그날 밤 아주 멋진 청년으로 변신하고 그녀의 집을 찾아갔습니다.

테베의 왕 카드모스의 딸인 세멜레는, 늦은 밤 자신의 방문을 연 낯선 침입자를 보고도 전혀 놀란 기색을 보이지 않았습니다. 그녀의 고모는 에우로페, 증조모는 이오였습니다. 때문에 아름다운 청년의 미모도 그렇거니와 본능적으로 거부감이 들지 않았습니다. 제우스는 이오를 만날 때에는 먹구름으로 제 모습을 가리고 있었고, 에우로페를 만날 때에는 아름다운 황소로 변신해 본모습을 드러내지 않았습니다. 그러나 세멜레 앞에는 어떤 여인이든지 사랑에 빠질 법한 멋진 청년의 모습으로 나타났습니다.

청년은 자신이 제우스라고 밝혔습니다. 세멜레는 제우스라는 이름을 듣고도, 그것이 신의 이름인지 몰랐습니다. 그냥 그 청년의 이름으로 알고 환한 미소를 지었습니다.

"언젠가 이런 날이 오리라 알고 있었어요. 당신이 이 방문을 들어서는 순간 전 직감적으로 당신이 나의 사랑이라는 생각이 들었어요."

세멜레는 제우스와의 만남을 운명으로 받아들였습니다. 그날 밤 그들의 밀회는 새벽까지 이어졌습니다. 그렇게 열정적인 밤을 보내고도 그녀와 더 많은 사랑을 나누고 싶었던 제우스는 밤마다 몰래 세멜레를 찾아갔습니다. 그러는 사이 세멜레의 뱃속에는 제우스의 아이가 자라고 있었습니다.

밤마다 인간 세상으로 내려가는 제우스를 감시하던 헤라는 그가 새로운 연인을 만들었다는 것을 직감했습니다. 제우스의 뒤를 몰래 밟은 헤라는 그가 세멜레라는 여인과 밤마다 사랑을 나누고 있음을

마르코 덴테, <제우스와 세멜레의 포옹>(1515~17년, 미국 메트로폴리탄미술관)

알았습니다. 전에도 헤라는 제우스의 불륜을 의심하여 그를 수차례 추궁했지만, 그때마다 교묘하게 핑계를 대고 빠져나갔죠. 그래서 이번에는 제우스와 세멜레의 불륜 현장을 직접 확인하려 했습니다. 헤라는 일단 세멜레의 유모로 변신하여 그녀의 집을 찾았습니다. 유모로 변신한 헤라가 세멜레의 옷을 갈아입히며 말했습니다.

"아가씨, 보아하니 임신한 것 같은데 도대체 아이의 아버지가 누군가요? 아직 결혼도 안한 처녀가 임신했다고 하면 필시 왕께서 대노하실 텐데 어쩌시려고 그래요. 당장 그 사람을 불러들여 결혼식을 올려야 하는 거 아닌가요?"

그러자 세멜레가 싱글거리며 대답했습니다.

"제가 아기를 낳기 전까지 이 비밀은 유모만 알고 있어야 해요. 사실 이 뱃속의 아이는 제우스의 아이랍니다."

헤라는 분노가 솟구쳐 세멜레를 당장이라도 죽이고 싶었지만, 그것은 제우스에게 탈출구를 마련해주는 셈이었습니다. 때문에 헤라는 자신이 아닌 제우스가 그녀의 목숨을 앗아갈 수 있도록 계획을 수정했습니다. 헤라는 계속해서 유모인 척하며 넌지시 말을 건넸습니다.

"에이, 설마 제우스님이 아가씨를 찾아왔겠어요. 아마 아닐 거예요. 그냥 어떤 사기꾼이 아가씨가 너무나 욕심이 난 나머지 꾸며낸 말일 거예요. 그가 정말 제우스신인 것 같으면 오늘 밤 한 번 확인해보세요."

세멜레는 고개를 갸웃거리며 되물었습니다.

"제우스가 신이라고요? 인간이 아니고요? 전 지금까지 잘생긴 청년과 사랑을 나누었어요. 그가 자신을 제우스라고 소개해서 별 생각 없이 그렇게 믿었어요. 유모, 그런데 어떻게 그가 제우스라는 신인지 아닌지 알 수 있나요? 제우스신이 특별한 무언가라도 가지고 있나요?”

“제우스신을 확인하는 법은 간단해요. 그에게 제우스신임을 확인할 수 있는 증거를 보여 달라고 하세요. 그렇게 잘생긴 청년의 모습말고 신의 모습을 보고 싶다고 요구하세요. 정말 간단하죠?”

유모의 말을 들은 세멜레는 하루 종일 자신이 사귀는 청년 제우스가 신인지 아닌지 고민에 빠졌습니다. 그러나 유모가 알려준 방법대로 하면 그의 존재를 확인할 수 있겠다며 혼자서 빙긋이 웃었습니다. 그날 밤도 역시 제우스가 찾아왔습니다. 그에게 안긴 세멜레는 제우스를 부드럽게 애무하며 속삭였습니다.

“정말로 저를 사랑하나요?”

“그럼 물론이지. 이 세상, 아니 온 우주의 모든 여인들 가운데 그대를 가장 사랑하오.”

제우스의 말은 사실이었습니다. 그는 어서 빨리 밤이 되기만을 기다릴 정도로 오랜만에 찾아온 이 열정적인 사랑에 한없이 빠져 있었습니다. 그의 말에서 진심을 느낀 세멜레는 미소를 지으며 말을 건넸습니다.

“정말 저를 사랑한다면 제 부탁을 들어줄 건가요?”

“그럼, 무슨 부탁이든 해봐요. 내 어떤 소원이든 들어주겠소. 스틱스 강을 걸고 맹세하지요.”

신들 사이에서는 스틱스 강을 걸고 맹세한 것을 지키지 않으면 1년 동안 혼수상태에 빠져 있어야 하며, 9년 동안 다른 신들과 절대로 만날 수 없었습니다. 때문에 아무리 최고의 신 제우스라도 스틱스 강을 두고 한 맹세는 반드시 지킬 수밖에 없었습니다.

세멜레는 그 말에 너무나 기뻐하며 자신의 소원을 말했습니다.

"실은 난 당신이 제우스신이라는 것이 믿겨지질 않아요. 내 앞에 있는 당신은 잘생긴 청년이잖아요. 그래서 당신의 진짜 모습을 너무나 보고 싶어요."

"사실 나는 '하늘의 왕'이자 '벼락의 신'으로서 광채를 발하는 제우스신이오. 그러니 다른 소원을 말해 보오. 내 진짜 모습을 보면 그대는 죽게 되오."

"아니에요. 난 당신의 진짜 모습을 보고 싶어요. 다른 건 필요 없어요. 그러니 내일 오실 때는 인간이든 제우스신이든 진짜 모습으로 오세요."

제우스는 세멜레가 첫 마디를 꺼내자마자 다음에 이어질 그녀의 말을 예상했습니다. 때문에 중간에라도 그녀의 말을 멈추게 하려고 했지만 그녀의 소원은 모두 입 밖으로 나온 후였습니다. 스틱스 강을 두고 한 맹세이기에 제우스는 그녀의 소원을 들어줄 수밖에 없었습니다.

다음날 제우스는 슬픈 표정을 지으며 자신의 본모습으로 세멜레에게 왔습니다. 번개와 우레를 든 제우스의 온몸은 광휘로 번쩍였습니다. 세멜레는 그 광휘를 보고 놀라 입을 다물지 못했지만, 그것은 잠시뿐이었습니다. 광휘에서 뿜어져 나오는 엄청난 열이 인간인 세멜레를 한 줌의 재로 만들어버렸습니다. 그토록 사랑했던 여인의 죽음을 제우스는 그저 바라볼 수밖에 없었습니다. 헤라가 원한 대로 세멜레는 재로 사라지고 말았습니다.

제우스는 세멜레가 완전히 재가 되기 전에 서둘러 그녀의 뱃속에서 자신의 씨앗을 꺼냈습니다. 그리고는 헤라에게 들키지 않으려고 자기 허벅지를 찢어 그 속에 태아를 넣고는 꿰맸습니다. 세 달 후 제우스의 허벅지에서 자라던 아이가 태어났습니다. 제우스의 몸과 한동안 하나였던 아이는 불사신이 되었습니다. 아이의 이름은 디오니소스로, 이 이름은 '어머니가 둘인 자' 또는 '재'라는 뜻이었습니다. 세멜레와 제우스 두 사람이 태아인 그를 몸에 품었던 어머니이기 때문이고, 실제로 어머니가 재로 변한 탓이기도 했습니다.

아무리 뜨겁게 사랑한다 해도 그 이전에 서로를 먼저 알아야 합니다. 사랑은 서로를 알아가는 과정이 먼저여야 합니다. 이미 뜨거운 관계가 되고 나서 상대를 알게 되면 이미 늦습니다. 상대를 제대로 알고 나서의 사랑이 우선입니다. 사랑은 서두름의 대상이 아니요 일시적인 격정으로 자신을 먼저 던지는 대상도 아닙니다. 상대를 알기 전에 우선 자신을 지키는 사랑, 조금씩 점차 알아서 해롭지 않은 사랑, 맨 정신의 사랑, 그렇게 사랑하는 것이 현명합니다.

제우스와 에우로페의 구름처럼 흘러간 사랑

페니키아의 왕 아게노르는 아름다운 텔레파사를 아내로 맞아 행복한 나날을 보내고 있었습니다. 그의 딸 에우로페도 엄마를 닮아 무척 아름다웠습니다. 부부는 에우로페 외에 카드모스, 포이닉스, 킬릭스라는 세 아들도 두었는데, 아게노르의 용맹함을 그대로 물려받아 건강한 청년들이었습니다.

에우로페는 시녀들과 바닷가에 나가서 물놀이를 즐기곤 했습니다. 눈이 부시도록 아름다운 에우로페를 흠모하는 뭇 사내들이 그녀가 거니는 바닷가 주변을 늘 기웃거렸습니다. 그러나 범접할 수 없는 그녀의 미모 앞에 사내들은 선뜻 다가가지 못했습니다. 그럴 때마다 그녀의 부모는 흐뭇하고 대견한 마음을 감추지 못하고 훌륭한 사윗감을 찾아 결혼시키리라 마음먹었습니다.

그러던 어느 날, 미인이라는 소리에 자다가도 벌떡 일어나는 최고의 난봉꾼 제우스의 눈에 에우로페의 모습이 들어왔습니다. 이미 많은 여인들과 불륜을 저지른 제우스였기에 그의 아내 헤라는 온갖 방법을 동원해 그를 감시했습니다. 그러나 에우로페의 미모에 반한 제우스는 그녀를 그냥 보낼 수 없었습니다. 꾀를 낸 제우스는 에우로페가 자신에게 먼저 다가설 수 있도록 아름다운 황소로 변신하여 그녀가 물놀이하는 바닷가로 갔습니다.

유난히 소를 좋아하던 에우로페는 보드라운 황금빛 털로 뒤덮인 아름다운 황소를 보자 호기심이 동했습니다. 그녀는 황소에게 천천히 다가갔습니다. 황소는 도망가지 않고 순순히 그녀의 접근을 허락했습니다. 그녀가 등을 어루만지자 황소는 에우로페에게 몸을 맡긴 채 가벼운 숨소리만 내쉬었습니다. 너무나 마음에 든 에우로페는 시녀들과 함께 머리와 목에 꽃다발을 걸어주는 등 예쁘게 장식하며 황소와 놀았습니다.

사람 피부보다 더 보드라운 황소의 털을 어루만지던 에우로페는 문득 황소의 등에 올라타고 싶었습니다. 시녀들은 에우로페가 황소에 올라탈 수 있도록 부축해주었습니다. 그런데 그때까지 얌전히 있던 황소가 조금씩 움직이면서 바다로 들어갔습니다. 그녀가 황소의 등을 움켜잡아 뭍으로 돌아가려했지만, 황소는 점점 먼 바다로 나아갔습니다. 시녀들이 소리를 지르며 손짓을 했지만 황소는 에우로페의 시녀들이 더 이상 쫓아오지 못할 정도로 깊은 곳까지 헤엄쳐 갔습니다. 처음에 에우로페는 시녀들이 점점 시야에서 멀어지자 두려움에 떨었지만 망망대해에 이르자 오히려 편안한 기분마저 들었습니다.

에우로페를 태우고 조심스레 헤엄치던 황소는 잠시 후 크레타 섬으로 방향을 돌렸습니다. 섬은 흡사 지상낙원처럼 아름답고 신비로운 꽃과 나무들로 우거져 있었습니다. 에우로페는 아름다운 섬의 풍경을 둘러보느라 황소의 존재를 잠시 잊었습니다. 그런데 어느 순간 황소는 온데간데없고 놀랍게도 멋진 청년이 그녀의 눈앞에 서 있었습니다. 그녀가 보기엔 멋진 청년이었지만, 실제로는 변신한 제우스였습니다.

청년은 환한 미소를 지으며 에우로페에게 다가갔습니다. 에우로페는 당황하여 물러섰으나 아름다운 청년으로 변신한 제우스는 밀어를 속삭이며 그녀를 유혹했습니다. 매혹적인 청년의 모습에 이끌린 에우로페도 더는 거부하지 않았습니다. 에우로페는 어느덧 청년에게 사랑의 감정을 품었습니다. 마음이 서로 통한 둘은 플라타너스 나무 아래에서 뜨거운 사랑을 나누었습니다. 제우스 또한 그녀의 매력에 빠져들어 단지 하룻밤 상대로 여기지 않고 꽤 오랜 세월을 그녀와 함께 크레타 섬에서 지냈습니다.

한편 에우로페의 아버지 아게노르는 시녀들로부터 황소가 바다로 헤엄쳐 들어간 바람에 에우로페가 사라졌다는 소식을 들었습니다. 큰 충격을 받은 아게노르는 아들들을 불러 명령했습니다.

"에우로페가 황소를 타고 바다로 사라졌다는데 도대체 행방이 묘연하구나. 너희들이 가서 반드시 찾아오너라. 에우로페를 찾을 때까지 내 앞에 돌아올 생각은 아예 말아라. 알겠느냐?"

불같이 화를 내는 아버지의 명령에 놀란 아들들은 아무런 대꾸도 못하고 물러났습니다. 남편의 모습에 겁이 난 텔레파사도 아들들을 따라나섰습니다. 이들은 에우로페의 행방을 찾아 전 세계를 떠돌기 시작했습니다. 그렇게 세월은 흘러만 갔습니다.

한편 늘 아내에게 들키지 않으려고 전전긍긍하던 제우스는 일시적인 사랑이 끝나면 냉정하게 돌아섰지만, 에우로페를 향한 사랑은 좀 달랐습니다. 점점 빠져든 제우스는 에우로페에게 세상에 하나밖에 없는 특별한 선물을 주었습니다. 던지기만 하면 절대로 과녁을 빗나가지 않는 투창, 목표한 사냥감을 반드시 잡고야 마는 사냥개, 매일같이 크레타 섬을 순찰하면서 방문자를 쫓아내는 청동인간 탈로스가 선물이었습니다.

에우로페는 제우스가 준 선물로 그와의 사랑을 방해받지 않을 수 있었습니다. 그들의 사랑은 깊어져 갔습니다. 세월이 흘러 에우로페는 미노스, 라다만티스, 사르페돈이라는 세 아이를 낳았습니다. 그만큼 오랫동안 둘은 행복한 나날을 보내고 있었습니다.

하지만 아게노르의 세 아들과 그녀의 어머니 텔레파사는 그녀의 행방을 찾기 위해 많은 고생을 해야만 했습니다. 그럼에도 에우로페의 행방은 묘연했습니다. 아게노르의 엄명 때문에 그들은 제 나라로 돌아갈 수도 없었습니다. 한편 아게노르는 날마다 성 밖에 나가서 에우로페와 함께 아들들과 아내가 돌아오기를 손꼽아 기다렸습니다. 하지만 그 누구도 돌아오지 않았습니다.

결국 그의 세 아들은 머나먼 타지에서 각자의 삶을 살았습니다. 카드모스는 그리스의 테베를 건설했고 포이닉스는 리비아에 머물렀으며, 킬릭스는 킬리키아에서 이름을 드높였습니다.

에우로페는 제우스와의 사랑이 영원히 이어질 것이라 믿었지만, 제우스는 어느 날 또 다시 새로운 상대를 찾아 크레타 섬을 떠났습니다. 에우로페는 눈물로 밤을 지새웠습니다. 그녀가 아이들을 데리고 힘들게 살아갈 즈음, 그녀를 따뜻한 시선으로 바라보던 남자가 있었으니 다름 아닌 그 나라의 왕 아스테리오스였습니다. 그는 에우로페를 성으로 데려가 함께 남은 생을 보내자며 진심어린 마음으로 청혼

페테르 파울 루벤스, <에우로페의 납치>(1628년, 스페인 프라도미술관)

했습니다. 사랑을 잃고 아파하던 그녀는 빈자리를 채워주겠다고 약
속하는 그에게 이끌려 청혼을 받아들였습니다.

세월이 흐르고 이들의 사랑이 결실을 맺어 에우로페를 닮은 예쁜
딸이 태어났습니다. 그들은 딸의 이름을 크레테라고 지었고, 이때부
터 이 섬을 크레타라고 불렀습니다. 선한 마음씨의 아스테리오스는
에우로페가 제우스와의 사이에서 낳은 세 아들을 양자로 들이고 그
들 가운데 미노스를 후계자로 삼았습니다. 에우로페는 첫사랑의 아
픔을 겪었지만 다행히 새로 찾아온 사랑에 만족하면서 사랑의 진정
한 의미를 깨달았습니다. 이후 에우로페(Europe, Europa)는 유럽 대륙

이름의 어원이 되었고, 제우스가 변신했던 황소의 형상은 별자리, 황소자리가 되었습니다.

❧ ❧ ❧ ❧ ❧ ❧ ❧ ❧

화장실 들어갈 때와 나올 때 다르다는 말이 있습니다. 변신의 모습과 실체가 다르다는 의미입니다. 사랑이 아쉬울 때는 상대가 원하는 모습으로 다가가지만 제 욕망을 채우고 나면 본심을 드러내는 게 사람의 심리, 이기적인 면입니다. 때문에 사랑할 때는 최고의 상대로 보이지만, 본 모습을 알고 나면 실망합니다. 그렇게 사랑은 머물다 떠납니다. 사랑이 떠난 자리는 아립니다. 꽤 오랫동안 아물지 않습니다. 그나마 사랑의 상처는 다른 사랑으로 아물게 할 수 있습니다. 지난 사랑에 너무 연연하면 사랑의 상처는 아물지 않습니다. 어차피 끝난 사랑이라면 새로운 사랑을 찾아 빈자리를 메워야 합니다. 그러면서 사랑의 상처는 아물고 새살이 돋듯이 새로운 사랑이 마음을 어루만져줍니다.

제우스와 안티오페의 잘못 꼬인 사랑

오이디푸스의 아버지 라이오스는 테베의 왕 라브다코스의 아들로 태어났습니다. 라이오스가 한 살 때 아버지가 세상을 떠나 그는 어린 나이에 왕좌에 올랐습니다. 그가 너무 어렸기 때문에 외가 쪽에서 섭정(攝政)을 했죠. 그의 아버지 라브다코스 또한 마찬가지였습니다. 테베를 건설한 카드모스의 아들 폴리도로스와 닉테이스를 부모로 둔 라브다코스도 아버지의 죽음으로 어린 나이에 왕좌에 올라 외할아버지 닉테우스가 섭정을 했습니다.

닉테우스에게는 닉테이스와 안티오페라는 딸이 있었습니다. 바람둥이 제우스가 안티오페의 아름다움에 빠져 사티로스로 변신해 그녀에게 다가갑니다. 사티로스는 사람의 얼굴이지만 작은 뿔이 달린 머리를 하고 하반신은 염소인 반인반수의 괴물입니다. 안티오페는 마침 무료하던 터라 제우스의 변신인 사티로스와 장난을 주고받습니다. 사티로스는 귀엽기도 하고 장난스럽기도 하고 아주 유쾌하게 해 재미있습니다. 놀이에 심취해 웃고 즐기다 보니 사티로스가 스킨십을 해도 거슬리지 않습니다. 오히려 더 즐겁고 묘한 기분이 들기도 했죠. 결국 어느 순간 자신도 모르게 제우스와 정을 통합니다.

몇 달 후 안티오페는 자신과 사랑을 나눈 사티로스가 다름 아닌 제우스이며, 자신이 임신했음을 알았습니다. 아버지 닉테우스도 사실을 알고 말았죠. 결혼도 안한 딸이 임신하다니, 화가 잔뜩 치민 닉테우스는 안티오페를 데려오라고 명령했습니다. 깜짝 놀란 안티오페는 다급히 청년으로 변신한 제우스에게 자신을 구해달라고 매달렸지만 제우스는 헤라에게 불륜 사실이 들통날까봐 걱정만 할 뿐 안티오페를 냉정하게 버려둔 채 모습을 감추었습니다.

어쩔 수 없이 안티오페는 목숨이라도 지키려고 이웃나라 시키온으로 도망쳤습니다. 당시 시키온은 에포페우스라는 왕이 다스리고 있었습니다. 안티오페는 왕에게 자초지종을 이야기한 후 자신을 받아들여 달라고 부탁했습니다. 아름다운 그녀를 보고 첫눈에 반한 왕은 사랑의 감정을 품었습니다. 왕은 그녀를 지켜주기로 맹세하고 과감히 청혼했습니다. 더 이상 도망갈 곳도 없던 안티오페는 에포페우스의 진심이 마음에 들기도 하고, 임신 중인 아이를 지키기 위해서 그의 청혼을 받아들였습니다.

소식을 들은 닉테우스는 딸이 사생아를 가진 것도 용서할 수 없는데, 허락도 받지 않고 결혼했다는 것에 격분하여 자신이 직접 처벌하겠다며 시키온까지 찾아갔습니다. 아버지가 자신을 데려가기 위해 시키온에 왔다는 소식을 듣고 두려움에 떠는 안티오페에게 에포페우스는 다시 한 번 맹세하며 그녀를 안심시켰습니다.

"나의 사랑, 안티오페! 염려 마오. 내가 살아 있는 한 그대를 어떻게든 지켜줄 것이오."

닉테우스가 성 밖에 서서 쩌렁쩌렁한 목소리로 외쳤습니다.

"시키온의 왕 에포페우스는 어서 나의 딸 안티오페를 돌려달라. 그렇지 않으면 그대와 안티오페는 목숨을 보전치 못할 것이다."

결국 에포페우스는 닉테우스와 결투를 해야 했습니다. 그러나 증오보다는 사랑의 힘이 더 컸습니다. 닉테우스는 큰 부상을 입고 병사들에게 의지하여 테베로 돌아갔습니다. 결국 죽음을 앞둔 닉테우스가 동생 리코스를 불러 유언했습니다.

"내 아우, 리코스야. 이제부터 안티오페는 내 딸이 아니다. 네가 이 형의 원수를 갚아다오. 나를 이 꼴로 만든 에포페우스를 기필코 죽여 없애라. 그리고 안티오페를 꼭 잡아다가 벌을 내려라."

닉테우스는 곧 세상을 떠났습니다. 리코스는 형의 유언을 지키고자 군사를 이끌고 시키온으로 달려갔습니다. 기세등등한 리코스의 군사는 시키온 성을 일시에 함락하고 에포페우스를 죽여서 형의 원수를 갚았습니다.

그리고는 안티오페를 잡아다가 벌을 주기 위해 테베로 데려가던 도중에 잠시 들른 키타이론 산에서 안티오페가 쌍둥이 형제를 출산했습니다. 리코스는 산중에서 태어난 암피온과 제토스 형제를 가차 없이 산에 버렸습니다. 형의 복수를 하겠다는 그에게 자비라고는 없었습니다.

테베로 돌아온 리코스는 안티오페를 아내 디르케의 노예로 보냈습니다. 디르케는 안티오페의 미모를 질투하며 그녀를 몹시 학대했습니다. 안티오페는 외롭고 힘겨운 노예 생활을 하면서도 산에 버려진 아이들 생각에 눈물 마를 날이 없었습니다. 그녀를 괴롭히는 것을 낙으로 삼던 디르케는 시간이 흐르자 점차 그녀를 괴롭히는 일에 흥미를 잃었습니다. 테베 왕인 라브다코스가 아직 어렸기에 닉테우스의 뒤를 이어 리코스가 섭정을 했던 터라, 여왕의 신분과 다를 바 없는 디르케는 세상에 부러운 사람이 그 누구도 없었습니다. 게다가 오랜 노예 생활로 수척해진 안티오페는 더 이상 아름답지 않았습니다. 더 이상 흥밋거리가 되지 못하는 안티오페를 디르케는 지하 감옥에 가두었습니다.

한편 산에 버려진 안티오페의 쌍둥이 아들은 다행히 그 산에 살고 있던 양치기가 발견해 친자식처럼 키웠습니다. 암피온은 자라면서 음악에 뛰어난 재능을 보였고, 제토스는 무예와 목축에 남다른 소질을 보였습니다. 특히 암피온은 성장하면서 아버지 제우스의 매력과 어머니 안티오페의 빼어난 외모를 닮아 멋진 청년이 되었습니다. 처녀들은 그의 모습에 넋을 놓았습니다. 리디아의 왕 탄탈로스의 딸 니오베도 암피온에게 반한 처녀들 중 한 명이었습니다. 암피온도 우아한 아름다움과 지성을 갖춘 니오베를 점점 좋아했습니다. 서로 흠모하던 그들은 얼마 지나지 않아 결혼하기로 했습니다.

아이들이 훌륭한 청년으로 자랐을 거란 생각조차 못하고, 안티오페는 오랜 세월 감옥에 갇힌 채 눈물로 지냈습니다. 그러던 어느 날 감시가 소홀한 틈을 타 안티오페는 탈출에 성공했습니다. 아이들의 생사만이라도 확인하고 싶었던 안티오페는 리코스가 아이들을 버렸다고 생각되는 키타이론 산으로 도망쳤습니다. 산속을 이리저리 헤매던 안티오페는 너무나 지쳐 기절하고 말았습니다.

신의 도움이었을까요. 쓰러진 안티오페를 오래전 그녀의 쌍둥이를 구해준 양치기가 발견해 집으로 데려갔습니다. 안티오페의 친아들인

렘브란트 판 레인, <제우스와 안티오페>(1659년, 미국 모건미술관)

암피온과 제토스는 안티오페가 깨어나기를 기다렸습니다. 얼마 후 정신을 차린 안티오페는 청년들이 자신의 아이들인 줄은 꿈에도 생각지 못하고, 다만 자신이 낯선 사내들 사이에 있다는 것이 두려워서 몸을 떨었습니다. 암피온과 제토스 또한 그녀가 친어머니라는 사실을 알지 못했습니다.

양치기가 안티오페에게 물었습니다.

"입은 옷을 보아하니 당신은 귀족의 노예가 틀림없는데 왜 이 산으로 도망을 친 거요?"

안티오페는 잠시 망설이다가 간신히 입을 열었습니다.

"예. 저는 디르케의 노예입니다. 하지만 억울한 연유로 노예가 된 것이지 원래 노예 신분은 아니었습니다."

"그러면 당신의 정체는 무엇이고, 이름은 무엇입니까? 디르케의 노예를 데리고 있었다는 이유로 우리가 억울하게 죽임을 당할 수도 있으니 솔직히 말해주시오.”

안티오페는 그간의 사연을 모두 말했다가 더 큰 화를 입을 수도 있을 것 같아서 자신의 이름만을 밝혔습니다. 양치기는 모든 사연을 말하지 않는 그녀가 의심스럽기는 했지만 불쌍한 생각이 들어 일단 자신의 집에 머물도록 배려했습니다. 그러나 제토스는 그녀가 어머니라는 사실을 전혀 모르고 노예처럼 부렸습니다.

얼마 후 키타이론 산에서 술의 신 디오니소스를 위한 축제가 열렸습니다. 마침 디오니소스의 열렬한 신도인 디르케가 그 축제를 주관했습니다. 그런데 축제를 구경하러 나온 안티오페 일행이 그녀의 눈에 띄었습니다. 디르케는 안티오페와 함께 축제를 찾은 암피온과 제토스를 불러 말했습니다.

“정녕 너희들이 그년을 보호하고 있었던 것이냐. 그 계집은 나의 노예 안티오페라는 년이다. 썩 이리로 데려오너라!”

암피온과 제토스는 디르케에게 머리를 조아리며 대답했습니다.

“아니옵니다. 우리는 단지 그녀를 숲에서 발견하여 잠시 데리고 있었을 뿐이옵니다.”

“그러면 됐다. 저년을 데려다가 저기 황소의 뿔에 묶어두어라!”

제토스는 디르케의 명령대로 안티오페를 강제로 끌어다가 미친 듯이 날뛰는 황소의 뿔에 묶었습니다. 그녀는 살려달라고 애원했지만 제토스는 들은 체도 하지 않았습니다. 안티오페는 이제 자신이 낳은 아들의 손에 죽을 운명에 처했습니다. 그때 그녀의 모습을 바라보던 양치기의 머릿속에 불현듯 몇 가지 생각이 떠올랐습니다. 테베의 왕

닉테우스의 딸 안티오페의 갓 태어난 두 아들이 키타이론 산에 버려졌다는 소문이 있었는데, 그 아이들이 자신의 양자인 암피온과 제토스일 수 있다는 생각을 하게 된 겁니다. 양치기는 암피온과 제토스를 불렀습니다.

"얘들아, 사실 나는 숲에 버려진 너희를 데려다 키운 양아버지란다. 그리고 너희를 낳은 친어머니는 제토스가 황소에 묶은 저 여인, 안티오페 같구나. 내가 진작 그것을 알아차리지 못했으니 어쩌면 좋으냐."

암피온과 제토스는 우선 황소에게 달려들어 겨우 안티오페를 구했습니다. 이 모습을 지켜본 디르케는 그들을 모두 잡아들이라고 명령했습니다. 그러나 힘이 장사인데다가 무예에 능한 제토스는 디르케의 부하들을 물리치고 디르케를 붙잡아 황소의 뿔에 매달았습니다. 형제가 안티오페의 아들임을 몰랐던 디르케는 그들을 협박하고 회유도 해보았으나 소용없었습니다. 디르케는 디오니소스 신에게 구원을 요청해 겨우 목숨을 구했습니다.

안티오페와 함께 집으로 돌아온 형제는 어머니로부터 그간 일어났던 모든 사건의 전말을 들었습니다. 암피온과 제토스의 분노는 극에 달했습니다. 어머니의 원수를 갚고자 군사들을 모아 테베를 공격하기로 결정했습니다. 당시는 라브다코스의 아들 라이오스가 테베 왕위에 오른 지 얼마 되지 않았을 무렵이었습니다. 그러나 실질적인 테베의 왕권은 여전히 리코스가 차지하고 있었습니다. 몇 해 전 성인이 된 라브다코스가 왕권을 차지하면서 리코스의 섭정이 끝났지만, 얼마 지나지 않아 라브다코스가 판디온이 다스리던 아테네와 전쟁을 벌이던 중에 목숨을 잃었기 때문이었습니다. 라브다코스의 아들인 라이오스가 왕위에 올랐지만, 너무 어린 나이여서 여전히 리코스가 섭정을 하고 있었습니다.

이렇게 혼란스러운 상황에 암피온과 제토스의 군대가 들이닥치자, 미처 대책을 세우지 못한 리코스의 군대는 맥없이 무너지고 말았습니다. 암피온과 제토스는 어머니의 원수를 갚고자 리코스와 디르케를 사형에 처하고, 라이오스에게서 테베의 왕권을 빼앗았습니다. 생명에 위협을 느낀 라이오스는 재빨리 피사의 펠롭스 왕궁으로 피신하여 그곳에 머물렀습니다.

테베를 차지한 암피온과 제토스는 라이오스가 언제든 다시 세력을 정비해 전쟁을 일으킬 거라 판단하고 일단 성곽을 굳건히 다지는 데 주력했습니다. 무예가 뛰어난 제토스는 부하들을 통솔하고 성곽을 쌓는 일에 능숙했지만, 그렇지 못한 암피온은 할 수 있는 일이 거의 없었습니다. 때문에 제토스는 은근히 암피온을 무시했습니다.

그런데 제토스의 자부심을 접게 할 만한 놀라운 일이 벌어졌습니다. 어느 날 성곽을 쌓으려고 모아놓은 돌들 앞에서 암피온이 7현으로 이루어진 리라를 연주했습니다. 신기하게도 그의 연주 소리에 맞추어 돌들이 저절로 움직이더니 하나씩 성곽을 이루었습니다. 제토스는 암피온의 공적을 높이 사 7현을 갖춘 리라처럼 성에 일곱 문을 내어 성곽을 완성했습니다. 그 후 형제는 테베의 굳건한 성 안에서 평화로이 지냈습니다.

그러던 어느 날 암피온의 아내 니오베가 농담 삼아 레토를 모욕하는 말을 했습니다.

"제우스의 사랑을 받았다고는 하지만 레토는 아폴론과 아르테미스 두 명의 자식밖에는 없잖아. 나는 아들과 딸을 각각 일곱 명씩이나 낳았는데, 이런 내가 레토보다 더 훌륭하지 않을까?"

이 이야기를 들은 레토는 분노를 참지 못하고 아폴론과 아르테미스를 불러 니오베에게 복수하게 했습니다. 어머니의 말에 따라 아폴론과 아르테미스는 즉시 니오베의 성을 찾아가 그녀의 아들들에게 화살을 날렸습니다. 니오베는 아들을 모두 잃었지만 아직 일곱 명의 딸이 남아 있다면서 레토에게 굴복하지 않았습니다. 그러자 이번에는 아르테미스가 니오베의 딸들에게 화살을 날렸습니다. 자식 모두가 목숨을 잃자 암피온은 그 자리에서 자살하고 말았습니다.

자식은 물론 남편까지 잃고 비탄에 빠진 니오베는 고향인 리디아로 돌아갔습니다. 그녀는 시필로스 산 위에 올라가 밤낮으로 울며 탄식하다가 어느 날 그만 돌로 변하고 말았습니다. 돌로 변하고도 니오베의 눈물은 멈추지 않았습니다.

암피온이 죽자 실의에 빠진 제토스는 무기력하게 지냈습니다. 그런데 하나밖에 없는 아들마저 아내 테베의 실수로 죽고 말았습니다. 형을 잃은 슬픔이 가시기도 전에 아들마저 잃은 제토스 역시 시름시름 앓다가 죽음을 맞았습니다.

두 아들의 죽음을 허무하게 바라볼 수밖에 없었던 안티오페는 가슴이 갈가리 찢어졌습니다. 너무나도 큰 충격에 급기야 미쳐버린 그녀는 세상 이곳저곳을 떠돌아다녔습니다. 그렇게 하루하루를 보내던 안티오페는 키포스라는 나라에 이르렀습니다. 키포스는 시시포스의 후손인 포코스가 다스리고 있었는데 우연히 안티오페를 만난 포코스는 정성을 다해 병을 고쳐주었습니다.

그 인연으로 결혼하게 된 둘은 세 명의 아들을 낳고 행복하게 살다가 같은 날에 조용히 죽음을 맞았습니다. 부부는 함께 디트레이아 지방에 묻혔습니다. 그 후 디트레이아 사람들은 안티오페의 아들인 제토스와 암피온 무덤의 흙을 부부의 무덤에 뿌리면 풍년이 든다고 믿어 오랜 세월 동안 이 풍습을 지켰습니다. 과거를 묻지 않고 따뜻하게 사랑을 베푼 포코스는 후세인들에게 신앙의 대상이 되었습니다.

C ⟩⟨⟨C ⟩⟨⟨C ⟩⟨⟨C ⟩⟨⟨C ⟩

사랑은 아슬아슬합니다. 곡예와 같습니다. 운명의 장난이 사랑의 주변을 돌아다니기 때문입니다. 사랑은 그만큼 위험하기 때문에 무엇보다 첫 단추가 중요합니다. 첫사랑은 철모르는, 사랑을 잘 모를 때에 시작되기 때문에 깊이 생각을 안 하고 빠져듭니다. 그런데 만일 첫사랑에 실패하면 불안감 때문에 섣불리 또 다른 상대를 택해 공허를 채우려 합니다. 그때부터 자칫 잘못하면 계속해서 시행착오를 겪습니다. 사랑도 첫 단추를 잘 꿰어야 합니다.

알크메네를 속인 제우스의 이기적인 사랑

아름다운 여자만 보면 사족을 못 쓰는 신을 남편으로 둔 헤라는 하루도 마음 편할 날이 없었습니다. 신들 중에 가장 강한 신으로 인정받는 최고의 신, 정권을 움켜쥔 제우스를 남편으로 맞을 때만 해도 행복에 부풀었던 헤라의 꿈도 물거품처럼 사라졌습니다. 헤라는 미모가 뛰어난 여신이었지만 제우스는 결혼 후에도 아름다운 여자만 보면 신이든 인간이든 가리지 않고 따라다니며 유혹했습니다. 그럴 때마다 헤라는 제우스를 내치고 싶었지만 방법이 없었습니다. 제우스를 향한 그녀의 복수심은 제우스의 상대를 향할 수밖에 없었습니다. 날이 갈수록 헤라의 복수는 잔혹해졌습니다.

그러던 어느 날 제우스가 인간 세상에 산책을 나갔다가 아름다운 여인을 발견합니다. 그녀는 암피트리온의 아내 알크메네였습니다. 마침 암피트리온은 아내의 원수를 갚아주려고 전쟁터인 타포스에 있었고, 그녀 혼자 집에 있었습니다. 알크메네에게 반한 제우스는 그녀를 어떻게든 자신의 여자로 만들고 싶었습니다. 그러려면 시간이 필요했습니다. 남편이 타포스에서 돌아오기 전에 그녀를 자기 여자로 만들어야 했죠. 제우스는 그녀의 남편 암피트리온이 참전한 전쟁이 빨리 끝나지 않도록 타포스 성을 아무리 공격해도 함락되지 않게 만들었습니다.

제우스가 알크메네를 자기 여자로 만들고 싶어 한 이유는 물론 그녀가 매력적이기도 했지만 다른 목적도 있었습니다. 천공의 신 우라노스가 제우스에게 오래지 않아 올림포스에서 자기를 내친 아내 가이아의 반란이 일어날 것이며, 그 전쟁에서 승리하려면 최고의 인간 영웅의 도움을 받아야 한다고 조언한 것입니다. 이를 위해 인간 아들을 만들어야 했는데, 그 상대로 알크메네를 선택한 것이죠. 알크메네는 결혼은 했으나 암피트리온이 자신의 복수를 해주기 전에는 몸을 허락하지 않겠다며 버텼기 때문에 순결한 처녀 그대로였습니다.

약혼한 사이였으나 실수로 자신의 아버지를 죽게 한 암피트리온, 그래서 원인제공자인 왕의 나라 타포스 정복으로 그 빚을 갚으러 간 남편을 생각하며 알크메네는 불안하고 초조했습니다. 제우스는 바로 그 심리를 이용하리라 생각하고 암피트리온으로 변신해 알크메네 앞에 나타났습니다. 내심 무사히 남편이 돌아오기를 기다리던 그녀는 예고도 없이 돌아온 남편이 무척 반갑고 기뻤습니다. 그녀는 주저 없이 그가 내미는 팔에 안겼습니다.

그날 밤 암피트리온으로 변신한 제우스와 알크메네는 아주 황홀한 밤을 보냈습니다. 한없이 뜨거웠다 식기도 하고, 이 세상이 아닌 아득하고 아름다운 멋진 꿈의 나라에 있는 것 같은 묘한 환희로 그녀는 몸부림쳤습니다. 그렇게 아름다운 밤, 제우스가 평소보다 훨씬 연장시킨 긴긴 밤을 보낸 그녀는 나른한 잠에 빠져들었습니다.

눈부신 햇살 때문에 눈을 뜨자 남편은 그녀의 옆에 없었습니다. 그녀는 첫날밤의 환희로웠던 순간들을 되새김하며 문을 열고 밖으로 나왔습니다. 세상이 그녀를 위해 밝은 햇살을 비추는 것 같았습니다. 문밖에 그가 있었습니다. 그는 새삼스럽게 전쟁 이야기를 꺼냈습니다.

"알크메네! 내가 돌아왔어. 내가 타포스 놈들을 물리치고 깨끗하게 복수하고 왔다고!"

하지만 알크메네는 그의 모습을 보고도 전혀 놀라는 기색이 없이 빙그레 미소만 지었습니다. 그녀는 새삼 승전보를 전하는 그를 보자 웃음밖에 나오지 않았습니다. 암피트리온도 마찬가지였습니다. 그다지 반가운 표정이 없는 그녀를 이상하게 생각했습니다.

사실 이제까지 남편 행세를 한 제우스는 이미 떠난 후였고 진짜 암피트리온이 막 도착했는데 그 사실을 두 사람 모두 모르고 있었습니다. 한시라도 빨리 사랑을 나누고 싶은 마음에 그녀를 침실로 이끄는 남편을 그녀는 수줍게 바라보았습니다.

"알크메네, 내가 이 순간을 얼마나 기다려왔는지 넌 절대 모를 거야."

알크메네는 얼굴을 붉히며 말했습니다.

"어젯밤 그렇게 밤새도록 함께 있었는데 뭘 처음인 것처럼 말을 하세요."

하지만 오직 그녀와 나눌 사랑만을 생각하고 있던 암피트리온은 그 어떤 말도 귀에 들어오지 않았습니다. 그는 어리둥절해하는 그녀를 품에 안았습니다. 폭풍이 몰아치듯 격렬한 밤이 지났습니다. 그녀를 보자 간절한 욕망으로 앞뒤 잴 것 없이 정사를 나눈 암피트리온은 아침이 되어서야 어제 그녀가 한 말을 떠올렸습니다. 자신과는 한 번도 사랑을 나눈 적이 없었기 때문에 아마도 그녀가 꿈을 꾸고 현실로 착각하고 있는 것 아닌가 생각했습니다.

그런데 점점 뭔가 개운치 않았습니다. 그녀와 사랑을 나눈 지난밤의 순간들을 꼼꼼히 되짚어보자 고개를 갸웃거리게 하는 일이 하나둘이 아니었습니다. 알크메네는 자기가 준비했던 목걸이를 이미 걸고 있었고, 승전보도 잘 알고 있었습니다. 아무래도 이상해서 궁금증을 풀기 위해 테베의 예언자 테이레시아스에게 찾아가 어떻게 된 일인지를 물었습니다.

"제우스가 자네 모습으로 변신해 알크메네와 하룻밤을 보낸 걸세. 훌륭한 아들을 낳기 위해 자네 아내를 이용한 거라네. 말이 하룻밤이지 그날은 밤의 길이가 평소보다 세 배나 늘어났지. 이 사실은 자네 아내도 모르고 있네."

제우스가 변신해 전리품 목걸이를 알크메네의 목에 걸어주며 자신을 암피트리온으로 믿게 만든 다음 그녀의 순결을 빼앗은 것이었습니다. 제우스가 태양신 헬리오스에게 하루를 더 자고 오라고 해 밤을 늘렸으니, 그날 밤은 정상적으로 따지면 사흘 밤이었습니다.

"맙소사, 암피트리온이 두 명이라니! 아……."

암피트리온은 화가 치밀어 길게 탄식했습니다. 그토록 자신이 원했건만 알크메네가 그런 마음도 모르고 제우스에게 먼저 몸을 허락했다는 생각에 너무나 화가 났습니다. 하지만 그가 최고의 신 제우스라니 달리 도리도 없었습니다. 집으로 돌아온 암피트리온의 머릿속에는 온갖 생각들이 교차했습니다. 알크메네에게 사실을 알리고 그녀와 헤어져야 할지 아니면 그대로 덮어둬야 할지 갈피를 잡을 수 없었습니다.

하지만 그냥 넘어가기엔 남자로서의 자존심이 허락지 않았습니다. 아내가 바람을 피운 것이 확실한 이상 그냥 넘어갈 수 없었습니다. 관습에 따라 그녀를 화형시키려고 말없이 그녀를 화형대로 데려갔습니다. 알크메네는 영문도 모른 채 나뭇단에 앉아 울부짖었습니다.

"나에게 무슨 죄가 있다고 그러는 거예요?"

암피트리온은 자존심 때문에 말도 하지 않은 채 그녀를 밧줄로 묶고 화형대에 불을 붙였습니다. 제우스는 암피트리온의 행동에 당황해 급한 나머지 일단 불부터 꺼야 한다는 생각으로 비를 퍼부었습니다. 암피트리온이 다시 불을 붙이려 했으나 도무지 붙일 수가 없었습니다. 그제야 암피트리온은 화형을 그만두고 조용히 그녀를 풀어주었습니다.

제우스가 뿌린 씨앗은 알크메네의 몸에서 자라기 시작했습니다. 동시에 암피트리온의 씨앗도 함께 자랐습니다. 제우스가 한 짓을 알아차린 헤라는 어떻게든 제우스의 씨앗이 세상에 나오지 않게 하려고 애를 썼습니다. 알크메네를 죽게 만들려고 출산의 여신을 보내 그녀의 출산을 막았지만 제우스의 도움으로 간신히 쌍둥이를 순산했습니다.

알크메네는 쌍둥이를 각각 알키데스와 이피클레스라고 이름 지었습니다. 알키데스는 제우스의 아들이었고, 이피클레스만이 암피트리온의 아들이었지만 알크메네는 둘 다 암피트리온과 자신의 아들이라고 생각했습니다. 반면 암피트리온은 두 아이 중 한 아이가 제우스의 아이라는 것을 알고 있었죠.

알키데스는 제우스신이 인간과의 사이에서 낳은 마지막 아들이었습니다. 제우스는 인간과 상대하여 가장 강한 자식을 만들었기에 앞으로 벌어질 수도 있는 신들의 싸움에서 자신의 아들을 이용할 수 있었습니다. 그는 아이를 어떻게든 강하게 키우고 싶었고, 또한 불사의 존재로 만들고 싶었습니다.

고민을 거듭하던 제우스가 좋은 방법을 생각해냈습니다. 인간의 몸에서 태어난 아이를 불사의 몸으로 만드는 방법은 신의 젖을 먹이는 것이었습니다. 기회를 엿보던 제우스는 아내 헤라가 잠든 사이에 아기를 데려다가 얼른 헤라의 젖을 물렸습니다. 비록 헤라가 알크메네의 아기를 미워한다고 해도 일단 자신의 젖을 먹이면 모성애가 생길 것이라 생각했습니다. 아이는 아무것도 모른 채 젖을 물자 열심히 빨았습니다. 한참 잠이 들었던 헤라가 가슴이 답답하여 잠에서 깼다가 자신의 젖을 빨고 있는 아기를 발견하고는 놀라서 밀쳐냈습니다. 제우스는 재빨리 아이를 받아서 알크메네에게 보냈습니다.

헤라가 놀라서 아기를 밀쳐내긴 했지만 아기가 어찌나 강하게 빨고 있었던지 헤라의 젖에서는 한동안 계속해서 젖이 뿜어져 나와 우윳빛으로 하늘을 수놓았습니다. 이렇게 뿜어져 나온 헤라의 젖이 은하수가 되어 흐르게 되었습니다. 우유길(the Milky Way)이라고 불리는 이 길을 통해 신들은 신들의 나라로 드나들고, 지상의 인간들은 이 길을 은하수라 부르게 되었습니다.

이 아이가 바로 나중에 헤라에 의해 고난의 길, 열두 가지 어려운 과업을 완수해내고 헤라의 뜻대로 헤라클레스라고 이름을 바꾼 그 아이였습니다. 그렇게 시련의 길을 통해 힘을 기르고 능력을 키운 헤라클레스는 아버지 제우스의 계획대로 올림포스에서 벌어진 신들의 반란에서 가장 큰 공을 세우고, 죽은 후엔 신들의 반열에 올랐습니다.

⚜ ⚜ ⚜ ⚜ ⚜ ⚜ ⚜

제우스의 변신, 그리고 시간의 조작, 권력의 횡포입니다. 마치 다윗이 우리야의 아내를 취하고, 우리야를 최전선에 보내어 죽게 만들 듯, 권력은 때로 약자를 농간합니다. 사랑에서 때로 누군가는 사랑의 희생자입니다. 그렇게 희생을 당하고도 희생자는 보상을 받지 못합니다. 이기적인 권력자에 의해, 힘센 갑에 의해 희생을 당하고도 당한 줄 모르고 지내는 경우도 왕왕 있습니다. 사랑은 이처럼 사람을 즐겁게도 하지만 울게도 합니다. 진실만이 담긴 사랑을 찾기가 어렵다는 것을 신화는 보여줍니다.

2.
연애에 어설픈 남신들,
사랑의 강에 빠지다

"당신을 사랑하오.

하지만 당신은 이제 내 아내가 될 수 없으니

당신을 내 나무로 삼아 영원히 내 곁에 두려 하오.

우선 당신의 잎과 가지로 내 왕관을 만들 것이며,

당신을 가지고 나의 수금과 화살통을 장식할 것이오.

그리고 위대한 장군들이 승리를 거두어 개선행진 할 때

나는 그들의 이마에 그대의 잎으로 엮은 화관을 씌울 것이오."

에로스를 향한 프시케의 믿지 못하는 사랑

에로스의 어머니 아프로디테는 여신 중에서도 가장 미모가 뛰어났습니다. 그녀의 공공연한 경쟁자는 헤라였는데 헤라의 남편 제우스마저도 아프로디테가 여신 가운데 가장 미인이라고 공언한 바 있습니다. 인간들은 아프로디테를 위한 제단을 쌓고 지극정성으로 제단을 돌보며 그녀를, 그녀의 아름다움을 숭배했습니다. 그런데 언제부턴가 아프로디테 신전에 사람들의 발길이 뜸해지고, 제단을 돌보는 사람 또한 사라졌습니다.

이상히 여긴 아프로디테가 이유를 알아보았더니 프시케라는 처녀가 그 원인이었습니다. 아프로디테 여신의 제단으로 향하던 사람들의 발걸음이 여신보다 미모가 더 빼어난 프시케를 찬양하기 위해 그녀의 집 앞으로 간다는 것입니다.

영원히 죽지 않는 신에게 허락된 숭배를, 언젠가 죽음을 맞이할 수밖에 없는 인간이 빼앗아가다니! 질투에 못 이겨 전전긍긍하던 아프로디테는 격한 감정으로 아들 에로스를 불러 부탁했습니다.

"사랑하는 내 아들, 에로스야. 이 엄마의 복수를 좀 해다오. 인간 세상에 아주 오만한 처녀가 있는데 그 아이를 네가 골려주렴. 저 프시케라는 교만한 아가씨의 가슴속에 미천한 자에 대한 연정을 불어넣어라. 지금 누리고 있는 환희와 승리감이 큰 만큼 장차 받게 될 굴욕 또한 크도록."

마침 심심하던 차에 에로스는 하얀 날개를 펄럭이며 어머니의 복수를 위해 힘차게 날아올랐습니다.

프시케는 어느 나라의 공주였습니다. 그녀에게는 두 언니가 있었는데, 이들도 제법 아름다웠지만 막내였던 프시케는 형언할 수 없을 만큼 아름다웠습니다. 그녀의 아름다움은 전 세계로 소문이 퍼져 이웃 나라에서 많은 사람들이 그녀를 보려고 떼를 지어 몰려들었습니다. 뿐만 아니라 그녀를 한 번 본 사람들은 너무나 탄복하여 이제까지 아프로디테에게만 바치던 숭배를 그녀에게 바쳤습니다. 그러다보니 아프로디테의 제단에는 쓸쓸한 먼지만 쌓여 갔습니다. 아프로디테가 얼마나 분통이 터졌을까요?

아프로디테의 정원에는 샘이 두 개 있었는데, 그중 하나에서는 단물이 나왔고, 다른 샘에서는 쓴물이 나왔습니다. 에로스는 어머니의 복수를 위해 각각의 샘물을 호박병에 담은 다음, 그것을 화살통 끝에 매달고 프시케의 방으로 갔습니다. 막상 잠든 그녀의 모습을 보니 측은한 생각도 들었지만 쓴물을 두어 방울 그녀의 입술 위에 떨어뜨렸습니다. 그리고는 그녀의 옆구리에 화살 끝을 댔는데 그녀가 잠에서 깨어나 에로스를 바라보았습니다. 그녀에게는 보일 리가 없지만 에로스는 순간적으로 흠칫 놀라고 당황하여 자신이 들고 있던 화살로 부상을 입고 말았습니다. 그는 부상 따위는 조금도 개의치 않고 어머니 부탁에 열중하여, 그녀의 비단 같은 고수머리 위에 기쁨의 향기로운 물방울을 뿌렸습니다.

일을 마친 에로스는 돌아갔습니다. 한편 아프로디테의 미움을 받은 그 순간부터 프시케는 미모로 아무런 득을 얻을 수 없었습니다. 물론 모든 사람의 시선이 그녀에게 집중되고, 그녀의 아름다움을 부인하는 사람은 없었지만 누구 하나 그녀에게 청혼하는 사람이 없었습니다. 이미 그녀의 두 언니는 왕자들과 결혼했습니다. 이제 프시케는 사랑을 불러일으키지 못하는 자신의 아름다움이 싫어졌습니다. 그녀의 부모는 딸 문제로 고민하던 끝에 아폴론 신전에 물어 다음과 같은 신탁을 얻었습니다.

"그 처녀는 인간과 혼인할 운명이 아니로다. 그녀의 남편 될 상대가 산꼭대기에서 그녀를 기다리고 있노라. 그는 괴물로서, 신이나 인간도 그에게는 반항할 수 없도다."

신탁을 받은 그녀의 부모는 슬픔에 잠겼지만 그녀는 "사람들이 나에게 부당한 명예를 주어 나를 아프로디테라고 불렀을 때 슬퍼하셨어야 했어요."라며 자신의 운명을 받아들이겠다고 했습니다. 사실 그 신탁은 여전히 아름다움이 사라지지 않은 프시케를 질투한 아프로디테가 신의 무녀를 매수하여 내린 것이었습니다.

그것을 알 리 없는 프시케의 아버지는 신랑에게 갈 준비를 마치고 산을 향해 출발했습니다. 혼례를 위한 것이라기보다 장례행렬처럼 슬픈 풍경이었습니다. 산꼭대기에 이르자 아버지와 신하들은 그녀만 혼자 남겨놓고 돌아갔습니다. 혼자 깊은 산꼭대기에 남겨진 프시케는 공포에 떨며 눈물에 흠뻑 젖었습니다.

그녀가 두려움에 사로잡혀 절반쯤 혼이 나간 상태인 것을 본 에로스는 마음이 아팠습니다. 그래서 어머니 몰래 숲속에 아름다운 궁전을 짓고 프시케를 데려올 생각을 했습니다. 궁전이 완성되자 에로스는 부드럽고 감미로운 신 제피로스에게 부탁하여 프시케를 데려오게 했습니다.

감미롭게 산들산들 지상을 날아다니는 제피로스는 꽃이 함빡 피어 있는 골짜기로 그녀를 실어다주었습니다. 바람에 실려 잠이 들었던 그녀가 정신을 차리고 상쾌한 마음으로 눈을 떴을 때 그녀는 커다란 나무가 우뚝 솟은 아름다운 숲속에 있었습니다. 프시케는 그 속으로 들어갔습니다. 숲 한가운데 샘에서는 수정처럼 맑은 물이 솟아나고, 그 샘 곁에는 경이로울 만치 아름답고 큰 궁궐이 있었습니다.

그녀는 용기를 내어 안으로 들어갔습니다. 반원형 지붕을 떠받치고 있는 황금 기둥, 수렵의 대상이 되는 짐승들과 전원 풍경을 그린 그림으로 장식한 아름다운 벽, 모든 것이 경탄의 대상이었습니다. 더 안으로 들어가니 의식용 큰방과 진귀한 보물과 장식품들이 가득 찬 여러 개의 방이 있었습니다. 그녀가 이러한 것들에 도취해 있을 때, 아무도 보이지 않는 어디선가 고운 목소리가 들려왔습니다.

"여왕님, 지금 보고 계신 모든 것은 여왕님 것입니다. 당신은 볼 수 없지만 우리는 당신의 시종들입니다. 어떤 명령을 내리든지 분부대로 다 하겠습니다. 내전으로 드시어 부드러운 침대 위에서 편히 쉬시고, 욕실에서 목욕을 즐기세요. 저녁식사는 신선한 바람이 부는 정자에서 드시는 것이 좋을 것 같습니다."

모습이 보이지 않는 시종의 말을 들으며 프시케는 살짝 미소를 지었습니다. 그녀는 우선 부드러운 털로 된 침대 위에서 한잠 기분 좋게

안토니오 카노바, <에로스의 키스로 부활한 프시케>(1787~93년, 프랑스 루브르박물관)

자고는, 유난히 아름답게 보이는 자신의 몸을 시종의 도움을 받아 씻었습니다. 그리고는 분위기가 신선하고 아름다운 정자로 식사를 하러 갔습니다. 식탁 위에는 산해진미와 감미로운 술이 놓여 있었습니다.

그렇게 아름다운 날들이 꽤 여러 날 흘렀습니다. 하지만 그녀는 아직도 남편을 본 적이 없었습니다. 그는 밤에만 왔다가 날이 밝기 전에 궁궐을 빠져나갔습니다. 남편의 모습은 볼 수 없었지만 그의 음성은 들렸습니다. 그의 피부의 감촉을 느꼈고, 이루 형언할 수 없는 그와의 쾌락을 느꼈습니다. 그의 목소리는 괴물이기는커녕 그녀를 사랑하는 마음이 녹아 있어 부드럽고 아주 따뜻했습니다. 부드러운 살결의 느낌은 너무 감미로워서 마치 꿀이 스며들 듯 온 몸과 마음이 그에게로 빨려들었습니다. 목소리를 듣는 것만으로도 마음이 설레고 두근거렸습니다. 그녀는 이제 그의 모습이 간절히 보고 싶어졌습니다. 그녀가 가끔 얼굴을 보여달라고 애원했지만 그는 애타는 마음만 남겨두고 떠나곤 했습니다.

"왜 내 모습을 그리도 보고 싶어 하오? 당신을 향한 내 사랑을 못 믿는 거요? 내가 내 모습을 보여주지 못하는 건 그럴만한 이유가 있는 것이니 그리 아오. 만일 그대가 모습을 보게 되면 나를 존경하거나 두려워하게 될 거요. 난 단지 당신의 사랑만을 원하오. 당신의 사랑을 받고 싶을 뿐이라오."

남편의 애정 어린 말을 듣는 순간 그녀는 다시 마음이 평안해지고, 왠지 모르게 사랑의 미묘한 감정이 솟아나서 행복한 환희에 감싸였습니다.

그러다 혼자 있는 시간이 되면 문득 지금의 상황을 모르고 슬픔에 잠겨 있을 언니들, 부모님 생각에 견딜 수가 없었습니다. 그럴 때면 자신이 누리고 있는 이 호사스러운 생활이며, 웅장하고 아름다운 궁전도 한낱 감옥으로 느껴질 뿐이었습니다.

어느 날 밤 그녀는 남편에게 자기의 심정을 털어놓으며, 가족을 만나게 해달라고 간청했습니다. 마침내 언니들을 만날 수 있도록 허락을 받은 그녀는 즉시 제피로스를 불러 부탁했습니다. 제피로스는 언니들을 그곳으로 데려다주었습니다.

그녀는 아주 반갑게 언니들의 손을 잡고 자신의 화려한 궁전으로 안내했습니다. 모습은 보이지 않고 목소리만 들리는 수많은 시종들이 언니들의 시중을 들어 목욕도 시켜주고 좋은 음식도 제공했습니다. 프시케는 자신의 생활을 언니들에게 맘껏 자랑하며 즐거운 한때를 보냈습니다.

동생이 자기들보다 좋은 환경에서 사는 모습에 질투가 난 언니들은 그녀에게 미주알고주알 캐물었습니다. 남편이 어떻게 생겼는지 캐묻는 언니들의 집요한 질문에 그녀는 결국 남편의 모습을 본 적이 없음을 고백했습니다. 언니들은 아폴론의 신탁을 떠올리며, 그는 필시 괴물일 것이니 처치하라고 부추겼습니다.

"이 골짜기에 사는 사람들이 그러는데 네 남편은 괴물 같은 뱀이래. 그러니까 모습을 안 보여주는 거야."

그 말에 그녀의 마음도 흔들리기 시작했습니다.

"결국 네 남편은 너를 살찌운 다음 너를 삼켜버리려는 거야. 그러니까 우리말대로 하렴. 등잔과 예리한 칼을 몰래 준비했다가 남편이 깊이 잠들거든 몰래 침대에서 빠져 나와 등잔불을 켜고, 실제로 괴물인지 확인해보는 거야. 사실이라면 망설이지 말고 괴물의 머리를 베어버리고 너의 자유를 찾아야 되는 거야. 알겠니?"

프시케는 그럴 리가 없다며 극구 부인했지만 내심으로 언니들의 말에도 일리가 있다는 생각이 들었습니다. 언니들이 떠나고 혼자 남자 마음이 심란해지고, 앞으로 닥쳐올 일들 때문에 자신의 처지가 가련해졌습니다. 그녀는 결국 등불과 예리한 칼을 준비하여 남편이 보지 못하도록 덮개를 덮어두었습니다.

프시케는 남편의 정체를 확인하기 위한 일에만 마음이 쏠렸습니다.

그날 밤 진한 사랑을 나눈 후 남편이 곤한 잠에 빠지자 그녀는 살며시 일어나 등잔불의 덮개를 벗기고 남편의 얼굴을 비쳐보았습니다.

아! 남편은 신들 중에서도 가장 아름답고 매력 있는 신이었습니다! 눈빛처럼 흰 목과 진홍색 볼 위에서 물결치는 금빛 곱슬머리, 어깨에는 이슬에 젖은 흰 눈보다 더 흰 두 날개, 보들보들한 봄꽃처럼 빛나는 깃털. 그녀는 황홀경에 빠질 지경이었습니다.

그런데 이 무슨 운명의 장난이란 말인가요. 거기에서 멈추고 얼른 모르는 체했으면 좋았을 것을, 그녀는 남편의 얼굴을 더 자세히 보기 위해서 등불을 기울였습니다. 마침 불붙은 기름 한 방울이 그만 에로스의 어깨에 떨어졌습니다.

그는 깜짝 놀라 눈을 뜨고 프시케를 노려보았습니다. 놀라서 망연자실한 그녀에게 한마디 없이 그는 흰 날개를 펴고 창밖으로 나가려고 했습니다. 프시케는 그를 따라가려 애쓰다가 그만 창틀에서 땅으로 떨어졌습니다. 그녀를 본 에로스가 잠깐 멈추고는 말했습니다.

"오! 어리석은 프시케. 내 사랑을 이렇게 보답하다니. 나 에로스는 어머니의 명령을 어기고 그대를 아내로 맞았는데, 그런 나를 괴물로 여기고 나의 머리를 베려고 하다니. 언니들한테로 돌아가라. 그대는 내 말보다 그들의 말을 들었으니 그들에게나 가라. 단 나는 그대에게 다른 벌은 주지 않을 것이나 영원히 그대와 이별할 뿐이다. 믿음이 없는 곳에 에로스는 함께 있을 수 없느니라."

그가 떠나고 나서 정신을 되찾았을 때 그녀는 이미 궁전도 정원도 없어지고, 언니들이 살고 있는 도시로부터 얼마 떨어지지 않은 벌판에 있었습니다. 프시케는 언니들에게 가서 이제까지 있었던 일들을 모두 이야기했습니다. 언니들은 함께 걱정해주는 척했지만 속으로는 기쁜 마음이었습니다.

그들은 내심 이번에는 그 잘 생겼다는 신이 필시 자신들 중에 한 사람을 아내로 맞을 것이라 생각하고는 아침 일찍 일어나 산에 올랐습니다. 산 정상에 이른 그들은 제피로스를 불러 자기를 받아들이고, 에로스에게 데려다달라고 했습니다. 그리고는 뛰어내렸지만 무심하게도 제피로스는 그들을 받쳐주지 않았습니다. 결국 그들의 몸은 절벽에서 떨어져 산산조각으로 부서져버리고 말았습니다.

༺ ⚬⚬⚬ ⚬⚬⚬ ⚬⚬⚬ ⚬⚬⚬ ⚬⚬⚬ ⚬⚬⚬ ⚬⚬⚬ ༻

사랑에 빠져 있는 이들이 있는 곳, 그곳이 사랑의 궁전입니다. 사랑하는 이들 앞엔 세상 모두가 아름답습니다. 자신들을 위해 세상이 마련되어 있는 것 같습니다. 사랑에 빠진 이들은 자신들이 주인공인 것 같습니다. 그런데 사랑이 떠납니다. 아름다운 궁전은 온데간데없습니다. 그 화려하고 아름답던 세상, 자신들을 주목하던 시선들은 모두 어디로 간 걸까요. 쾌락이 넘치던 곳엔 쓸쓸함과 공허한 잔해만 남아 있습니다. 정신 차리고 보면 처음 사랑을 시작하려던 그곳에 있습니다. 다시 원위치일 뿐인데, 마음은 더 공허하고 무너질 것 같아 견딜 수 없습니다. 무엇이 문제일까요? 바로 믿음의 문제입니다. "믿음이 없는 곳에 사랑(에로스)은 있을 수 없으니"란 에로스의 말처럼 믿음이 없다면 사랑은 깨질 수밖에 없습니다.

신약성서 고린도전서 제13장에는 "믿음, 소망, 사랑, 이 세 가지는 항상 함께 있을 것인데, 그중에 제일은 사랑이다."라고 기록되어 있습니다. 사람에게 가장 중요한 것은 사랑입니다. 그 사랑을 떠받치는 것이 믿음과 소망입니다. 사랑이 주인공이요, 믿음과 소망은 보조라는 의미입니다. 사랑이 없으면 믿음도, 소망도 있을 이유가 없습니다.

믿음, 그것은 과거에서 현재까지의 모습입니다. 믿음이 과거라면 사랑은 현재입니다. 이 믿음으로 지금 사랑하고 있다면 이제 우리는 미래를 약속할 수 있습니다. 그 미래의 약속이 희망입니다. 따라서 믿음, 소망, 사랑은 함께 존재할 수밖에 없습니다. 사랑을 위하여.

에로스와 프시케의 영원한 사랑

사랑의 궁전이 사라진 빈들에서 프시케는 울었습니다. 집에 돌아갈 수도 없고, 에로스를 도저히 잊을 수도 포기할 수도 없는 프시케는 한없이 울었습니다.

감미로운 바람 제피로스가 그 모습을 보았습니다. 에로스의 궁전에 데려다주었던 게 오히려 후회스러웠습니다. 아름다운 프시케가 사랑에 잠겨 즐거워하는 모습을 볼 때마다 사랑의 메신저 역할에 보람을 느꼈는데, 곱디고운 프시케의 눈가에 맺힌 눈물을 보노라니 애련했습니다. 제피로스가 프시케에게 다가가 눈물을 닦아주었습니다.

프시케가 제피로스에게 간절히 부탁합니다. 죽어도 좋으니 에로스의 집에 한 번만 더 데려다달라고요. 차마 거절 못한 제피로스가 프시케를 안고 하늘로 날아오릅니다. 그리고는 에로스의 집에 내려놓습니다. 아프로디테가 함께 있는 집이지요.

아프로디테는 프시케를 보자마자 화를 내며 말했습니다.

"너야말로 하인들 중에서도 가장 불성실한 여인이다. 심지어 너 때문에 몸져누운 너의 남편을 보기 위해 온 것이란 말이냐? 나는 네가 밉고 싶다."

아프로디테는 그녀를 당장 내쫓으라고 명령했습니다. 프시케는 결사적으로 그녀의 발아래 엎드려 애원했습니다. 하녀로라도 좋으니 에로스 가까이 있도록 내쫓지만 말아달라고 매달렸습니다.

"정 네가 용서를 받으려면 열심히 일하는 것밖에 없다. 네가 허드렛일이나 할 수 있는지 시험해 보겠다. 일은 내일부터 시킬 것이니 오늘은 여기 돌바닥에서 잠을 자도록 해라."

프시케는 그날 밤 에로스의 숨소리도 못 들은 채 딱딱하고 차가운 돌바닥에서 잠을 잤습니다.

다음날 아프로디테는 프시케를 창고로 데려갔습니다. 그곳은 비둘기 모이로 쓰는 밀과 보리, 기장, 완두, 볼록콩과 양귀비, 겨자, 귀리 자루들이 마구 뒤섞여 쌓여 있었습니다. 아프로디테는 하인들에게 그 자루 중에서 양귀비, 귀리, 겨자 자루를 내오게 하더니 자루에 있는 것을 돌바닥에 쏟아 모두 섞도록 명령했습니다. 그리고 프시케를 불러 지시했습니다.

"여기 있는 이 곡식들을 종류대로 깨끗이 분류하도록 해라. 오늘 저녁까지 반드시 다 해야 한다."

하인들이 떠나고, 혼자 남은 그녀는 막막할 따름이었습니다. 한동안 멍하니 곡식더미를 바라보던 그녀는 자신의 신세가 한탄스러워서 울었습니다. 사랑하는 에로스의 손 한 번 잡아보지 못하고, 키스 한 번 못하고 쫓겨날 생각에 얼마나 울었던지 눈물이 흐르고 흘러 돌바닥을 지나 땅속으로 스며들었습니다. 여왕개미의 굴로 눈물이 계속 흘러들어가자 놀란 여왕개미가 밖으로 나왔습니다. 울고 있는 프시케를 보고 사연을 물은 여왕개미는 걱정 말라며 그녀를 안심시키고는 다시 굴속으로 돌아갔습니다.

잠시 후 사방에서 개미들이 몰려나왔습니다. 여왕개미는 세 군데로 나누어 개미들에게 씨앗분류를 명했습니다. 그러자 수많은 개미들이 그 일을 즉시 마쳤습니다. 개미들은 언제 그랬냐는 듯이 말끔히 사라져버렸습니다.

아름다운 석양이 끝날 즈음 아프로디테는 장미 화관을 쓰고 향기로운 냄새를 풍기며 신들의 향연에서 돌아왔습니다. 그녀는 프시케가 일을 다 끝낸 것을 보고는 소리 질렀습니다.

"못된 계집 같으니. 너 스스로 하라고 했지. 누가 개미의 도움을 받아서 하라고 했더냐? 너도 개미들도 그냥 두지 않을 것이니라."

그 후 개미들은 아프로디테의 저주로 언제나 집을 땅속에 짓고 살아야 했습니다.

다음날 아침, 아프로디테는 프시케를 불러 다시 일을 지시했습니다.

"저쪽 물가에 나무들이 늘어선 숲을 보아라. 그곳에 가면 양들이 양치기도 없이 풀을 뜯어먹고 있을 것이다. 그 양들은 모두 금빛 털을 가지고 있는데, 어서 가서 양들의 값진 양모 견본을 모아 오너라."

두번째 시험의 대상인 양떼는 말만 양으로 사자 머리에다 몸만 양이었습니다. 게다가 식인 양이었습니다. 괴물들은 프시케를 보자 당장 울타리를 뛰어넘기라도 할 듯 으르렁거렸습니다. 털은커녕 가까이 다가가지도 못한 그녀는 멀찌감치 앉아 다시 울기 시작했습니다. 다시는 울지 않으리라 다짐했지만 한없이 눈물이 쏟아졌습니다.

그러자 이번에는 강의 신이 푸른 갈대를 부추겨, 양털을 얻는 방법을 속삭여주었습니다. 갈대들은 노래 부르듯 그녀에게 속삭였습니다.

"가혹한 시련을 받고 있는 아가씨. 위험한 냇물을 건너가지도 말고, 건너편 무서운 숫양 속에 들어가지도 마세요. 해 뜰 무렵에 양들은 날카로운 뿔과 사나운 이빨을 가지고 사람을 죽이려고 날뛴대요. 대낮이 되면 건너가세요. 그러면 양떼들은 그늘을 찾아가고 냇물의 청명한 정기가 그들을 달래서 재울 거예요. 그때 덤불이나 나무줄기에 붙어 있는 금빛 양모를 얻을 수 있을 거예요."

갈대의 말대로 프시케는 때를 기다렸다가 과제를 해결했습니다. 프시케는 얼마 지나지 않아 금빛 양모를 한 아름 가득 안고 돌아왔습니다. 그러나 이번에도 아프로디테는 그냥 넘어가지 않고 다른 일을 시켰습니다.

프시케에게 주어진 세번째 시험은 스틱스 강의 샘에서 물 한 주전자를 떠오는 것이었습니다. 프시케는 그다지 어렵지 않을 것으로 생각하고 집을 나섰습니다. 드디어 스틱스 강에 이르렀습니다.

이 강은 지상에서 지하세계로 내려가는 강입니다. 죽은 자만이 건너가는 강입니다. 강가에 서서 샘을 내려다보니 아주 까마득한 아래에 샘이 보일 듯 말듯합니다. 그녀는 절벽을 내려가려 합니다. 도저히 용기가 나지 않습니다. 이제 모든 것이 끝났다 생각하니 하염없이 눈물만 흐릅니다. 그때까지도 그토록 그리운 에로스는 얼굴 한 번 비치지 않습니다. 아프로디테의 엄명으로 자기 방에 들어앉은 채 거의 두문불출하고 있었기 때문입니다. 울고 있는 프시케를 바라보던 독수리 한 마리가 그녀에게 다가와서 사연을 묻습니다. 독수리는 그녀의 사연을 가만히 듣습니다.

그녀의 이야기를 가만히 듣고 난 독수리는 발가락으로 그녀의 손에 있던 주전자를 잡더니 커다란 날개를 펼치고 하늘로 날아올랐습니다. 그리고는 갑자기 까마득한 벼랑 아래로 쏜살같이 낙하해 주전자에 물을 채워다 그녀에게 주었습니다.

그녀는 이렇게 독수리의 도움으로 문제를 해결했으나 역시 아프로디테는 꾸중만 하고 다시 그녀를 시험했습니다.

"이 상자를 가지고 저승세계로 가서 페르세포네에게 건네며 이렇게 전하라. '제 주인이신 아프로디테님께서 왕비님의 화장품을 조금 나누어달라고 부탁하셨습니다. 몸져누운 아들을 간호하느라 안색이 좀 안 좋아지셨습니다.' 이 일은 속히 해야만 한다. 오늘밤 그 화장품으로 화장을 하고 신들의 파티에 참석해야 하니 서둘러라 한다."

프시케는 마침내 죽음이 가까이 왔다고 생각했습니다. 저승세계로 내려간다는 건 죽으러가는 것을 의미했습니다. 일단 한 번 들어가면 다시는 나올 수 없는 곳이기 때문입니다. 프시케는 기왕 죽을 바엔 가까운 길을 택하는 것이 낫다는 생각에 높은 탑 꼭대기로 올라갔습니다. 그리고는 막 뛰어내리려는데, 탑 속에서 어떤 소리가 들려왔습니다.

"가엾고 불행한 여인이여, 무슨 까닭으로 그렇게 끔찍한 방법을 택하려 하는가. 이제까지도 여러 번 신들의 가호를 받은 그대가 왜 마지막 시험을 앞두고 무너지려 하는가?"

그 목소리는 이어서 저승세계에 가려면 어떤 동굴을 지나야 하는지, 어떻게 보초를 서고 있는 머리 세 개 달린 개 케르베로스의 곁을 무사히 지나갈 수 있는지를 알려주었습니다. 뱃사공 카론을 설득하여 검은 강을 오갈 수 있는 방법도 자세히 가르쳐주었죠. 그리고는 마지막으로 중요한 한 가지를 당부했습니다.

"페르세포네가 미로 가득 찬 화장품 상자를 주거든 조심해야 할 사항이 있다. 첫째, 그것을 절대로 열어보면 안 된다. 둘째, 그 속을 절대로 들여다보아도 안 되고, 마지막으로 여신들의 보물에 관심을 가져서도 안 된다."

그 목소리가 시키는 대로 무사히 임무를 마치고 돌아오는 중이었습니다. 그녀는 다시 생명을 얻은 듯이 기뻤으며, 무엇보다 남편과의 재회를 생각하니 너무나 행복했습니다. 하지만 목숨을 건 임무를 마치니 상자 안에 도대체 무엇이 들었는지 궁금해지기 시작했습니다.

"여신들의 아름다움의 비결이 도대체 뭔지 너무나 궁금한 걸. 나도 이 화장품을 바르면 에로스에게 더 예쁜 모습을 보여줄 수 있지 않을까?"

호기심을 참지 못한 프시케는 조심스럽게 상자를 열었습니다. 그 안에는 화장품은커녕 저승세계의 깊은 '잠'만 들어 있었습니다. 상자가 열리자마자 프시케에게 덤벼든 저승세계의 잠은, 그녀를 죽음과도 같은 깊은 잠으로 인도했습니다.

그즈음 에로스는 프시케의 사랑스러운 모습이 아른거려 견딜 수가 없었습니다. 그에겐 첫사랑이었기에 애틋함은 더할 나위 없었습니다. 그녀를 보고 싶은 마음이 간절하던 참에, 마침 창문이 열려 있는 것을 보고는 그 틈으로 빠져 나와 프시케가 누워 있는 곳으로 날아갔습니다.

에로스는 죽음의 잠으로 뒤덮인 그녀를 보았습니다. 그럼에도 그녀는 여전히 아름다웠습니다. 조용히 잠든 프시케의 입에 그는 가만히 입을 맞추었습니다. 그녀는 반응이 없었습니다. 에로스는 그녀의 몸에서 잠을 끌어 모아 다시 상자 안에 가두고는, 화살로 가볍게 그녀를 찔러 깨우며 말했습니다.

"그대는 이전에도 그랬던 것처럼 호기심 때문에 죽을 뻔했구나. 이 제 어머니가 분부하신 임무를 완수하도록 하라. 뒷일은 내가 알아서 할 것이니."

에로스는 제우스를 향해 높이 날아올라갔습니다. 그는 제우스에게 자신의 심정을 헤아려줄 것을 간곡히 애원했습니다. 결국 그들의 사랑을 어여삐 여긴 제우스가 아프로디테를 설득하여 그들의 결혼을 승낙케 했습니다. 신들의 회의에 불려온 프시케에게 제우스가 신들의 음료인 넥타르를 손수 권하면서 말했습니다.

"프시케야, 이걸 마시면 너는 불사의 신이 된다. 이제 에로스는 너와 맺어진 인연을 끊지 못할 것이며, 이 결혼은 영원히 변함없을 것이다. 에로스(육체적인 사랑)와 프시케(정신적인 사랑)가 온전히 결합하면 신들도 그것을 나눌 수 없느니라."

여신이 된 프시케는 마침내 에로스와 결혼하여 자신만큼이나 아름다운 딸 '환희'를 낳았습니다.

사소한 실수 하나로 엮여도 잘만 하면 인연입니다. 실수가 없었다면 그냥 지나치고 말 일이 인연이라는 끈으로 묶이는 것도 신들의 세계에서부터 비롯되었습니다. 에로스의 작은 장난이 결국 연인을 얻는 결실을 맺었듯이, 지금도 이 땅에는 에로스와 프시케의 사랑을 닮은 사건들이 우리를 감동시키고, 또는 우리를 울먹이게 합니다. 드디어 성공입니다. 육체적인 사랑이 정신적인 사랑과 결합하면서 영원한 사랑에 이르렀습니다. 프시케는 영원을 얻었습니다. 지상에서의 삶을 마감하고 신들 속에서 살게 되었습니다. 이것이 사랑의 영원성입니다. 그녀는 죽음의 잠을 넘어서서 영원에 이를 것입니다.

⚜ ⚜ ⚜ ⚜ ⚜

알이 나비가 되기 위해서는 애벌레로 깨어나 어른벌레로 성장하고, 다시 완전히 다른 모습으로 부활하기 위해 고치 속에 들어가 번데기 과정을 겪어야 합니다. 그런 걱정과 두려움의 과정을 다 거치고 나서야, 이를테면 자기 자신을 죽여서 상대를 위한 희생의 과정을 겪어야 나비로 변신할 수 있습니다. 사랑의 긍정적인 결실은 바로 이상적인 삶의 완성으로 프시케에 이르지만 사랑의 부정적인 결말은 그저 애벌레나 성충으로 살다가 포르노스로 끝나고 맙니다.

야스퍼스는 "사랑이란 사랑하는 사람이 진실을 찾기 위해 가혹한 고통을 겪음으로써 신의 의지를 자각하는 것이다."라고 말했습니다. 사랑을 해보지 못한 사람은 애벌레와 같은 정신세계에 머물러 있는 것입니다. 그 사랑이 사람을 성숙하게 합니다. 유충을 탈피하여 성충이 되게 합니다. 에로스의 모습을 보세요. 신들은 태어나서 1년만 지나면 어른 신이 됩니다. 그런데 에로스는 계속 어린 꼬마로 지냈습니다. 프시케를 만나 사랑하기 전까지 그는 어린 아이였습니다. 그런 그가 프시케를 만나 사랑하면서, 프시케를 침대에 남겨두고 떠나는 모습을 보면 훌륭한 청년이 되어 있습니다. 사랑이 아이를 어른 되게 합니다. 고통을 수반하는 사랑을 해보지 않은 사람은 몸이 어른이어도 마음은 아이입니다.

아폴론과 다프네의 엇갈린 사랑

사랑의 신 에로스는 항상 활을 들고 다닙니다. 화살통에는 두 가지 화살이 잔뜩 들어 있는데 황금촉이 달린 화살은 사랑을 불러 일으키는 역할을 합니다. 이 화살에 맞으면 그 순간 눈에 보이는 대상과 사랑에 빠집니다. 그 대상은 남자일 수도 있고 여자일 수도 있으며, 신일 수도 있습니다.

반면 납촉 화살은 사랑을 거부하게 만듭니다. 그러니까 두 사람 가운데 한 사람은 금촉 화살을 맞고, 다른 한 사람은 납촉 화살을 맞으면 미치고 환장할 일입니다. 한 사람은 죽자 사자 덤벼들 테고, 다른 한 사람은 그 사람이 죽기보다 싫으니 다툼이 일고 칼부림이 나는 수도 있는 것이지요.

문제는 에로스라는 이 친구가 화살을 꼭 쏠 곳에, 쏠 때에 쏘는 게 아니라는 겁니다. 때로는 장난삼아 쏘고, 때로는 감정이 상해서 쏘고, 심술이 나서 쏘거나 실수로 쏘기도 합니다. 감정이 상해서 화살을 쏜 경우가 바로 아폴론과 다프네 이야기입니다.

아폴론은 공포의 대상이었던 거대한 뱀 피톤을 활로 쏘아 죽인 일이 있었습니다. 그는 그 일로 한동안 의기양양해 있었습니다. 그런데 어린 에로스라는 녀석이 활을 들고 나타나 얼쩡거리니 아폴론이 보기에 얼마나 가소로웠겠어요. 아폴론은 짐짓 무게를 잡고 말했습니다.

"꼬마야, 그런 무기는 어른들이 사냥터에 나갈 때나 쓰는 거야. 너 같은 꼬마에겐 위험해. 난 그런 화살로 무지하게 큰 독뱀을 죽였단다. 위험한 무기는 어른에게 주고 넌 네 나이에 맞는 사랑의 불장난이나 하렴."

화가 난 에로스가 아폴론에게 호언장담했습니다.

"치! 당신 화살이 모든 것을 맞힐지 모르지만 나는 당신을 맞힐 수 있어."

말을 마친 에로스는 금촉 화살과 납촉 화살을 하나씩 꺼냈습니다.

그리고는 납촉 화살은 강의 신 페네이오스의 딸 다프네라는 님프의 가슴을 향해 쏘고 금촉 화살은 아폴론의 가슴을 향해 쏘았습니다. 그러자 아폴론은 다프네를 향한 사랑의 감정이 뜨겁게 타올라 견딜 수가 없었습니다. 반면 많은 남자들로부터 구애를 받았던 다프네는 화살에 맞은 순간부터 연애라는 감정 자체가 싫어졌습니다. 다프네는 남자가 다가오면 마치 괴물이라도 되는 양 도망치기 급급했습니다. 그녀는 아버지에게 어떤 남자와도 결혼하지 않고 언제나 처녀로 살 수 있게 해달라고 간청했습니다.

하지만 다프네를 향한 아폴론의 사랑은 그럴수록 더 뜨거워졌습니다. 그는 그녀의 흐트러진 모습뿐 아니라 일거수일투족조차 마냥 아름답게 보였습니다. 그녀가 걸을 때마다 혹시나 넘어져서 다치기라도 할까 전전긍긍했습니다.

아폴론의 애타는 마음과 달리 다프네는 그를 피했습니다. 상사병에 걸릴 지경이 된 아폴론은 급기야 다프네의 모든 행동을 감시하기 시작했습니다. 심지어 그를 피해 도망 다니는 다프네를 잡기 위해 날개를 달고 창공을 갈랐습니다. 아폴론은 사랑의 날개를 타고 비행했지만, 다프네에게는 그의 모습을 본다는 것이 공포 그 자체였습니다. 아폴론의 거친 호흡소리가 가까이 다가올수록 다프네는 온몸에 소름이 돋았습니다. 그녀는 죽을힘을 다해 도망쳤으나 결국 아폴론의 헐떡이는 숨결이 그녀의 목덜미까지 이르렀습니다. 다프네는 기를 쓰고 빠져나가려 했지만 역부족임을 깨닫고는, 강의 신인 아버지 페네이오스에게 간청했습니다.

"아버지, 제발 살려주세요. 땅을 열어 저를 숨겨주세요. 그게 안 된다면 차라리 제 모습을 바꿔주세요!"

그 말이 끝나자마자 그녀의 온몸이 굳어가기 시작했습니다. 아름다운 가슴은 딱딱한 나무껍질로 덮이고, 찰랑대던 고운 머리카락은 나뭇잎으로 변하고, 미끈하고 아름다운 다리는 뿌리가 되어 땅속으로 감춰졌습니다. 눈부시도록 아름다운 얼굴은 가지의 끝부분이 되었지만 원래의 아름다움은 여전했습니다.

아폴론은 얼어붙은 듯 자리에 멈추어 나무줄기를 만져보았습니다. 그녀가 나무껍질 속에서 여리게 떨었습니다. 아폴론은 나무를 끌어안고 힘껏 키스하려 했지만 그녀는 애써 입술을 피했습니다. 사랑하는 이를 잃은 아폴론의 마음은 천 갈래 만 갈래 찢어졌습니다. 그럼에도 여전히 다프네를 향한 사랑의 감정이 차고 넘쳤기 때문에 그 나무를 늘 곁에 두기로 마음먹었습니다.

"당신을 사랑하오. 하지만 당신은 이제 내 아내가 될 수 없으니 당신을 내 나무로 삼아 영원히 내 곁에 두려 하오. 우선 당신의 잎과 가지로 내 왕관을 만들 것이며, 당신을 가지고 나의 수금과 화살통을 장식할 것이오. 그리고 위대한 장군들이 승리를 거두어 개선행진 할 때 나는 그들의 이마에 그대의 잎으로 엮은 화관을 씌울 것이오. 또한 나는 영원한 청춘을 주재하는 신인 만큼 당신이 항상 푸른빛을 발할 수 있도록 만들 것이며, 그 잎이 시들지 않게 할 것이오."

아폴론의 말대로 다프네가 변한 월계수는 지금도 올림픽에서 마라톤 우승자의 머리에 씌워주는 월계관이 되었습니다.

에로스를 업신여겼다가 사랑을 거부당한 아폴론의 후예들은 지금도 사랑을 위해 목숨을 걸고, 그 사랑으로 인해 아파하고 가슴 조이며 그 사랑을 위해 울고 있습니다. 지금 이 순간도 에로스는 누군가의 가슴을 향해 금촉 화살을 날리고, 짓궂게도 누군가의 가슴을 향해 납촉 화살을 날릴지 모릅니다. 에로스가 아폴론에게 날린 화살은 감정 때문에 계획 없이 날린 화살입니다. 이처럼 사랑은 운명 같지만 운명이 아니라 그냥 우연입니다. 사랑은 우연으로 시작되어 인연이건 숙명이건 이어집니다. 사랑은 누군가에겐 인연이지만 누군가에겐 악연입니다. 사랑은 서로가 만들어가는 인간의 영역입니다.

카산드라에게 거부당한 아폴론의 비정한 사랑

트로이의 마지막 왕 프리아모스는 아리스베라는 여인과 결혼했으나 그녀가 아들을 낳지 못하자 이혼하고 헤카베와 재혼했습니다. 헤카베와 프리아모스는 무척이나 금슬이 좋았습니다. 둘은 열 명이 넘는 자식을 두었는데 그중 카산드라라는 딸이 가장 아름다웠습니다. 카산드라는 헬레노스라는 동생과 함께 이란성 쌍둥이로 태어났습니다. 둘은 어떤 형제자매보다도 사이가 돈독해 어디를 가든 늘 함께했습니다.

어느 날 쌍둥이 남매가 이곳저곳을 다니며 놀다가 아폴론 신전에 들어가 잠시 잠이 들었습니다. 아폴론의 신령한 뱀들이 잠든 아이들을 지켜보다가 너무나 귀엽고 예뻐 귀와 입을 핥아주었습니다. 잠이 깬 남매는 자신들에게 신기한 능력이 생긴 것을 느꼈습니다. 앞날을 내다볼 수 있는 예언 능력이었죠.

카산드라는 그런 신기한 능력뿐만 아니라 아름다움까지 갖춰 많은 남자들이 그녀를 흠모했습니다. 자랄수록 점점 빛을 발하는 카산드라 곁에는 그녀가 원하는 일이라면 그 무엇도 마다하지 않겠다며 고백하는 남자들이 많았습니다. 때문에 카산드라는 점점 도도해졌습니다.

어느 날 태양신이자 예언의 신 아폴론이 카산드라를 보았습니다. 아폴론은 첫눈에 그녀에게 흠뻑 빠져 그녀를 품에 안고 싶어 안달했습니다. 사실 아폴론은 많은 여인들에게 사랑을 고백했지만, 그의 사랑을 받아준 여인은 단 한 명도 없었습니다. 여자를 좋아하지만 연애에 서툰 아폴론은 이번에는 선물로 카산드라를 유혹해야겠다고 생각했습니다. 아주 멋진 청년으로 변신해 그녀에게 다가간 그는 고운 목소리로 카산드라에게 프러포즈했습니다.

카산드라는 청년에게 대단한 예언의 능력을 주면 연인이 되겠다고 했습니다. 어려서부터 자신의 앞날은 내다볼 수 있었으나 나라의 운명과 같은 미래는 내다보지 못했기 때문에 카산드라는 그걸 원했습니다. 그러나 사실 그녀는 너무 차가워 보이는 청년이 마음에 들지 않아 들어주지 못할 것이라 생각하고 그 능력을 선물로 요구한 것입니다. 그런데 뜻밖에 청년은 "카산드라여! 그대에게 예언 능력이 있다는 것을 알고 있네. 하지만 그 능력은 별 것 아니지. 만일 그대가 나와 하룻밤을 보낸다면 더 강력한 예언 능력을 선물하도록 하지."라며 선뜻 들어주겠다고 했습니다.

아폴론은 많은 인간들이 자신을 찾아와 앞으로 어떤 일이 일어날지 예언을 부탁한 바 있고, 신의 축복을 받아 예언 능력을 가진 자를 인간들이 경외한다는 사실을 잘 알고 있었습니다. 때문에 그녀가 분명 자신의 요구에 응할 것이라고 생각하며 강력한 예언 능력을 선물로 주겠다고 했습니다.

카산드라는 아폴론의 수락에 얼굴이 붉게 달아올랐습니다. 갑자기 그녀의 환상 속에 나라의 대소사가 파노라마처럼 선명하게 나타났습니다. 나라의 미래가 보이기 시작한 것입니다. 발그레한 카산드라의 얼굴에 아폴론은 오히려 매력을 느꼈습니다. 아폴론은 열정이 활활 타올라 그녀에게 다가섰습니다. 카산드라는 한걸음 뒤로 물러서며 말했습니다.

에블린 드 모건, <카산드라>(1898년)

"당신께서 아무리 제게 좋은 선물을 주신다 해도 마음이 가지 않는 걸 어떡해요. 그리고 전 함부로 몸을 파는 여인이 아니랍니다. 그러니 다른 여인을 찾든지 하세요."

아폴론은 마지막 남은 자존심까지 짓밟는 카산드라를 더 이상 참을 수 없었습니다. 그는 버럭 화를 내며 그녀를 밀치고 물러났습니다. 인내심이 극에 달한 그는 잔뜩 화가 난 목소리로 말했습니다.

"내 너를 어여삐 여겨 예언의 능력을 주었지만 지금 그 능력을 다시 빼앗을 수는 없는 일이다. 하지만 네가 아무리 진실한 예언을 해도 아무도 네 말을 믿지 않게 할 것이다."

카산드라는 앞으로 자신에게 어떤 일이 생길지 가늠조차 하지 못한 채 집으로 돌아가 한동안 잠에 취했습니다. 그런 뒤 반쯤 눈을 감은 채 알 수 없는 말을 읊조리며 방안을 빙빙 돌았습니다. 그녀의 이상한 행동에 가족은 그녀가 미친 것 같다며 걱정했습니다.

며칠 후 잠에서 깨어난 카산드라는 그때부터 수시로 미래에 일어날 일들을 이야기하곤 했습니다. 하지만 아무도 그녀의 말을 믿지 않았습니다. 아무리 이야기해도 누구 하나 그녀의 말에 귀 기울이는 사람이 없었습니다. 아폴론에게 저주받은 그녀의 예언능력은 아무 쓸모가 없었습니다.

조국 트로이가 어떻게 망할지 뻔히 보이는데도 이를 막을 도리가 없었습니다. 아무도 그녀의 말을 들어주지 않았기 때문입니다. 트로이를 계속 공격하던 그리스군은 거대한 목마를 남기고 철수하는 위장 전술을 폈습니다. 목마를 성 안으로 들이면 트로이가 망한다는 걸 예감한 카산드라가 극구 반대했지만 트로이군은 그녀의 말을 믿지 않았습니다.

트로이군은 성문을 일부 허물어서 성문보다 큰 목마를 성 안으로 들여놓고 승리의 기쁨에 취해 연회를 열었습니다. 목마 안에 그리스 군사들이 숨어 있음을 확신한 카산드라는 제발 목마 속을 조사해 보라고 간청했으나 어느 누구도 듣지 않았습니다.

결국 전쟁은 그리스의 승리로 돌아가고 말았습니다. 그 바람에 왕족 신분에서 일순간에 노예가 된 카산드라는 트로이전쟁의 영웅 아가멤논의 전리품이 되었습니다. 아가멤논은 카산드라를 데리고 집으로 돌아가려고 했습니다. 그러나 카산드라는 집으로 돌아가면 필시 죽음을 맞을 것이라며 극구 아가멤논을 말렸습니다.

여전히 아폴론의 저주는 풀리지 않았습니다. 다른 사람들과 마찬가지로 그녀의 말을 듣지 않은 아가멤논은 돌아가자마자 아내 클리타임네스트라와 그녀의 정부 아이기스토스의 칼에 맞아 죽었습니다.

카산드라 역시 비참하게 죽고 말았죠.

　카산드라처럼 아폴론의 사랑을 거부하다 끔찍한 저주를 받은 또 한 명의 여인이 있습니다. 아폴론 신전의 무녀(巫女) 시빌레입니다. 아폴론에게 예언 능력을 얻은 시빌레는 신전을 찾은 사람들에게 예언을 해주며 많은 신임을 받았습니다. 이런 시빌레를 사랑한 아폴론은 자신과 사랑을 나누면 원하는 어떤 소원이든 들어주겠다고 약속했습니다. 시빌레는 손에 한 움큼의 모래를 쥐고 모래알 수만큼 수명을 달라고 부탁했습니다. 아폴론은 그녀의 청을 들어주었습니다. 약속대로 아폴론은 그녀에게 다가섰습니다.

　그러나 마음이 바뀐 시빌레는 아폴론의 구애를 받아들이지 않았습니다. 화가 난 아폴론은 그녀에게 모래알의 개수인 천 년의 수명은 주었으나 젊음은 선사하지 않았습니다. 시빌레의 늙는 속도는 다른 사람들과 다를 바 없었습니다. 때문에 수없이 오랜 세월 동안 시빌레는 늙고 오그라든 모습으로 지내야 했습니다. 세월이 흘러가면서 점점 몸이 오그라들어 작은 병에 들어갈 정도로 작아진 시빌레의 마지막 소원은 제발 편안한 죽음을 선물해 달라는 것이었습니다.

진정 사랑은 '그럼에도'입니다. 가끔 조건 때문에 사랑하는 경우도 있지만 그 사랑은 불행의 씨앗이 됩니다. 조건이 깨지면 사랑도 끝나기 때문입니다. 그 사랑은 사랑이 아니라 가정법의 사랑입니다. 양보법인 그럼에도 불구하고가 아니라 조건법적인 사랑은 진정한 사랑이 없이 조건만 따집니다. 때문에 막상 그 조건을 충족하면 사랑도 끝나고 맙니다.

아폴론과 히아킨토스의 동성 간의 사랑

사랑의 상처를 안고 침울하게 지내던 아폴론이 드디어 새로운 사랑을 만났습니다. 매번 사랑의 실패만 겪던 아폴론이 이번에 사랑한 사람은 여자가 아닌 미소년입니다. 즉 동성애의 시작입니다.

히아킨토스는 스파르타의 왕 아미클라스와 디오메데스 사이에서 태어난 아들로 무척이나 아름다운 소년이었습니다. 히아킨토스를 우연히 만난 아폴론은 그에게 한눈에 반했습니다. 한시라도 떨어져 있기 싫을 만큼 그를 사랑한 아폴론은 자신이 가는 모든 곳에 그를 데리고 다녔습니다. 냇가에 고기를 잡으러 가면 히아킨토스를 위해 그물을 들어주었고, 사냥을 가면 그의 개를 끌어주었습니다. 소풍을 가면 신의 체면도 잊은 채 어린 연인의 종처럼 행세했습니다. 사랑하는 데 체면이 무슨 소용이며, 사랑하는 데 무엇을 준들 아까우랴 싶었습니다.

여자들과는 사랑에 실패했지만 소년과의 사랑에 성공해 동성연애자가 된 아폴론은, 시간이 흐를수록 점점 사랑의 늪으로 빠져들어 사리분별도 못할 지경에 이르렀습니다. 어린 연인에게 눈이 먼 그는 자신의 소중한 악기와 화살도 거들떠보지 않았습니다.

그러던 어느 날, 그는 평상시와 마찬가지로 히아킨토스와 함께 원반던지기를 하고 놀았습니다. 아폴론은 연인에게 잘 보이고픈 욕심에 원반을 있는 힘껏 높이 던졌습니다. 히아킨토스가 그 원반을 잡으려고 뒤를 따랐습니다. 그런데 땅에 떨어진 원반이 다시 튀어 올라 히아킨토스의 이마를 맞췄습니다. 정신을 잃은 히아킨토스는 이내 죽음을 맞이했습니다.

어렵게 얻은 연인을 잃은 아폴론의 비통한 심정은 이루 말할 수 없었습니다. 그것도 하필이면 자신이 던진 원반에 맞아서 죽음을 맞았으니, 그의 슬픔은 극에 달했습니다.

"나 때문에 그토록 아름다운 네가 죽어가다니! 너는 고통을 얻고, 나는 죄를 얻었구나. 할 수만 있다면 너 대신 내가 죽는 것이 차라리 맘 편할 것을. 하지만 신인 나로서도 그리할 수 없으니, 대신 너를 내 노래 속에서 영원히 함께 살게 하리라. 내 수금은 너를 칭송할 것이며, 내 노래는 네 운명을 노래할 것이다. 그리고 이 대지에 너의 모습을 닮은 꽃이 피게 할 것이다."

아폴론이 애통한 심정으로 말하는 동안, 어느새 땅을 가득 메운 히아킨토스의 피 위로 아름다운 꽃 한 송이가 피어났습니다. 자줏빛으로 물든 꽃에는 히아킨토스(히아신스)의 이름이 붙여졌고, 매년 봄마다 피어나 아폴론의 슬픔을 달래주었습니다.

예로부터 동성애는 비극적으로 그려집니다. 지금도 논란이 되고 있듯이 동성애는 정상적인 사랑으로 보지 않는 탓입니다. 성이라는 것이 종족보존을 위한 일종의 결합이므로 동성애는 그런 면에서 생산적이지 못합니다. 때문에 사람들은 동성애를 터부시했고 금기로 삼았습니다. 그럼에도 불구하고 예나 지금이나 동성애자는 존재합니다. 그것도 본능입니다. 금지된 사랑을 하도록 타고난 본능, 끌림을 당할 수밖에 없음에도 불구하고 금지된 사랑, 동성애자들이 겪는 아픔입니다.

야누스와 카르데아의 장난 같은 사랑

미모와 용맹을 두루 갖춘 여신 카르데아에겐 남신들의 유혹이 끊이지 않았습니다. 항상 매혹적인 미소를 짓는 그녀에게 반한 남신들은 수없이 그녀에게 구애했습니다. 그럴수록 그녀는 남신들을 우롱하며 장난을 쳐 그들을 따돌리곤 했습니다.

예컨대 남신들이 그녀에게 진심으로 구애를 하면, 그녀는 눈웃음을 짓습니다. 그리곤 남신이 마음에 든다는 듯이 그를 자신이 즐겨 찾는 동굴로 데려갑니다. 동굴 앞에서 그녀는 매혹적인 미소를 보내며 쑥스러우니 먼저 들어가 있으라고 남신을 앞세웁니다. 남신은 컴컴한 동굴 속에서 두근대는 가슴을 진정시키며 그녀가 오기만을 기다립니다. 그러나 그녀는 그를 혼자 두고 멀리 도망갑니다. 이렇게 해서 그녀는 수많은 유혹 속에서도 순결을 지킬 수 있었습니다. 남신을 만날 때면 매번 그 방법을 썼는데, 모든 남신들이 그녀에게 속아 넘어갔습니다. 그녀에게 당한 남신들이 모두 자신이 속았다는 것이 소문 날까봐 혼자서만 비밀로 간직했기 때문이었습니다.

어느 날 어떤 남신이 그녀를 끈질기게 쫓아다녔습니다. 그녀는 평소와 마찬가지로 그를 유혹하여 동굴 앞으로 데려갔습니다. 그리고는 전처럼 그에게 먼저 들어갈 것을 청했습니다. 그 역시 그녀를 돌아보며 야릇한 미소를 띠고는 동굴 안으로 들어갔습니다. 그녀는 속으로 쾌재를 부르며 유유히 동굴을 벗어나 걸음을 재촉했습니다. 그런데 갑자기 어떤 손 하나가 그녀의 오른쪽 어깨를 낚아채는 것이었습니다. 놀란 그녀가 고개를 돌리자 동굴 속에 있어야 할 얼굴이 눈에 들어왔습니다. 그는 바로 신의 나라 문을 지키는 임무를 맡은 신, 야누스였습니다.

야누스는 하늘의 문을 지키는 문지기로서 한 해를 여는 신입니다. 그는 다른 신들과 달리 앞뒤 두 개의 얼굴을 가지고 있어서 사방을 항상 볼 수 있습니다.

그가 야누스라는 것을 몰랐던 카르데아는 결국 자기 꾀에 넘어가 약속한 대로 그와 정을 통할 수밖에 없었습니다. 욕심을 채운 야누스는 미안한 마음이 들어, 그녀에게 보답으로 현관문의 지배권을 주었습니다. 카르데아라는 이름이 '경첩을 다루는 여자'라는 뜻인 이유가 여기 있습니다. 또한 야누스는 그녀에게 산사나무의 지배권도 주었습니다. 그래서 산사나무는 악령으로부터 집을 지키는 신성한 나무가 되었습니다.

야누스는 카르데아와 보낸 밤이 못내 아쉬웠지만 이미 그에게는 아내가 있었습니다. 그래서 이들의 사랑은 하룻밤 풋사랑으로 끝나고 말았습니다. 그래도 그녀와 지낸 하룻밤의 추억은 야누스의 머릿속에서 쉽게 지워지지 않았습니다. 그는 두 개의 얼굴을 가지고 있었지만 그의 이런 마음을 아내는 전혀 눈치 채지 못했습니다.

야누스는 겉과 속이 다른 신이 아니라 두 얼굴이 같습니다. 완벽하게 같은 얼굴로 앞과 뒤를 보기 때문에 실수하지 않습니다. 완벽하게 자신의 내심을 감출 수도 있고, 완벽하게 남에게 속지 않을 수도 있습니다. 인간 중에도 야누스를 닮아 균형 잡힌 사람이 있습니다. 이런 사람에게 장난을 걸면 본전도 못 찾습니다. 어설프게 겉과 속이 다르게 살면 남을 속이려다 자신이 당하고 맙니다. 같은 두 얼굴로 균형을 잡을 줄 안다면 남에게 당하지 않고 남을 불편하게도 하지 않습니다. 사람은 누구나 자신을 완전히 드러내며 살지 않습니다. 동물 중 유일하게 비밀을 만들고 간직하는 존재가 인간이니까요. 때문에 아무리 가까이 지낸들, 수십 년을 가까이 지낸들, 서로 진실을 모르고 삽니다. 서로가 서로에게 진실하려니 살아갈 뿐입니다. 다른 동물과 달리 수많은 얼굴을 가진 우리는 남을 곧잘 속입니다. 또한 속기도 합니다. 서로 속이고 속는 속에도 사랑은 피어납니다. 때로 사랑은 시들먹합니다. 때로 사랑은 타오르다 스러지는 불꽃처럼 사그라지기도 합니다. 그럼에도 서로 믿는 척 살아감을 인정해야 합니다.

로티스를 향한 프리아포스의 일방적인 사랑

　　자식이 추하게 생겼다는 이유로 버린 비정한 어미가 있었습니다. 바로 아프로디테 여신입니다. 그녀의 아들 프리아포스는 몸에 작은 혹이 수없이 달려 있는데다가 몸집에 비해 거대한 남근을 가졌습니다. 주신(酒神) 디오니소스와 거나하게 술을 마시다가 몸을 허락한 바람에 아이를 낳았기 때문입니다. 바로 남근의 신 프리아포스였습니다. 그런데 제 몸으로 낳았어도 보는 것조차 싫었던 아프로디테는 산속에 프리아포스를 버렸습니다. 양치기들이 아이를 발견하여 겨우 목숨은 건졌죠.

　　다행히 양치기의 보살핌을 받으며 잘 자란 프리아포스는 흉측한 외모에도 불구하고 님프 로티스를 무척 사랑했습니다. 반면 로티스는 프리아포스의 사랑을 받아들이기는커녕 그의 기괴한 외모가 너무나 끔찍해 도망 다니기 바빴습니다.

　　그녀를 자신의 여자로 만들고 싶었던 프리아포스는 결국 밤을 틈타 그녀의 침실에 잠입했습니다. 그가 얼굴에 손을 대려는 순간, 마침 그녀 곁에 있던 노새가 우는 바람에 그녀가 잠에서 깨어납니다. 그녀는 너무 놀란 나머지 잠옷 바람으로 도망쳤습니다.

프리아포스는 그녀를 어떻게든 안아보고 싶어서 필사적으로 뒤를 쫓았습니다. 로티스는 더 이상 도망칠 길이 없자 신들에게 자신을 구해달라고 기도했습니다. 이를 딱히 여긴 신들은 그녀를 로토스 나무로 변신시켜주었습니다. 그때부터 그녀가 변신한 로토스 나무의 열매를 먹으면 황홀경에 빠져 주변 상황을 모두 잊게 되었다고 합니다.

어느 날 에우리토스 왕의 딸 드리오페와 이올레가 로토스 나무 근처를 지나갑니다. 그녀들은 님프의 제단에 올릴 화관을 만들기 위해 꽃을 따러 나온 참입니다. 젖먹이 아들을 데리고 나온 드리오페는 마침 진홍색 로토스 꽃이 활짝 핀 것을 보고는 아이에게 주려고 몇 송이 땁니다. 그런데 그녀가 꽃을 딴 곳에서 피가 흐르는 겁니다. 꽃도 피를 흘리고 있었습니다.

공포를 느낀 그녀가 그 자리를 피해 달아나려고 했지만, 발에 뿌리라도 박힌 듯이 더 이상 걸음을 내딛을 수 없었습니다. 그녀의 몸이 점점 나무로 변하기 시작했습니다. 그녀는 너무나 괴로워서 머리를 쥐어뜯으려고 했지만 손이 이미 나뭇잎으로 변한 터라 머리를 긁을 수도 없었습니다. 게다가 그녀의 가슴은 나무처럼 딱딱하게 굳으면서 더 이상 아기를 위한 젖도 나오지 않았습니다. 이올레는 언니의 모습을 그저 바라볼 뿐 달리 도리가 없었습니다.

이 소식을 들은 드리오페의 남편 안드라이몬이 장인과 함께 그곳으로 달려왔습니다. 그들이 도착했을 때 드리오페는 이미 한 그루 나무로 변한 후였습니다. 그들은 아직 온기가 남아 있는 나무줄기를 포옹하며 수없이 입맞춤을 해댔지만 소용없었습니다. 그 나무에서 그녀의 흔적이라곤 나무기둥 중앙에 박힌 얼굴뿐이었습니다. 드리오페

익명, <프리아포스와 로티스>(16세기, 이탈리아)

는 안간힘을 다해 말했습니다.

"난 아무런 죄가 없어요. 그런데 내가 왜 이런 운명을 받아야 하나요? 단 한 번도 그 누구에게 해를 끼친 적이 없단 말예요. 이것이 사실이 아니라면 이 나무의 줄기를 불에 집어넣어도 상관없어요. 제발 내 품에 안긴 이 아기를 데려가서 유모에게 맡겨줘요. 그리고 아기를 종종 이곳에 데려와서 내 나무 그늘 밑에서 놀 수 있게 해주세요. 아기가 자라서 말을 할 수 있게 되거든 저를 어머니라고 부르도록 가르쳐주세요. 너의 어머니가 이 나무속에 숨어 있다고 꼭 알려주세요. 무엇보다 강 주위의 나무는 여신이 변한 것일지도 모르니 절대로 건드리지 말도록 주의시켜주세요. 이런 비극은 저 하나로 족해요. 다들 안녕히 계세요. 마지막으로 가끔씩 이곳에 와서 제 몸에 누가 상처를 내

지는 않는지 확인해주세요."

간신히 말을 마쳤을 때, 그녀의 입술은 더 이상 움직이지 않았습니다. 그녀는 결국 한 그루의 포플러나무로 생을 마감했습니다.

정호승 시인은 "나는 그늘 없는 사람을 사랑하지 않는다."라고 시를 읊었으나 삶의 그늘은 자신에게뿐 아니라 다른 이에게도 해를 끼치는 경우가 많습니다. 누구에게든 그늘은 그래서 좋지 않습니다. 나의 그늘이 다른 이에게 전이될 때 다른 이에게 해를 끼치기 때문입니다. 부모의 사랑을 받지 못한 그늘은 다른 이에게 전이되어 다른 이를 그늘에 싸이게 할 수 있습니다. 그런 사랑의 결핍은 다른 사람에게 폭력으로 드러날 수도 있죠. 그는 일방적인 사랑을 할 가능성이 있습니다. 그러면 자신에겐 좋을 수 있으나 사랑하지 않으면서 끌려다니는 사람에겐 지옥보다 더 큰 고통입니다. 그건 사랑이 아닙니다. 나는 천국이고 상대는 지옥인 사랑, 그건 사랑이 아닙니다.

에피메테우스와 판도라의 주변을 힘들게 한 사랑

'미리 앞을 내다보다'라는 뜻의 프로메테우스는 예언의 신입니다. 티탄 신족 이아페토스와 클리메네 사이에서 태어난 그는 올림포스 12신과 티탄 신족 사이에 전쟁이 벌어졌을 때, 티탄 신족임에도 불구하고 올림포스 신들의 편에 섰습니다. 앞을 훤히 내다보는 능력이 있었던 프로메테우스는 처음에 티탄 신족에게 그의 지혜를 발판 삼아 싸우라고 조언했습니다. 그러나 티탄 신족은 거대한 신들로 어떤 싸움이든 자신이 있었기 때문에 프로메테우스의 충고를 모두 무시했습니다. 자신의 충언이 무시당하자 화가 난 프로메테우스는 티탄 신족을 떠나 올림포스 신들의 승리를 도왔습니다.

전쟁이 끝난 후 프로메테우스는 뛰어난 손재주를 살려 파노페이아에서 발견한 진흙을 다듬어 인간을 만들었습니다. 이 모습을 호기심 어린 눈으로 바라보던 아테나 여신이 진흙으로 만든 인간에게 생기를 불어넣어주었습니다. 놀랍게도 진흙 인간이 생명을 얻어 움직이기 시작했습니다.

점차 프로메테우스가 만든 인간의 수가 걷잡을 수 없이 늘어나 신의 수를 능가했습니다. 하지만 생명이 있다고 해서 온전한 존재는 아니었죠. 그 생물이 하나의 존재로 인정받으려면 제우스의 허락을 받아야만 했습니다. 그래서 프로메테우스는 자신이 만든 인간들을 모두 모아 제우스에게 보여주어야 했습니다. 그런데 프로메테우스는 '빛남'이라는 뜻의 파에논이라는 아름다운 소년만은 제우스에게 보여주지 않고 몰래 감추었습니다. 이것을 모를 리 없는 제우스가 그 소년을 찾아내어 하늘로 데려다 별로 만들어주었습니다. 바로 목성입니다.

제우스는 인간을 만드는 데 프로메테우스에게 선수를 빼앗긴 것이 영 기분 나빴습니다. 최고의 신임에도 미처 그 생각을 못한 것에 자괴감이 들고 은근히 질투가 났습니다. 참다못한 제우스가 프로메테우스에게 제안했습니다.

"자네가 만든 인간들은 참으로 아름답고 그럴듯하네. 하지만 그들도 우리의 피조물이니 인간의 음식 중에 좋은 것들을 신들에게 제물로 바치도록 하게."

제우스의 의도는 인간의 음식을 제물로 바치도록 요구한 뒤, 더 이상 인간이 신과 같은 음식을 먹을 수 없게 하여 인간을 굶겨 죽이려는 것이었습니다. 제우스는 신들의 음식과 인간의 음식을 결정하자며 신들을 소집했습니다. 제우스의 의도를 파악한 프로메테우스는 어떻게든 인간의 목숨을 살리기 위해 꾀를 냈습니다. 그는 아주 건장한 소 한 마리를 잡아 그 고기를 꾸러미 두 개로 나누어 포장했습니다. 하나는 뼈를 추려 비계로 그럴 듯하게 포장하고, 다른 하나는 내장과 기름덩어리로 부드러운 살코기를 쌌습니다. 프로메테우스는 두 개의 포장을 제우스 앞에 내놓은 뒤 말했습니다.

"존경하는 제우스여, 여기 똑같이 포장한 꾸러미가 있습니다. 이 두 꾸러미 중 하나를 선택하십시오. 그러면 제우스께서 선택한 것이 신들의 음식이 될 것이며, 다른 하나는 인간의 몫이 될 것입니다. 여기 모인 신들이시여! 나의 이 방식에 이의가 있습니까?"

신들은 제우스가 당연히 좋은 선택을 할 거라는 생각에 모두 동의했습니다. 제우스는 하나를 선택할 수밖에 없었습니다. 고개를 갸웃거리다가 그중 하나를 선택한 제우스는 그것을 프로메테우스에게 넘겨주었습니다. 프로메테우스가 신들이 보는 앞에서 꾸러미를 열자 비계 덩어리가 나왔습니다. 비계 안에는 뼈들만 있었습니다. 그래서 비계와 뼈는 신들의 음식으로, 내장과 기름덩이와 살코기는 인간의 음식으로 결정되었습니다. 이때부터 인간들은 동물의 뼈를 태워 신에게 제물로 바치는 대신 살과 내장은 스스로 먹었습니다. 제우스는 부아가 치밀었지만 이미 정해진 일을 번복할 수 없었습니다. 대신 제우스는 인간들에게서 불을 빼앗았습니다.

프로메테우스는 자신의 피조물인 인간들이 어둠 속에서 두려워하는 모습을 차마 볼 수 없었습니다. 결국 그는 제우스 몰래 헤파이스토스의 대장간에서 불을 훔쳐내 인간에게 가져다주었습니다. 밤이 되자 제우스는 인간들이 머물고 있는 세상을 내려다보았습니다. 그런데 캄캄해야 할 인간 세상이 무수한 불빛으로 가득했습니다. 프로메테우스의 짓임을 알아차린 제우스가 대노하여 불을 가지고 있던 헤파이스토스와 그의 하인 크라토스와 비아를 불러들였습니다. 그리고 쩌렁쩌렁 울리는 목소리로 명령했습니다.

"지금 당장 프로메테우스를 잡아와라. 그를 잡아다 인간으로부터 가장 멀리 떨어진 땅인 코카서스 바위에 묶어놓도록 하라. 내가 독수리를 보내 그놈의 간을 쪼아 먹게 할 것이다."

프로메테우스는 제우스가 보낸 독수리에게 영원히 간을 쪼아 먹히는 벌을 받게 되었습니다. 불사신인 그는 매일 그 같은 고통을 겪어야 했습니다. 아침마다 제우스의 독수리가 와서 종일 간을 쪼아대는데 밤이면 간은 원래대로 재생합니다. 매일의 순환이 3000년 지나고 나서야 프로메테우스는 자유를 얻었습니다.

제우스의 아들인 헤라클레스가 이 독수리를 죽인 덕분이었습니다. 제우스는 자신의 아들이 그 누구도 해치지 못했던 매서운 독수리를 죽였다는 사실에 기뻐하며 더 이상 프로메테우스에게 형벌을 가하지 않았습니다. 그렇다고 제우스의 복수가 끝난 건 아니었습니다. 제우스는 프로메테우스가 만든 인간들에게 더 큰 고통을 주겠다는 생각으로 그가 만든 남자라는 인간보다 더 완벽한 인간을 만들 계획을 했습니다. 더 아름다운 인간, 즉 최초의 여성 인간을 만들려는 구상이었습니다.

최초의 여성 인간을 빚는 건 헤파이스토스의 일이 되었습니다. 헤파이스토스는 진흙을 가져다 물로 잘 반죽해 아주 완벽하고 아름다운 인간을 빚었습니다. 이 진흙 인간에게 아테나는 생명과 옷을 주었습니다. 아프로디테는 아름다움과 장신구를, 헤르메스는 교활하고 배신하는 성질과 설득력, 그리고 아름다운 목소리를, 아폴론은 음악의 재능을 선물했습니다. 너무나도 아름다운 이 인간의 이름은 판도라로, 그 뜻은 '모든 선물을 받은 여인'입니다.

제우스는 인간을 위해 판도라를 만들었다고 말했지만, 실상은 판도라의 아름다움에 반한 인간들이 서로 헐뜯고 분쟁을 일으키게 하려는 의도였습니다. 제우스의 예상대로 판도라가 인간 세상에 내려오자 세상에는 아름다움이 보태졌지만 전과는 비교할 수 없을 만큼 복잡하고 미묘한 일들과 분쟁이 끝없이 일어났습니다.

제우스는 우선 프로메테우스의 동생 에피메테우스에게 판도라를 보냈습니다. 이 일을 맡은 신은 헤르메스였습니다. 전령의 신, 상업의 신이자 여행자를 수호하는 신인 그는 누구보다 제우스의 신임을 받았습니다. 헤르메스는 판도라를 에피메테우스에게 데려가 제우스의 선물이라며 그에게 소개했습니다. 제우스의 의도대로 에피메테우스는 판도라를 보자마자 한눈에 반했습니다. 그녀는 흠잡을 데 없이 완벽한 아름다움 자체였기 때문입니다.

너무나 기쁜 마음에 에피메테우스는 그녀를 곧바로 아내로 삼았습니다. 헤르메스는 판도라를 그에게 넘겨주면서 예쁜 상자 하나를 판도라에게 선물로 주었습니다. 그러나 이것은 겉모습만 예뻤지 사실은 프로메테우스에 대한 적개심과 인간들을 멸망시키려는 제우스의 의도가 가득 들어차 있는 악의의 선물이었습니다. 상자에는 인류의 온갖 재앙이 들어 있었으며, 선한 것이라고는 오직 '희망'뿐이었습니다.

한편 동생이 제우스가 만든 판도라라는 인간을 아내로 삼았다는 소식을 접한 프로메테우스는 불안했습니다. 자신을 미워하는 제우스가 동생에게 좋은 일을 할 리가 없기 때문이었습니다. 특히 판도라가 가지고 있는 선물상자가 마음에 걸려 프로메테우스는 동생에게 신신당부했습니다.

"에피메테우스! 판도라와 결혼해서는 절대 안 되는 거였어. 분명히 신들이 나에게 복수하기 위해 판도라에게 선물상자를 보냈을 거야. 판도라와의 결혼이 어쩔 수 없다면 절대로 그 상자만은 열면 안 돼. 꼭 명심해라. 혹여 판도라가 열 수도 있으니 그리하지 못하도록 각별히 신경을 써야 해. 알았지?"

그러나 에피메테우스는 판도라의 아름다움에 취한 나머지 형의 말을 귀담아듣지 않았습니다. 오히려 판도라와 황홀한 시간을 보낼 때마다 그녀가 원하는 것이라면 무엇이든 들어주겠다고 맹세했습니다. 판도라는 에피메테우스와의 결혼생활이 즐거웠지만 점차 무료해지고 권태로워졌습니다. 그럴수록 제우스에게 선물로 받은 상자에 대한 궁금증이 날로 커졌습니다.

결국 그녀는 상자를 열어보기로 마음먹었습니다. 자신이 원하는 것이라면 무엇이든 해주겠다던 에피메테우스의 맹세가 있었기에 그녀가 열어본다고 해도 크게 나무랄 것 같지 않았습니다. 그녀는 혼자 상자를 살짝 엿보고 싶었습니다. 프로메테우스가 나중에 그 상자를 독차지하려고 에피메테우스에게 그런 이야기를 한 것인지도 모른다는 생각이 들었기 때문입니다.

호기심을 이기지 못한 판도라가 조심스레 상자를 엽니다. 그 안에는 형형색색의 빛들이 가득 들어 있습니다. 좀 더 보고픈 마음에 판도라는 상자를 활짝 열었습니다. 그 순간 상자 안의 빛들이 빠져나와 사방으로 날아가기 시작합니다. 너무 놀란 판도라가 급히 상자를 닫았지만 이미 늦었습니다. 상자는 텅 비었습니다. 상자 안에 미처 빠져나오지 못한 빛이 하나 있었는데, 바로 '희망'입니다. 그 후부터 인간은 어떤 어려움 속에서도 희망을 간직하며 살아야 하고, 희망은 열심히

신을 갈구하는 겸손한 자만이 찾을 수 있게 되었습니다. 판도라의 상자 안에서 빠져나간 빛들은 인간에게 고통을 가져오는 온갖 악(惡)입니다. 슬픔과 질병, 가난과 전쟁, 증오와 시기 등 헤아릴 수 없이 수많은 재액들이 인간세상을 가득 채웠습니다.

판도라가 등장하기 전까지 인간이 살던 세상은 낙원과 다를 바 없었습니다. 법률이라는 강제에 의하지 않고도 사람들 사이엔 정의가 있었고, 위협을 가하거나 벌을 줄 일도 없었습니다. 대지의 신 가이아는 인간이 밭을 갈고 씨를 뿌리며 노동하지 않더라도 인간에게 필요한 모든 것을 내주었습니다. 계절의 신은 항상 봄만 있을 뿐이고, 씨를 뿌리지 않아도 나무의 님프들이 열매를 맺게 하고, 시내의 신들은 우유와 술을 흐르게 했으며, 노란 꿀이 상수리나무에서 떨어졌습니다. 그러나 판도라의 상자가 열린 이후로 인간은 먹고 살기 위해 노동을 해야만 했습니다. 모든 일을 하기 전에 고민이라는 감정이 찾아왔고, 육체는 온갖 질병들로 고통 받았습니다.

하지만 아이러니하게도 판도라는 그다지 큰 고통을 겪지 않았습니다. 그녀는 신족인 에피메테우스와 결혼했기 때문에 별다른 어려움이 없었습니다. 그렇게 편안한 생활 속에서 판도라는 자기와 똑 닮은 딸을 낳았습니다. 그녀가 인간 세상의 두번째 여자 피라입니다.

남자와 여자는 서로 다르지만 서로 관계를 맺어야 합니다. 서로 사랑하면 미래가 보장되고, 미래엔 분명 행복할 거라 믿습니다. 그게 사람과 사람 사이, 남자와 여자 사이의 속성입니다. 일단 저지르고 나중에 생각하는 자의 후손이 인간이기 때문입니다. 때문에 사랑하는 순간 서로 미래를 봅니다. 꿈과 같은 미래, 아름다운 미래를 봅니다. 하지만 나중에 보면 그건 본 게 아니라 착각임을 깨닫습니다. 에피메테우스의 후손으로 태어난 이상 일을 저지르고 나서 해결하는 수밖에, 일단 사랑을 저지르고 난 후에 사랑의 문제를 수습하며 살아야 합니다. 그러려면 서로 힘을 합하여 더불어 살아야 합니다. 나만 좋으면 상관없다는 것은 '더불어'가 아니라 이기적이면서 어리석은 생각입니다. 그런 누군가 때문에 다른 사람이 고통을 겪습니다. 사랑하는 일도 그렇습니다. 다른 이들에게 피해를 주지 않는 사랑이어야 합니다.

페르세포네에 대한 하데스의 강제적인 사랑

　　힘을 합해 티탄 신족과의 싸움에서 어렵게 승리한 제우스와 하데스, 포세이돈 삼형제는 티탄 신족을 깊은 지하 감옥 타르타로스에 가두었습니다. 그다음 삼형제는 세계를 하늘, 바다, 지하로 3등분하고 제비를 뽑아 제우스는 하늘을, 포세이돈은 바다를, 하데스는 지하세계를 차지했습니다.

　온 우주에 평화가 왔습니다. 평화는 오래가지 않았습니다. 그들에게 반기를 든 신들이 있었습니다. 브리아레오스를 비롯한 헤카톤케이레스, 엔셀라두스를 비롯한 거인들인 기간테스였습니다. 이 무시무시한 거인들은 힘이 장사인데다 브레아레오스는 백 개나 되는 거대한 팔을 가지고 있었고, 엔셀라두스는 입으로 불을 마구 내뿜어서 상대하기가 만만치 않았습니다.

　하지만 제우스 삼형제, 특히 천둥 브론테스, 번개 스테로페스, 벼락 아르게스라는 신무기를 갖춘 제우스의 상대는 되지 못했습니다. 이들과의 전쟁에서 승리한 제우스는 반란을 일으킨 거인족을 에트나 산 밑에 생매장시켰습니다. 그렇다고 이들이 완전히 조용해지지는 않았죠. 불사신인 그들을 죽일 수는 없었으니까요. 그들은 생매장당한 채 산 밑에서 몸부림칩니다. 그들이 땅 속에서 솟아나오려고 할 때마다 섬 전체가 진동을 했으니, 이를 지진이라고 불렀습니다. 또한 그들의 숨결은 산을 뚫고 올라와 때때로 용암을 분출하곤 했죠. 지하세계를 맡은 하데스는 이 거인들이 요동을 칠 때마다 혹시나 자신이 구축한 왕국이 강렬한 햇볕 아래 드러나지 않을까 걱정합니다. 그럴 때면 하데스는 검은 말이 끄는 이륜마차를 타고 지상 이곳저곳을 살펴보곤 합니다.

어느 날 하데스가 혹여 자신의 왕국이 피해를 입지는 않았나 지상을 시찰하고 있었습니다. 마침 에릭스 산 위에서는 아프로디테가 아들 에로스와 산책을 하고 있었습니다. 시찰 중인 하데스를 보자 문득 어떤 생각이 떠오른 아프로디테는 에로스에게 부탁했습니다.

"에로스야, 너의 사랑의 화살은 최고의 신 제우스까지도 정복할 수 있는 화살이잖니. 이번에는 네 화살로 저 지하세계의 왕 하데스의 가슴을 맞혀 보거라. 아무래도 너와 나의 영역을 넓힐 좋은 기회가 지금인 것 같구나. 신들 중에는 우리 힘을 우습게 보는 자가 있단다. 지혜의 여신인 아테나도 그렇고, 수렵의 여신 아르테미스도 우리를 무시하려고 들지. 게다가 대지의 여신 데메테르의 어린 딸 페르세포네마저도 아테나와 아르테미스처럼 자기 미모를 뽐내며 나를 무시하려고 하는구나. 그러니 이번에는 네가 이 어미를 위해 수고를 해주렴."

장난을 좋아하는 에로스는 어머니의 복수보다는 신나는 놀이가 생겼다며 좋아서 어머니의 말을 따랐습니다. 에로스가 고른 가장 예리한 화살이 하데스의 가슴을 향해 날아올랐습니다. 화살이 하데스의 가슴을 명중하자 하데스는 지금껏 경험하지 못한 미묘한 감정의 소용돌이에 휩싸였습니다. 사랑의 감정이었습니다.

한편 아프로디테의 미움을 받은 페르세포네는 앞으로 어떤 일이 일어날지 모른 채 엔나의 골짜기 숲에서 친구들과 한가로이 산책을 하고 있었습니다. 이 골짜기에는 숲으로 가려진 호수가 하나 있었습니다. 호숫가를 둘러싸고 있는 숲은 햇볕이 강하게 내리쬐는 것을 막아주어 사시사철 꽃이 가득 피었습니다. 아름다운 풍광에 마음을 빼앗긴 봄의 여신 글로리스는 항상 이곳에 머물렀습니다. 페르세포네도 이 호숫가를 너무나 좋아해 친구들과 종종 찾아와 대지에 가득한 백합과 오랑캐꽃으로 몸을 치장하곤 했습니다. 그러면 페르세포네의 미모는 꽃들보다도 더 빛났습니다.

그 순간 꽃보다 아름다운 페르세포네의 모습을 본 하데스는 갑자기 가슴이 뜨거워졌습니다. 하데스는 알 수 없는 감정에 이끌려 재빨리 달려가 무조건 그녀를 와락 껴안았습니다. 갑자기 그의 억센 팔에 안긴 페르세포네는 빠져나오려고 발버둥 쳤지만 소용없었습니다. 정염으로 달아오른 하데스의 입술이 그녀의 고운 입술을 무자비하게 밀고 들어왔습니다. 페르세포네는 눈물을 흘리며 친구들을 향해 살려달라고 외쳤습니다.

"제발 놓아주세요. 얘들아, 제발 나를 좀 도와줘. 엄마! 얘들아!"

워낙 갑작스레 일어난 일이라 친구들도 그녀를 도울 틈이 없었습니다. 조금 전까지 그녀를 치장하고 있던 꽃들은 그녀의 몸부림에 땅에 떨어져 바닥에 뒹굴었습니다. 그녀의 안타까운 마음을 대신하듯 땅에 떨어진 꽃들의 이파리마다 이슬이 송골송골 맺혔습니다. 하데스는 그녀의 애원에도 아랑곳하지 않고 그녀를 번쩍 들어올려 마차에 태우고는 급히 말을 몰았습니다. 키아네 강까지 달려간 하데스가 삼지창으로 강물을 치자 대지가 갈라지면서 그의 지하세계로 이르는 통로가 활짝 열렸습니다. 그렇게 하데스와 페르세포네는 지상에서 흔적도 없이 사라지고 말았습니다. 지상에 핀 가장 아름다운 꽃이 꺾이듯 하데스에게 페르세포네는 무참히 꺾이고 말았습니다.

페르세포네는 데메테르의 하나밖에 없는 딸이었습니다. 소중한 딸을 잃은 데메테르의 슬픔은 이루 말할 수 없었습니다. 그때부터 데메테르는 먹지도 마시지도 않은 채 딸을 찾아 온 세상을 떠돌았습니다. 낮밤 없이 페르세포네를 찾는 일에만 몰두했습니다. 이른 아침에 여명의 여신 에오스가 하늘을 비행할 때도, 헤스페로스가 저녁별을 대동하고 나타날 때도 데메테르는 딸을 찾는 데 여념이 없었습니다. 하지만 그녀의 눈물어린 노력에도 불구하고 아무런 소득이 없었습니다. 그렇게 며칠을 헤매던 데메테르의 몸과 마음은 지칠 대로 지쳤습니다. 그녀는 돌 위에 주저앉았습니다. 낮에는 햇빛 아래서, 밤에는 달빛 아래, 때로는 비를 맞으면서 꼬박 9일 밤낮을 그렇게 죽은 듯이 앉아 있었습니다. 넋을 잃고 앉아 있는 데메테르의 얼굴은 노파와 다를 바 없이 폭삭 늙었습니다.

우연히 지나가던 켈레오스라는 한 노인이 그녀를 발견했습니다. 그는 어린 딸과 함께 식량으로 쓸 도토리와 딸기, 그리고 땔감을 마련하여 집으로 돌아가던 길이었습니다. 켈레오스의 어린 딸이 노파 같은 데메테르의 곁을 지나가다 잠시 멈추어 서서 말을 건넸습니다.

"어머니, 왜 바위 위에 홀로 앉아 계시나요?"

데메테르는 '어머니'라는 말에 깜짝 놀라 아이를 바라보았습니다.

너무나 그립고 간절했던 그 어머니라는 말을 듣자, 데메테르는 가슴이 벅차올랐습니다. 하지만 자신을 부른 사람이 딸 페르세포네가 아님을 알고는 이내 그녀의 얼굴에 수심이 가득 찼습니다. 켈레오스는 혹여 자신의 딸이 무슨 실수라도 한 것은 아닌가 싶어 데메테르에게 말했습니다.

"무슨 일 때문에 이렇게 슬퍼하는지는 모르겠지만, 누추한 곳이라도 괜찮다면 저희 집에서 잠시 쉬었다 가는 건 어떨지요?"

데메테르는 그의 진심어린 말이 고마웠지만 일단 사양했습니다.

"마음 써주셔서 정말 고맙습니다. 하지만 절 그냥 내버려두세요. 그리고 따님이 옆에 있는 것을 행복으로 여기세요. 저는 얼마 전 그토록 사랑한 소중한 딸을 잃었답니다."

그녀의 이야기를 들은 켈레오스와 그의 딸은 남의 일 같지 않아서 데메테르와 함께 목 놓아 울었습니다. 노인은 겨우 눈물을 거두면서 다시 간청했습니다.

"우리와 함께 가시죠. 누추한 집이라고 탓하지 말고 우리 집에 잠시 머물면서 몸을 추스른 다음에 다시 따님을 찾아 떠나시지요."

데메테르는 더는 물리치지 못하고 그들을 따라나섰습니다. 함께 길을 걷는 동안에도 켈레오스는 계속해서 눈물을 흘리며 한탄 섞인 목소리로 데메테르를 위로하려 애썼습니다.

"부인, 저도 당신의 심정을 이해합니다. 제게도 아주 소중한 아들이 하나 있는데, 중병에 걸려서 일어나지도 못하고 매일 잠도 못 자고 보채기만 합니다. 하여 우리 가족은 살아 있어도 사는 게 아니랍니다."

그 말을 들은 데메테르는 그의 집으로 가는 동안 양귀비 열매를 몇 개 따서 주머니에 넣었습니다. 켈레오스의 집에는 그의 말대로 회복할 가능성이 전혀 보이지 않는 어린 아들이 침대에 누워 있었습니다. 그 곁에는 켈레오스의 아내인 메타니가 안쓰러운 표정으로 아들을 보살피고 있었습니다.

데메테르는 아이를 보자마자 허리를 구부려 아이와 입을 맞췄습니다. 그러자 아이의 창백했던 얼굴에 화색이 돌기 시작했습니다. 가족은 너무나 기뻐하며 데메테르에게 몇 번이고 감사의 인사를 전했습니다. 심성이 착한 이 부부는 없는 형편에도 불구하고 딸을 잃은 데메테르의 원기를 북돋아주기 위해 정성스레 음식을 준비했습니다. 음식을 먹으면서 데메테르는 병든 아이의 몫인 우유에다 오는 길에 따온 양귀비 열매의 즙을 몰래 섞었습니다. 식사를 마친 아이는 다른 날과 달리 깊은 잠에 빠졌습니다.

밤이 되어 모든 가족이 잠에 들자, 데메테르는 아이를 화로의 재에 눕힌 뒤 사지를 주무르며 주문을 걸었습니다. 이 가족의 따뜻한 마음에 보답하고자 아이를 불사의 몸으로 만들어주려고 했던 것입니다. 그런데 아이의 어머니 메타니가 이를 보고 기겁해 데메테르에게서 아이를 빼앗아 가슴에 안았습니다. 순간 실망한 데메테르는 노파에서 여신의 본모습으로 돌아와 실망한 목소리로 말했습니다.

"아들에 대한 그대의 애정이 너무 지나쳤네. 아들을 불사신으로 만들어주려고 했는데 그대가 모든 일을 망쳤네. 하지만 이 아이가 자란 뒤에 내가 직접 농사 기술들을 가르쳐줄 것이니 다시 데려오라."

여신의 모습으로 되돌아온 데메테르의 몸에서는 천상의 빛이 뿜어져 나왔습니다. 빛이 온 집안을 가득 메웠습니다. 데메테르의 은총을 받은 아이는 언제 병을 앓았냐는 듯 건강을 되찾았습니다. 놀란 메타니를 뒤로 하고, 데메테르는 훌쩍 길을 떠났습니다. 메타니는 남편에게 간밤에 일어났던 이야기를 모두 들려주었습니다. 그는 사람들을 불러 모아 데메테르를 섬기는 신전을 지었습니다.

데메테르는 다시 딸을 찾아 이 땅에서 저 땅으로, 바다와 강을 건너 세상을 헤맸습니다. 결국 그녀는 처음 출발했던 시칠리아 섬으로 돌아와 키아네 강둑에서 홀로 고민했습니다. 데메테르는 페르세포네가 이 땅에서 흔적도 없이 사라진 것이 도무지 이해되지 않았습니다. 데메테르가 서 있는 키아네 강둑은 하데스가 페르세포네를 끌고 자기 영토로 달아난 장소였습니다. 그러나 그녀는 그 사실을 전혀 모른 채, 넋을 잃은 듯 앉아 있었습니다.

수심에 가득 찬 데메테르의 모습을 키아네 강을 지키는 님프가 몰래 지켜보고 있었습니다. 님프는 하데스가 페르세포네를 끌고 지하 세계로 가는 모습을 목격했지만 하데스가 두려워서 차마 말을 꺼낼 수 없었습니다. 그녀는 데메테르에게 무언가 암시라도 주고 싶어 페르세포네가 하데스에게서 도망칠 때 떨어뜨린 허리띠를 바람에 나부끼게 하여 데메테르의 발밑에 떨어뜨렸습니다. 그러나 님프의 의도와는 달리 데메테르는 그 허리띠를 보고는 더욱 절망했습니다. 그동안 데메테르는 페르세포네가 누군가에게 납치되었지만, 그래도 어딘가에서 꼭 찾을 수 있을 거라고 믿어왔습니다. 그래서 신의 음식도 먹지 않고 그저 딸의 행방을 찾아다녔는데 허리띠가 눈에 띄자 흡사 하늘이 무너지는 것만 같았습니다. 대지 위가 아니라면 그녀를 더는 찾을 수 없었기 때문입니다. 페르세포네의 행방불명이 너무나 억울해 견딜 수 없었던 그녀는 페르세포네가 사라진 대지에 화풀이를 했습니다.

"대지의 신 가이아여, 잔인한 대지의 신이여! 지금껏 나는 당신을 비옥하게 가꾸어주고 풀과 자양분이 그득한 곡식으로 덮어주었는데, 당신이 나를 이렇게 슬픔에 빠뜨릴 수 있나요. 이제 앞으로는 당신에게 베풀었던 모든 수고를 거두어버릴 것이오."

그 이후로 대지에서 살아가던 생물들은 차츰 생명을 잃었습니다. 멀쩡하던 쟁기는 밭고랑을 갈다 부서지고, 씨앗은 싹을 틔울 수 없었습니다. 해마다 가뭄이 찾아왔고 가뭄 끝엔 장마가 연속되어 밭에는 가시덤불만 무성히 자랐습니다. 곡식이 자라지 않아 아무것도 먹지 못한 동물과 인간들도 하나둘 죽어갔습니다.

인간은 물론이거니와 신들도 데메테르에게 찾아가 대지를 향한 저주를 풀어달라고 요청했습니다. 그러나 데메테르는 고집스레 켈레오스가 지어준 신전에만 처박힌 채 세상 밖으로 나오지 않았습니다. 오히려 딸을 다시 만나기 전까지는 대지에서 어떤 열매도 열리지 않을 거라며 더한 저주를 퍼부었습니다.

온 세상이 점차 황폐해지는 모습을 지켜보던 샘의 님프 아레투사가 안타까운 마음에 데메테르에게 자신이 목격한 것을 고백했습니다.

"데메테르 님, 나는 일전에 지하세계에서 페르세포네를 본 적이 있어요. 사실 나는 엘레스의 숲을 지키는 님프예요. 어느 날 숲에서 목욕을 하고 있는데, 강의 신 알페이오스가 나를 보았어요. 그는 계속해서 나를 쫓아다니며 사랑을 고백했지만, 나는 너무나 무서운 나머지 도망치기 급급했죠. 그렇게 달아나던 중에 여신 아르테미스를 만났

알레산드로 알로리, <페르세포네의 납치>(1570년, 미국 폴 게티 박물관)

어요. 아르테미스 님께 이런 사정을 이야기하자 그가 나를 찾지 못하
도록 샘으로 변신시켜주었죠. 그러나 알페이오스는 변신한 나를 알
아보고는 자기의 물을 내 물과 섞으려고 했어요. 그러자 그의 행동을
저지하기 위해 아르테미스 님이 대지의 틈을 내었죠. 그렇게 하여 나
는 지구의 내부를 돌아서 이 시칠리아 섬의 샘이 되었어요. 그런데 내
가 대지의 밑바닥을 통과할 때 당신의 따님인 페르세포네를 보았어
요. 하데스 님 바로 옆에 앉아 있던 그녀는 슬픈 표정을 짓고 있었어
요. 그녀는 어둠의 여왕 에레보스와 꼭 닮은 모습이었어요."

아레투사의 이야기를 들은 데메테르의 머릿속은 복잡했습니다. 데
메테르는 남동생 제우스와의 사이에서 페르세포네를 낳았습니다. 데
메테르는 진실로 제우스를 사랑했지만, 바람기 다분한 제우스는 얼
마 지나지 않아 그녀와 딸을 외면한 채, 다른 여신들과 사랑 놀음에

빠졌습니다. 때문에 데메테르는 아비 없는 페르세포네를 더욱 애지중지 키웠습니다. 게다가 제우스는 페르세포네가 어렸을 때 한 번 찾아와서는 나중에 페르세포네가 성인이 되면 그의 형 하데스와 결혼시키자고 요구한 적이 있었습니다. 제우스는 하데스를 감시하고 싶었기에 데메테르에게 그런 요구를 했죠. 당연히 데메테르는 제우스의 제안을 거부했습니다. 그 때문에 제우스가 페르세포네를 하데스의 세계에 가도록 유도한 것입니다.

데메테르는 자기 딸이 하데스의 세계에 있다는 걸 알고는 너무 기가 막혔습니다. 분노가 하늘 끝까지 치솟은 그녀는 대지를 향한 저주를 멈추기는커녕 더한 저주를 내렸습니다. 이윽고 굶주린 인간들이 떼죽음을 당하기 시작했습니다. 인간들의 숭배를 받지 못하게 된 신들은 난감했습니다. 신들은 이 문제를 논의했고, 결국 제우스 자신이 문제를 풀어야만 했습니다. 제우스가 데메테르에게 부탁했습니다.

"데메테르, 그대의 고통을 내 모르는 바는 아니나, 인간들이 다 죽어가고 있고 그 영향이 신들에게도 미치고 있으니 속히 대지를 향한 분노를 거두길 바라오."

하지만 그녀는 고개를 가로저었습니다.

"내 딸 페르세포네를 돌려주기 전까지 절대로 그럴 수 없어요. 누가 뭐라 해도 들은 척도 않을 거예요."

제우스는 하데스가 페르세포네를 데메테르에게 돌려주는 수밖에는 방법이 없다는 것을 깨달았습니다.

"데메테르, 그대의 말대로 할 것이오. 하지만 조건이 있소. 이건 나도 어쩔 수 없는 일로, 만일 페르세포네가 지하세계에서 어떤 음식이

든 먹었다면 그곳의 규칙대로 하데스의 왕국에 머무를 수밖에 없소. 그 규칙은 당신도 이미 알고 있을 것이오.”

말을 끝낸 제우스는 그가 가장 신뢰하는 전령 헤르메스를 불러 명했습니다.

“헤르메스, 어서 지하세계로 내려가서 하데스에게 이제까지 일어났던 일을 소상히 이야기하고, 내 입장을 생각해 페르세포네를 데메테르에게 돌려보내라고 전하라. 어떻게든 이 일을 성사시키고 돌아와야 하느니라.”

헤르메스는 제우스의 명을 받고 봄의 여신과 함께 하데스의 지하세계로 내려갔습니다. 한편 제우스는 자신의 어머니 레아를 데메테르에게 보내 인간 세계에 흉작이 멈출 수 있도록 설득해달라고 부탁했습니다. 레아는 데메테르를 만나러 그녀가 머물고 있는 신전을 찾아갔습니다.

“내 딸이여. 너를 만나고자 이 어미가 먼 길을 돌아왔단다. 이제 그만 고집을 꺾고 신들의 세계로 올라오렴. 이곳에서 홀로 슬픔에 싸여 고생하는 너를 보는 이 어미의 마음도 편치가 않구나. 그러니 더는 고생하지 말고 신들의 세계로 올라가자. 제우스가 하데스에게 전령을 보내 페르세포네를 데려다주기로 했으니, 이제 너는 신들의 세계에서 네 딸을 기다리기만 하면 된단다. 물론 페르세포네가 실수로 하데스의 음식을 먹었다면 1년에 네 달은 하데스에게 가야 하지만 그래도 나머지 여덟 달은 함께할 수 있으니 얼마나 다행이냐. 자! 그러니 진정하고, 너만이 줄 수 있는 생명을 이제 대지와 인간에게 돌려주렴.”

데메테르는 페르세포네가 워낙 지혜로운 아이라 그곳의 음식을 먹었으리라고는 생각조차 하지 않았습니다. 그리운 딸을 다시 만난다는 생각에 들뜬 데메테르는 다른 생각은 아예 하지 않았습니다.

"알았어요. 하지만 저는 페르세포네를 이곳에서 맞이할 거예요. 정말로 내 딸이 돌아온다면 그때 딸과 함께 신들의 세상으로 올라가겠어요."

조금 마음이 풀린 데메테르는 딸이 돌아오기를 기다리는 동안 세상을 둘러보았습니다. 자신의 분노 때문에 힘겨워하는 생명의 소리를 들은 그녀는 우선 들판을 향해 눈을 돌렸습니다. 그러자 황량했던 대지가 서서히 푸른 움을 틔우고, 식물들이 열매를 맺기 시작했습니다.

데메테르는 문득 자신이 머물렀던 신전을 지은 켈레오스와 그의 병약했던 아들이 생각나 그들을 불러들여 농사 기술을 가르쳐주었습니다. 데메테르가 분노를 멈추면서 대지가 소생하는 동안, 하데스의 지하세계를 급히 방문한 헤르메스는 하데스와 나란히 앉은 페르세포네를 보았습니다. 페르세포네는 전혀 행복해 보이지 않았습니다. 헤르메스는 하데스 앞으로 나아갔습니다.

"하데스 님, 나는 제우스 님의 명을 받고 페르세포네를 데리러 왔습니다. 지금 페르세포네의 어머니 데메테르의 분노로 인간들의 세계가 멸망할 지경입니다. 그러니 페르세포네를 지금 당장 데메테르 님에게 돌려보내주시오."

헤르메스의 이야기를 들은 페르세포네는 갑자기 얼굴에 화색이 돌더니 지상으로 나갈 채비를 꾸렸습니다. 하데스도 제우스의 명령이 내려온 이상 페르세포네를 돌려보낼 수밖에 없었습니다. 하지만 그녀를 보내기가 너무도 싫었던 하데스는 한 가지 꾀를 냈습니다. 떠나려는 페르세포네를 멈추게 하고는 하데스가 말했습니다.

"내가 너를 강제로 데려오긴 했지만 너를 너무나 사랑한 나머지 그 랬던 것이니 나쁘게 생각은 마라. 지금도 내 사랑은 변함이 없다. 떠나는 너에게 마지막으로 나의 위대한 능력을 얻을 수 있는 열매를 줄 터이니 받아먹어라."

하데스는 페르세포네에게 석류 한 알을 내밀었습니다. 그녀는 어머니를 빨리 만나고 싶은 마음에 아무 생각 없이 그 자리에서 석류를 받아먹었습니다. 그것은 다시 지하세계로 돌아올 수밖에 없도록 하려는 하데스의 흉계였지만 페르세포네는 알지 못했습니다.

그녀가 석류를 먹는 것을 회심의 미소를 지으며 바라보던 하데스는 화려한 황금 이륜마차를 준비시켰습니다. 마차에 페르세포네를 타게 하고는 고삐를 헤르메스에게 넘겨주었습니다. 헤르메스는 말들을 몰아 데메테르가 있는 신전으로 곧장 달려갔습니다. 이제나 저제나 신전에서 딸을 기다리던 데메테르는 페르세포네가 온다는 전갈을 듣자마자 가벼운 걸음으로 달려 나왔습니다. 애타게 찾았던 딸과의 만남, 페르세포네는 어머니를 보자 곧바로 그녀의 품속으로 달려들어 꼭 안겼습니다.

모녀는 다시 만났다는 행복에 취해 시간 가는 줄 모르고 그간의 일들을 이야기했습니다. 꼬리에 꼬리를 문 이야기는 페르세포네가 지하세계를 떠나던 날까지 이르렀습니다. 페르세포네는 떠나오는 순간 하데스가 자기 능력을 얻을 수 있다며 준 석류 이야기를 자랑스럽게 말했습니다. 하데스 세계의 비밀을 알고 있는 데메테르는 너무 놀란 나머지 비명을 지르고 말았습니다.

영문을 모르는 페르세포네가 왜 그러는지 물었지만 잠시 머뭇거리던 데메테르는 애써 태연한 척하며 입을 다물었습니다. 레아가 이야기한 대로 데메테르는 결국 사랑스러운 딸과 1년에 네 달 동안 떨어져 지내야만 했습니다. 페르세포네가 지하세계의 음식을 먹었다는 소식을 들은 제우스는 매년 3분의 1은 하데스의 왕국에서 그의 아내로 지내야 한다고 선언했습니다.

그 후부터 페르세포네는 씨를 뿌리고 열매를 맺는 8개월 동안은 데메테르와 함께 지냈고, 모든 만물이 잠드는 4개월은 하데스와 생활하게 되었습니다. 때문에 씨앗을 다스리는 신 페르세포네가 지상에 있는 동안에는 씨앗이 대지에 싹을 틔웠지만, 그녀가 지하세계에 머무는 겨울에는 땅속에서 잠을 자야 했습니다. 인간들도 겨울에는 휴식을 취하면서 페르세포네가 지상으로 돌아오는 때를 기다려야 했습니다.

곡물의 신 데메테르는 해마다 겨울이 되면 슬픔에 휩싸입니다. 겨울마다 딸을 그리워하는 데메테르의 한숨이 싸늘한 냉기가 되어 대지를 지배합니다. 딸이 돌아오는 봄이면 데메테르의 따스한 미소가 햇살이 되어 온 세상을 감쌉니다. 지하세계에 간 페르세포네의 발자국 소리가 들리기 시작하면 씨앗들은 대지 위로 나오기 위해 심호흡을 시작합니다. 잠자던 따뜻한 바람도 북풍을 물리치며 온기를 전합니다.

페르세포네는 캄캄한 지하세계를 다스리는 왕의 아내가 된 후로 과거의 쾌활한 모습을 많이 잃었습니다. 물론 매년 봄마다 지상으로 나오지만, 그녀가 지하세계를 생각하는 날이면 꽃샘바람이 불어서 인간 세상에는 겨울 못지않은 추위가 닥쳐옵니다. 또한 억지로 하데스의 아내가 되었다는 생각에 분노가 치미는 날이면 홍수와 거센 바람이 찾아오기도 합니다. 데메테르와 페르세포네는 지금도 우리 곁을 떠나지 않고 대지를 다스리고 있습니다.

❧ ❦ ❧ ❦ ❧ ❦ ❧ ❦ ❧ ❦ ❧

사랑은 스스로 선택해야 합니다. 누구를 위한, 무엇을 위한 사랑이어선 안 됩니다. 스스로를 위하고 상대를 위한 사랑이어야 합니다. 그렇지 않고 모종의 정략이나 어떤 강요로 사랑을 한다면 그 사랑은 감옥과 같습니다. 사랑은 마음의 문제입니다. 마음에서 꺼리면 그건 사랑이 아닙니다. 즉 억지는 사랑이 아닙니다. 어쩔 수 없이 저질러진 일이라도 마음이 따르지 않으면 그건 불행입니다. 억지로 사랑을 차지한 사람은 그나마 행복하다 생각할 겁니다. 그러나 당하는 입장에선 깊고 음침한 땅 속에 갇힌 것처럼 힘듭니다. 마지못해 하는 사랑, 그건 끝까지 음울합니다.

데메테르를 향한 포세이돈의 폭력적인 사랑

　　데메테르가 페르세포네를 찾느라 올림포스에서 열리는 신들의 회의에도 참석하지 않고 지상을 방황하며 돌아다니던 무렵입니다. 식음을 전폐한 채 여위어가는 그녀의 측은한 모습을 지켜본 신들은 그녀를 위로했습니다. 그럼에도 몇몇 남신들은 데메테르에게 야릇한 감정을 품었습니다. 슬픔과 우수에 찬 모습이 오히려 어떤 욕정을 자극했기 때문입니다. 그녀를 향한 연민의 정이 점점 욕정으로 바뀌었던 것입니다. 특히 남신들 가운데 그녀의 오빠 포세이돈은 동생의 슬픔이나 애절한 심정에는 아랑곳없이 어떻게 하면 그녀를 품에 안아볼까 생각만 했습니다. 기회를 노리던 포세이돈은 그녀가 아르카디아를 혼자 지날 때 강제로 범하려 들었습니다.

　　"아니, 이게 무슨 짓이에요. 내가 지금 어떤 처지에 있는지 잘 알고 있으면서 위로나 도와주지는 못할망정 이게 무슨 일이랍니까!"

　　그녀는 완강히 저항하며 포세이돈에게서 빠져나가려 애썼습니다. 그럴수록 포세이돈은 더욱 그녀를 끌어당겨 꼼짝 못하도록 안았습니다.

　　"데메테르! 비록 제우스에게 먼저 너를 빼앗기긴 했다만, 그전부터 너를 사랑했어. 너의 일은 물론 안타깝지만, 너를 향한 사랑의 감정에 괴로워하는 내 모습도 좀 돌아봐주렴."

하지만 데메테르는 페르세포네를 찾는 일 말고는 그 어떤 일에도 관심이 없었습니다. 포세이돈 또한 쉽게 물러서지 않았습니다. 그는 기왕 시작한 일인데 물러선다는 것은 자존심이 허락하지 않는다며 강제로 자신의 입술을 그녀 입술 위에 포갰습니다. 다급해진 데메테르는 일단 암말로 변신하여 말떼 사이에 숨었습니다. 하지만 이것도 마음대로 되지 않았습니다. 포세이돈도 재빨리 수말로 변신하여 데메테르를 범하고 말았습니다.

포세이돈의 기쁨은 절정에 달했지만 데메테르는 구역질이 났습니다. 포세이돈은 여기서 멈추지 않고 한 번 더 데메테르에게 달려들어 또다시 욕정을 채웠습니다. 격렬한 두 번의 정사로 데메테르는 쌍둥이를 임신했습니다. 말로 변신하여 정사를 나눈 탓에 한 마리 말과 반인반수인 아이가 태어났습니다. 데메테르는 이들을 아레이온과 데스포이나라고 이름 지었는데, 아레이온은 신마(神馬)가 되었고, 데스포이나는 머리만 말인 우스꽝스러운 여신이 되었습니다.

그 후에도 데메테르는 여전히 페르세포네의 행방을 찾기 위해 종종 인간의 모습으로 세상을 돌아다녔습니다. 지상을 헤매던 데메테르는 자신에게 친절한 사람에게는 농사의 지혜를 가르쳐주고, 불친절한 자에게는 벌을 내렸습니다.

한번은 데메테르가 엘레우시스에 이르렀습니다. 한 노파가 데메테르의 지친 모습에 동정심이 일어 보릿가루와 박하를 섞어 끓인 죽 한 사발을 권했습니다. 모처럼 음식이 입에 맞자 데메테르는 허겁지겁 죽을 들이켰습니다. 그 모습을 바라보던 노파의 어린 아들 아스칼라보스가 데메테르의 모습이 우스꽝스러웠는지 그녀를 놀려댔습니다. 가뜩이나 심란하던 데메테르는 먹다 남은 곡물 죽을 아스칼라보스의 얼굴에 끼얹었습니다. 데메테르의 저주를 받은 아이는 그 자리에서 도마뱀으로 변했습니다. 죽에 들어 있던 곡물 알갱이는 그대로 붙어서 도마뱀의 표피를 우둘투둘하게 만들었습니다.

데메테르는 딸을 찾는 여행 중에 테베를 건설한 카드모스와 하르모니아의 결혼식에도 참석했는데, 거기서 아름다운 외모의 이아시온을 만났습니다. 미남 이아시온에게 한눈에 반한 데메테르는 아름다운 인간 여인으로 변신해 그를 유혹했습니다. 그들은 크레네의 휴경지를 찾아가 연거푸 사랑을 나누었습니다. 하늘에서 그들의 애정 행각을 지켜보던 제우스는 은근히 질투가 났습니다. 자신과 한때 연인 사이였던 여신을, 그것도 감히 인간이 넘보았다는 사실에 부아가 치밀었습니다. 제우스는 질투를 참지 못하고, 이아시온의 발칙한 행위를 벌하기 위해 벼락을 떨어뜨려 그의 목숨을 빼앗았습니다.

여인의 유혹에 넘어간 죄로 이아시온은 목숨을 잃었지만 데메테르는 쌍둥이를 낳아 플루토스와 필로멜로스라고 이름 지었습니다. 이들 중 '넉넉하게 하는 자'라는 뜻의 플루토스는 후에 이름처럼 부자가 되고, 반면 '노래를 좋아한다'라는 이름을 지닌 필로멜로스는 가난한 농부가 되었습니다. 필로멜로스는 가난에도 굴하지 않고 인류 최초로 짐마차를 고안하여 땅을 경작했습니다. 그의 모습을 어여삐 여긴 데메테르는 그가 죽자 밤하늘에 올려보내 마차부자리로 만들어주었습니다.

외로움에 지친 데메테르는 동성애에 빠지기도 했습니다. 한 번은 코르키라 섬 동굴에 살고 있던 마크리스라는 님프와 사랑을 나눴습니다. 그 님프를 위해 데메테르는 코르키라 섬에 살고 있던 티탄 신족에게 곡물을 심고 수확하는 기술을 가르쳤습니다. 그래서 그 섬은 '낫'이라는 뜻을 가진 드레파논 섬이 되었습니다.

한번 잘못 꿰인 사랑은 계속해서 불행한 사랑을 낳습니다. 가해를 당한 만큼 그 욕정을 풀기 위해 스스로를 내던지기도 합니다. 불행이 불행을 낳듯이, 어그러진 사랑은 또 어그러진 사랑을 낳습니다. 그만큼 처음 사랑이 중요합니다. 처음의 실패가 각인되어 있기 때문에 다음 사랑도 실패로 끝날까 미리 걱정하는 마음이 남습니다. 트라우마입니다. 때문에 다음 사랑을 위해서는 앞선 사랑의 실패를 완전히 지워야 합니다. 그래야 다음 사랑은 새로이 온전한 사랑으로 만들어갈 수 있습니다.

베르툼누스와 포모나의 달콤한 사랑

계절을 다스리는 신 베르툼누스는 포모나라는 님프를 무척 사랑했습니다. 이지적인 아름다움을 가진 포모나는 많은 남신들의 구애를 받았습니다. 그러나 정작 그녀 자신은 연애에 관심조차 없었습니다. 그녀는 나무들과 함께 지내는 시간을 무척이나 좋아했습니다. 지나치게 자란 나무는 적당히 잘라주고, 잔가지들을 보기 좋게 다듬었으며, 가지를 쪼갠 후에 다른 나뭇가지를 접붙여 새로운 과실을 맺게 하는 일에만 푹 빠져 지냈습니다.

정성들여 가꾼 과일나무들을 너무나 사랑했던 그녀는, 혹여 누가 나무들에게 해코지 하지 않을까 다른 사람들이 과수원에 드나들지 못하도록 항상 문을 걸어놓았습니다. 그럼에도 그녀의 미모에 반한 사람이나 신들은 그녀의 사랑을 얻기 위해 늘 그녀의 주위를 맴돌며 기회를 노렸습니다.

베르툼누스도 그들 중 하나였습니다. 그는 누구보다도 그녀를 사랑해 여러 번 프러포즈했지만 그녀는 꿈쩍하지 않았습니다. 수많은 생각 끝에 그는 추수하는 농부의 모습으로 변신해 그녀에게 접근했습니다. 그는 가끔 곡식을 담은 바구니를 갖다 주곤 했지만 포모나는 여전히 남자에 관심이 없었습니다. 베르툼누스는 이에 굴하지 않고 그녀가 관심을 가질 때까지 몇 번이고 변신했습니다. 하루는 목동으로, 다음날은 낚시꾼으로, 또 다른 날은 과수원에서 일하는 사람으로 변신했습니다. 하지만 매번 그녀의 마음을 사로잡는 데 실패했습니다. 실패가 쌓여갈수록 그녀에 대한 애정은 더욱 활활 타올랐습니다.

어느 날 이번에는 반백의 노파로 변장하여 그녀에게 접근했습니다. 과수원에 들어간 베르툼누스가 그녀의 관심을 끌려고 말했습니다.

"참, 훌륭한 과일이군요."

노파는 포모나에게 의도적으로 입을 맞추었습니다. '참 별난 노파일세' 포모나는 의아하게 생각했습니다. 입맞춤이 노파에게는 어울리지 않을 정도로 강렬했기 때문입니다. 노파는 과수원 둑 위에 앉아 탐스러운 과일들을 바라보았습니다. 노파의 맞은편에는 느릅나무를 타고 올라간 포도덩굴에 먹음직스러운 포도가 주렁주렁 열려 있었습니다. 노파는 느릅나무에 엉킨 포도나무를 쳐다보며 칭찬을 아끼지 않았습니다.

"저 풍경이 참 곱군요. 느릅나무만 홀로 서 있다면, 저처럼 포도덩굴이 엉켜 있지 않았다면 느릅나무는 전혀 매력이 없었을 거요. 느릅나무는 이파리밖에 얻을 게 없을 거고, 포도덩굴 또한 느릅나무가 없다면 땅 위에 혼자 엎드려 있을 테지요. 아가씨! 이 느릅나무와 포도나무를 보면서 다른 생각이 안 드오? 저렇게 어울려 있어서 비로소 아름답듯이 사람도 서로 어울려야 아름답지요. 아가씨도 저 나무들처럼 어서 배필을 얻으세요."

노파는 잠시 말을 멈추고 그녀의 표정을 살폈습니다. 그녀가 관심을 보이는 듯하자 노파는 그녀를 더욱 부추길 법한 말을 이었습니다.

"절세의 미녀 헬레네도 당신만큼 인기가 많지 않았답니다. 오디세우스의 아내 페넬로페에게 구혼한 남자들의 숫자도 아가씨를 흠모하는 남자들의 숫자를 따라오지는 못한다오. 아가씨가 당신을 사모하는 이들을 가차 없이 거부한다 하여도 여전히 그들은 아가씨를 사랑할 거요. 혹여 좋은 배필을 구할 마음이 있다면, 세상 경험이 많은 나 같은 노파의 조언을 듣는 것이 좋을 거요. 아가씨 주위를 맴도는 자들에 대해서는 나 또한 익히 소문을 들어 다 알고 있다오. 내 조언을 받아들일 생각이 있다면, 베르툼누스를 배필로 삼는 게 좋을 듯싶소. 나도 그를 잘 알고, 그도 나를 잘 안다오. 그는 여기저기 떠돌아다니는 신들과 달리 저 산 속 좋은 저택에서 살고 있다오. 또 그는 요즘 젊은 이들처럼 아무나 닥치는 대로 사랑하지 않고, 오직 아가씨만을 사랑한다오. 게다가 젊고 미남인데다 원하는 대로 무엇으로든 둔갑할 수 있는 멋진 기술까지 있다오. 그뿐만이 아니라 그는 아가씨처럼 과일나무를 아주 잘 손질할 줄 안다오. 하지만 지금은 과일이나 꽃 같은 것에는 통 관심이 없고, 오직 아가씨만을 생각하고 있지요. 베르툼누스를 가엾게 여기세요. 그렇지 않으면 그는 죽을지도 모르오. 실제로 사랑을 이루지 못해 죽은 연인들이 있다오. 키프로스 섬에서 일어난 일이지요."

여기까지 말한 노파는 잠시 숨을 고르고 심각한 표정을 지어보이며 그 슬픈 사랑 이야기를 시작했습니다.

"가난한 집안에서 태어난 이피스라는 젊은이가 있었다오. 그런데 그는 테우크로스라는 명문가의 딸 아낙사레테를 보고는 한눈에 반해

버렸지 뭐요. 그는 그녀를 향해 타오르는 열정을 깊숙이 숨기고 있었소. 그러나 시간이 흐르자 도저히 그녀를 향한 마음을 참을 수 없다는 것을 깨닫고는 그녀의 저택에 나타나 마음을 고백했다오. 하지만 그녀는 그를 받아주기는커녕 조롱하고 비웃으며 무정하게 대했다오. 그런데다가 그에게 모욕적인 말까지 하여 커다란 아픔을 주었지요. 그 후로 이피스는 삶의 희망이 모두 사라진 것을 느꼈답니다. 결국 더 이상 사랑의 괴로움을 감내할 수 없었던 그가, 마지막으로 그녀의 방문 앞에 서서 유언을 남기듯 울음 섞인 목소리로 이렇게 말했다오.

'아낙사레테여! 당신이 이겼소. 내가 당신을 귀찮게 구는 일은 더 이상 없을 것이오. 당신이 이겼소. 당신은 승리를 기뻐하고 기쁨의 노래를 부르시오. 하지만 나는 지금부터 죽음의 신 곁에 머무를 것이오. 돌처럼 비정한 여인! 당신의 기쁨을 위해서라면 내가 죽기라도 해야겠지요. 내가 죽으면 나를 칭찬해주겠죠? 살아 있는 동안 내가 당신을 사랑했다는 것을 풍문으로 당신께 전하고 싶지는 않소. 당신의 눈앞에서 죽을 거요. 그렇게라도 해서 당신의 눈을 즐겁게 할 거요.'

말을 마친 이피스는 눈물 그득한 눈으로 저택을 바라보며, 그가 가끔 꽃을 걸어두어 사랑을 전했던 문기둥에다 끈을 맸다오. 그 끈으로 목을 매는 마지막 순간까지도 그는 중얼거렸지요.

'적어도 지금 내가 만들 이 꽃다발만큼은 당신의 마음에 들 것이오. 너무나 무정한 여인이여!'

그리고는 발판을 밀어버렸소. 공중에 달랑 매달린 그는 목뼈가 부러진 채 죽음을 맞이했지요. 하지만 그의 바람과 달리 하인들이 그를 발견해 시신을 수습하는 바람에 아낙사레테는 그걸 못 보았지요. 비

프랑수아 부셰, <포모나와 베르툼누스>(1757년, 미국 콜럼버스미술관)

보를 접한 이피스의 어머니는 아들의 싸늘한 시신을 껴안고는 비통함에 절규했답니다. 이피스의 시신을 실은 장례 행렬이 지나는 그 길목에 아낙사레테의 집이 있었다오. 이피스가 죽으면서 아낙사레테에게 복수를 해달라고 애원한 것이 신들의 귀에 올라갔는지, 복수의 신이 그녀에게 벌을 내렸답니다.

골목에 울려 퍼지는 곡소리에 아낙사레테는 무슨 일인가 싶어 탑 위로 올라가 창문을 열고 장례 행렬을 내려다보았지요. 그런데 그녀의 시선이 상여 위에 가로놓인 이피스의 시신에 닿은 순간, 그녀의 눈은 굳어지고 몸속의 피가 차츰 식어가기 시작했다오. 그녀는 너무 놀라 뒤로 물러서려 했지만 마음처럼 발을 움직일 수 없었다오. 얼굴을 돌리려고 했지만 그것도 뜻대로 되지 않았지요. 이제 그녀의 몸은 그녀의 차가운 마음처럼 돌처럼 굳어갔다오. 살라미스에 있는 아프로디테 신전에 아낙사레테의 석상이 아직도 생전 모습 그대로 서 있다오. 그곳에 가보면 내 말이 사실임을 알게 될 거요. 그러니 아가씨도 그토록 당신을 사랑하는 베르툼누스를 비웃지 말고 어서 받아들여요. 그러면 아가씨가 그토록 아끼는 과일나무들은 어떤 비바람에도 떨어지지 않고 열매를 잘 맺을 것이오.”

노파가 이야기를 마치자 포모나는 조용히 고개를 끄덕였습니다.

그러자 베르툼누스는 본래의 모습으로 돌아와 포모나 앞에 섰습니다. 그의 모습은 노파의 조언대로 듬직해 보였습니다. 그는 자신이 노파로 변장했음을 고백하고는 정중히 그녀에게 용서를 구했습니다. 그리고는 모든 것이 아가씨를 사랑하는 마음 때문이었다면서 조심스레 고백했습니다.

이미 베르툼누스에게 마음을 뺏긴 포모나는 사과하는 의미로 그에게 살짝 입을 맞추었습니다. 그토록 얼음 같았던 그녀의 마음에도 사랑의 불길이 조금씩 타오르기 시작했습니다.

사랑 없는 가슴은 없습니다. 다만 때가 되지 않았거나 사랑할 대상이 나타나지 않았을 뿐입니다. 때로 사랑은 기다리면 됩니다. 그러나 너무 오래 기다려도 안 됩니다. 사랑한다면 서두르지도 말고 너무 지체하지도 말고 슬며시 지혜롭게 다가가 상대의 마음을 두드려야 합니다. 열리지 않는 사랑은 없으니까요. 사랑을 앓기보다는 고백이 좋습니다. 은근히 접근해서, 자연스럽게 접근해서, 본의를 먼저 드러내지 않고 은근히 가까워지기, 자연스럽게 가까워지기, 조금씩 사랑의 온기를 스며들게 하기, 그러면 원하는 사랑을 얻지 않을까요?

3.
연애 초보 여신들,
사랑의 바다에서 허우적거리다

"앞으로는 어떤 승리든 운명의 여신의 승리로 돌리지 않으리라.

다만 나의 슬픔만이 언제까지나 남을 것이다.

나의 아도니스,

그대의 죽음과 나의 이 슬픔을 매년 기리도록 할 것이다.

그대가 흘린 피는 꽃으로 변하게 할 것이며,

아무도 이를 말릴 수 없으리라."

질투로 시작한 아르테미스와 오리온의 사랑

　　진실한 사랑을 잃은 에오스는 새로운 연인에 대한 갈망 때문에 무척 괴로웠습니다. 오라버니 헬리오스를 위해 새벽에 어둠을 쓸어내 길을 내어준 다음엔 딱히 할 일이 없던 그녀는 괴로움을 달래기 위해 가끔 마차를 타고 세상 곳곳을 여행했습니다.

　그러던 중 사냥을 하고 있는 멋진 사내를 발견했습니다. 바로 오리온이라는 이름의 거인으로 바다의 신 포세이돈의 아들이었습니다. 포세이돈은 그에게 바다 속을 걸어갈 수 있는 능력을 선물로 주었는데 엄청난 거인인 오리온은 그 능력을 사용하지 않아도 바다에 들어가면 물 위로 머리가 드러날 정도였습니다. 빼어난 미남인지라 그의 주변에는 여인들이 무척 많았고, 오리온은 그들 중 한 명인 시데와 사랑에 빠졌습니다. 석류나무라는 뜻의 이름을 가진 시데는 도도하면서도 매력이 넘쳤습니다. 그전까지 오리온은 자신에게 사랑을 고백한 여자라면 그 누구도 마다하지 않는 바람둥이였습니다. 그러나 결혼한 후에는 아내에게만 충실했죠. 두 딸 메티오케와 코로니데스도 시데를 닮아 아름다웠습니다.

　오리온은 시간이 흐를수록 아내를 더욱 사랑했습니다. 사랑받는 시데는 갈수록 더욱 더 아름다워져 주변의 많은 사람들이 그녀의 미모를 칭송했습니다. 칭찬을 들을수록 시데는 거울 앞에서 떠날 줄 몰랐습니다. 자신이 세상에서 가장 아름답다는 생각까지 든 그녀가 남편에게 능청스레 물었습니다.

"여보, 이 세상에서 누가 가장 아름다운가요?"

"그야 당신보다 더 아름다운 사람이 어디 있겠나."

남편의 대답에 의기양양해진 시데는 한껏 자신의 아름다움을 뽐내며 말했습니다.

"헤라 여신이 아무리 아름답다고 해도 나보다는 아름답지 않을 거예요. 그러니 당신은 제우스보다 더 행운아예요."

시데의 이 말이 헤라의 귀에까지 들어갔습니다. 감히 인간인 주제에 자신을 무시하자 헤라는 무척 화가 났습니다. 헤라는 명계(冥界)의 신 하데스에게 시데를 지하세계로 데려가 달라고 부탁했습니다. 하데스는 죽음의 신 타나토스를 보내 그녀를 데려갔고, 그 바람에 오리온은 졸지에 아내를 잃고 혼자가 되었습니다. 슬픔에 빠진 그는 잠시 여행으로 마음을 달래리라 마음먹었습니다.

이곳저곳 떠돌던 오리온의 발걸음이 멈춘 곳은 키오스 섬이었습니다. 이 섬은 오이노피온이 다스리고 있었는데, 그는 헬리케라는 님프와 결혼하여 행복한 나날을 보내고 있었습니다. 그런데 키오스에는 누구도 물리치지 못하는 야수 한 마리가 살고 있었습니다. 때문에 오이노피온은 혹시 이 야수가 자신의 아내와 딸들을 해치지 않을까 늘 불안했습니다. 그런 그 앞에 거인 오리온이 나타난 것입니다. 범상치 않은 외모의 오리온을 만나자, 오이노피온은 그에게 제안했습니다.

"어디서 온 누군지는 모르겠지만, 이 나라 어디에서든 편히 머무를 수 있도록 배려해주겠소. 그런데 내 한 가지 청이 있소. 이 나라에는 못된 야수가 한 마리 있어요. 그 피해가 이만저만이 아니라오. 보아하니 당신은 힘 좀 쓸 것 같으니 그 야수를 없애주시오. 야수를 처치하기만 한다면 내 딸 메로페를 당신의 아내로 삼게 해주겠소."

오리온은 호탕하게 웃으며 대답했습니다.

"나는 사냥꾼 가운데 둘째가라면 서러운 오리온이라 하오. 어떤 야수인지는 모르겠지만 걱정 마시오. 내일 날이 밝는 대로 야수가 있는 곳을 찾아가 단숨에 처리해 드리리다."

오리온은 이렇게 말한 뒤 공주 메로페를 돌아보았습니다. 메로페는 화려하게 아름답지는 않았지만 묘한 매력이 있었습니다. 고결하면서도 청초한 아름다움을 지닌 그녀를 만난 오리온은 마냥 설레이었습니다.

날이 밝자마자 오리온은 주민들과 함께 야수를 찾아나섰습니다. 야수 사냥은 너무나 싱겁게 끝났습니다. 야수는 겁 없이 달려들었다가 오리온의 거대한 손에 잡혀 단숨에 목이 꺾인 채 바닥에 너부러지고 말았습니다. 오리온은 한시라도 빨리 메로페와 결혼하고 싶어서 아예 야수의 가죽을 벗겨 산에서 내려왔습니다. 오리온의 마음은 벌써 메로페에게 있었습니다. 그녀를 아내로 맞아들일 생각에 입가에 미소가 절로 피었습니다.

"오이노피온이여. 내가 당신이 말한 야수를 처치하고 왔소. 그러니 이제 당신의 딸과 결혼하게 해주시오."

"아! 너무나 고맙네. 하지만 서두르지 말게. 모든 일에는 순서가 있는 법."

야수를 처치하기만 하면 당장 딸을 내줄 것 같던 오이노피온의 태도가 한순간에 바뀌었습니다. 오리온은 일단 기다려보기로 했습니다. 그렇게 며칠이 지났건만 오이노피온은 계속 핑계를 대면서 그들의 결혼을 차일피일 미뤘습니다.

잔뜩 화가 난 오리온이 포도주 한 동이를 단숨에 마셨습니다. 술에 취한 오리온은 홧김에 메로페를 겁탈할 생각을 품었습니다. 마침 메로페가 저만치 지나가는 것을 보고는 그녀를 무조건 껴안았습니다. 그리곤 그녀의 옷을 강제로 벗겼습니다. 그의 욕구는 한없이 들끓었고 마침내 환희에 차올라서 짐승처럼 울부짖었습니다. 반면 메로페는 뼈저린 고통을 느꼈습니다. 욕구를 충족한 오리온은 잠시 후 그대로 누워 이내 코를 골며 잠이 들었습니다.

메로페는 옷을 주섬주섬 챙겨들고는 자리를 피했습니다. 메로페가 오리온에게 겁탈을 당했다는 사실을 전해들은 오이노피온은 오리온이 잠들어 있는 곳으로 달려갔습니다. 여전히 오리온은 술과 욕정에 취한 채 잠들어 있었습니다. 화가 끝까지 치민 오이노피온은 오리온이 아직 잠들어 있는 것에 용기를 내어 칼로 그의 두 눈을 도려냈습니다. 아픔을 느낀 오리온이 잠에서 깼지만 이미 그의 눈에서는 붉은 피가 줄줄 흘러내리고 있었습니다.

"이게 무슨 일이야. 대체 어떤 놈이야!"

오리온은 벌떡 일어났습니다. 앞이 전혀 보이지 않았습니다. 무조건 앞을 향해 내달렸습니다. 어느덧 바닷가에 도착했습니다. 오리온은 눈을 감싸 쥔 채 바다를 건너기 시작했습니다. 아직 아무것도 보이지 않았습니다. 고통뿐이었습니다. 오리온은 망치 소리를 길잡이 삼아 걸음을 옮겼습니다. 그것은 외눈박이 거인 키클롭스 삼형제와 헤파이스토스가 두드리는 망치 소리였습니다. 바다 저편에서 들려오는 소리를 따라 길을 더듬어 오리온은 렘노스 섬에 자리한 헤파이스토스의 대장간까지 갔습니다.

제우스와 헤라의 아들 헤파이스토스는 태어나면서부터 절름발이였습니다. 이런 아들의 모습이 싫었던 헤라가 올림포스 산에서 그를 지하세계로 떨어뜨렸으나 바다의 여신 테티스가 구출해 9년 동안 돌봤습니다. 헤파이스토스는 오리온을 보자 동병상련의 마음이 들어 조수 케달리온을 불러서 그를 아폴론의 거처로 안내해주라고 부탁했습니다. 오리온은 케달리온을 어깨에 태우고는 그의 안내를 받아 태양이 솟아오르는 동쪽으로 향했습니다. 그리고 그곳에서 태양의 신인 아폴론을 만나 그의 빛으로 시력을 되찾았습니다.

오리온은 다시 세상을 볼 수 있어서 너무나 기뻤습니다. 한편으로는 자신의 눈을 도려낸 오이노피온의 모습이 떠오르자 치가 떨렸습니다. 그 길로 복수를 다짐한 그는 키오스 섬으로 향했습니다. 오리온이 나타났다는 소식을 접했지만 오이노피온은 걱정하지 않았습니다. 눈 먼 오리온쯤은 충분히 대적할 수 있으리라 생각했죠. 그런데 먼발치에서 봐도 오리온의 걸음이 흔들림 없었습니다. 오이노피온은 그제야 두려움으로 어쩔 줄 몰랐습니다. 오이노피온은 오리온의 시력이 회복되도록 도와준 신이 헤파이스토스라는 걸 알고는 자신도 그에게 도움을 청했습니다.

"헤파이스토스 님, 오리온이 제 딸을 강제로 범해 이를 참지 못하고 그에게 복수를 한 것인데 이제 그놈이 나를 죽이려 합니다. 제발 우리 부녀를 불쌍히 여겨 도와주십시오."

그간의 내막을 모르고 오리온을 도와준 헤파이스토스는 오이노피온에게 미안한 마음이 들어 그를 지하방에 숨겨주었습니다. 그렇게 하여 오리온의 복수는 다행히 멈출 수 있었습니다. 오리온은 복수를 못하고 크레타 섬으로 건너갔습니다. 오리온이 나타나자 그 섬의 여인들이 그에게 시선을 보냈습니다. 우람한 체격, 균형 잡힌 몸매, 아름다운 용모를 갖춘 오리온은 누가 보아도 호남이었습니다. 그에게 냉담한 여자는 단 한 명, 바로 사냥의 여신 아르테미스뿐이었습니다. 그럼에도 오리온 또한 사냥꾼인지라 여신 아르테미스와 함께 종종 사냥을 즐겼습니다. 도도하면서도 당찬 아르테미스의 매력에 푹 빠진 오리온은 그녀를 만날 때마다 조심스레 사랑을 고백하곤 했습니다. 아르테미스도 그런 그가 싫지는 않았으나 인간과 사랑에 빠지는 건 수치스러운 일이라는 생각에 애써 감정을 감췄습니다. 그들의 관계가 한순간 완전히 뒤바뀌는 일이 일어났습니다. 바로 에오스의 격렬한 욕정 때문이었습니다.

어느 날 해가 뉘엿뉘엿 서산으로 기울던 무렵에 에오스가 바닷가를 찾아 홀로 외로움을 달래고 있었습니다. 그날따라 물결 위를 곡예하듯 날아든 물새들의 노랫소리가 더욱 구슬프게 들렸습니다. 한참 그 소리를 들으며 넋을 잃은 듯 앉아 있던 에오스는 언덕 너머로 들리는 남녀의 웃음소리에 놀라 자리에서 일어났습니다. 소리를 따라 언덕으로 올라가보니, 우람한 체격의 사내가 아름다운 여신과 사냥을 즐기고 있었습니다. 두 남녀를 바라보던 에오스의 눈동자가 새벽

별처럼 반짝였습니다. 매력적인 사내를 자신의 남자로 만들어야겠다는 묘한 오기가 발동했습니다. 남자는 바로 오리온이었고, 여신은 아르테미스였습니다.

올림포스 12신 가운데 한 명인 아르테미스는 수렵과 궁술을 책임진 여신으로, 에오스에겐 벅찬 상대일 수밖에 없었습니다. 하지만 아르테미스는 처녀성을 잃은 여인들에게 가차 없이 화살을 날릴 정도로 순결을 중시하는 여신이었기에, 에오스는 오히려 쉽게 오리온을 유혹할 수 있으리라 생각했습니다. 그때부터 에오스는 오리온과 은밀한 곳에서 마주칠 기회를 엿보았습니다.

어느 날 여느 때와 마찬가지로 아르테미스와 사냥을 즐기다가 오리온이 자신의 사랑을 고백했습니다. 하지만 아르테미스는 오리온의 마음을 쉽사리 받아주지 않았습니다. 풀이 죽은 오리온은 숲속으로 들어가 홀로 자신의 신세를 한탄했습니다. 기회를 엿보던 에오스가 오리온에게 다가가 부드러운 목소리로 말을 걸었습니다. 아내 시데의 죽음 이후 외로웠던 데다가 좀처럼 몸과 마음을 열지 않는 아르테미스 때문에 은근히 짜증이 나 있던 그에게 매혹적인 여신이 먼저 다가오다니 오리온은 설레었습니다. 그녀의 유혹에 스스로 걸려들어 두 남녀는 그동안 참았던 정염을 불태우며 사랑을 나누었습니다.

오리온은 에오스와의 밀회를 즐긴 뒤 다시 아르테미스에게 돌아가 시침을 떼고는 사냥에 열중했습니다. 오리온의 이중생활은 한동안 계속되었습니다. 이를 드디어 아르테미스가 알았습니다. 아르테미스는 묘한 질투를 느꼈습니다. 자신에게 영원한 사랑을 맹세하던 오리온이 다른 여신의 유혹에 넘어가다니 믿어지지 않았습니다. 아르테미스는 그의 마음을 돌려놓기 위해 사랑을 받아들이기로 마음먹고 그에게 부드럽게 대했습니다. 그는 오리온의 매력에 차츰 눈을 뜨기 시작했습니다. 오리온은 에오스 덕분에 오히려 그토록 짝사랑하던 아르테미스의 사랑을 얻었습니다.

오래지 않아 아르테미스와 오리온이 결혼할 것이라는 소문이 퍼져 나갔습니다. 소문은 아르테미스의 동생 아폴론의 귀에까지 흘러들었습니다. 아폴론은 오리온의 지난 과거를 모두 알고 있었던 터라 그 결혼을 몹시 반대했습니다. 아르테미스를 불러 수차례 말렸지만, 다시금 연적에게 오리온을 빼앗기기 싫었던 아르테미스는 그의 충고를 그저 흘려들었습니다. 아폴론은 어떤 수를 써서라도 오리온과 그녀를 떼어 놓기 위해 기회를 엿보며 오리온의 모든 행적을 감시했습니다.

그러던 어느 날 머리를 물 밖으로 내놓은 채 바다를 건너는 오리온의 모습을 발견했습니다. 아폴론은 서둘러 아르테미스에게 찾아가 슬며시 약을 올리며 말했습니다.

"아르테미스! 모처럼 나와 활 시합이나 하자고. 누나가 활을 아무리 잘 쏜다고 해도 그 솜씨로는 저 바다 위에 떠다니는 검은 물체를 맞힐 수 없을 걸?"

승부욕이 발동한 아르테미스가 동생이 가리키는 곳을 봤습니다. 너무 멀리 있어서 물체가 잘 보이지 않았지만 아르테미스는 아폴론에게 싱긋 웃어보이고는 의기양양하게 활시위를 당겼습니다. 시위를 떠난 화살은 먼 바다를 가르더니 검은 물체에 명중했습니다. 아폴론은 내심 좋아하며 아르테미스에게 박수를 보냈습니다. 잠시 후 출렁거리는 파도와 함께 그 검은 물체가 해변으로 밀려오자 아르테미스가 다가갔습니다. 아뿔싸! 그녀의 연인 오리온이었습니다.

그녀는 어이없고 기가 막혔습니다. 평생 독신을 고집하며 처녀로 살겠다고 마음먹은 그녀의 마음을 처음으로 열었던 첫사랑 남자를 자신의 손으로 죽였다니, 그녀는 한참을 통곡했습니다. 그리곤 잠깐 이었지만 진심으로 사랑했던 오리온을 하늘에 올려보내 별자리로 만들어주었습니다.

하늘로 올라간 오리온은 사냥꾼이었던 생전 모습 그대로 허리띠와 칼을 차고, 사자의 모피를 몸에 두르고 곤봉을 손에 쥔 채 자신이 머물 곳을 찾아 헤맵니다. 그의 뒤를 사냥개인 세이리오스가 따르죠. 세이리오스는 시리우스라고 부르는 개자리입니다.

그러나 아르테미스의 애틋한 마음에도 불구하고 오리온은 하늘에서도 여자 뒤를 따라다니는 버릇을 고치지 못했습니다. 아르테미스는 오리온이 하늘에서 심심하지 않게 사냥을 즐길 수 있도록 사냥 도구와 님프들을 보내주었지만 오리온은 님프들을 쫓아다니며 여자 사냥에 나섰습니다. 아틀라스의 딸들인 일곱 자매 플레이아데스는 뒤를 졸졸 따라다니는 오리온이 무서워 제우스에게 자신들을 구해달라고 부탁했습니다. 이를 불쌍히 여긴 제우스는 그녀들을 비둘기로 변신시켜 하늘의 별자리가 되게 해주었습니다.

지금도 겨울철 밤하늘을 올려다보면 가장 빛나는 별자리인 오리온의 모습을 확인할 수 있습니다. 그리고 그 곁으로 오리온을 따라다니던 충실한 사냥개 세이리오스와 플레이아데스 성단의 반짝이는 모습을 볼 수 있죠.

사랑이 아무리 우연으로 시작되어 인연에 이른다지만 사랑의 동기는 중요합니다. 서로가 정말 사랑해서가 아니라 질투나 경쟁의식 때문에 사랑한다면, 그 사랑의 결과는 불행으로 끝납니다. 사랑에도 절차가 필요합니다. 순수한 동기에서 출발해야 하고, 그 동기를 지혜롭게 살려 타인에게 아픔을 줘선 안됩니다. 나의 즐거움이 다른 사람에게 폭력이 되거나 상처를 준다면 약자인 상대는 나에게 복수를 할 수 없을지도 모릅니다. 그러나 나보다 강한 누군가에게 내가 행한 약자에 대한 앙갚음을 당할 수 있습니다. 동기가 불손하면 그 사랑은 비극으로 끝날 가능성이 높습니다.

알페이오스의 사랑을 시험한 아르테미스

사랑하는 이의 모든 것을 알고 있다고 확신했지만, 사랑하는 사람을 알아보지 못해서 사랑에 실패한 비운의 주인공이 있습니다. 바로 알페이오스라는 사냥꾼입니다.

그리스 신화에 등장하는 여신들 가운데 가장 냉정한 인물을 꼽으라면 아르테미스 신이 단연 최고입니다. 최고의 신 제우스와 덩치 큰 여신 레토의 딸, 아폴론과 쌍둥이 남매인 아르테미스는 사냥의 여신이자 처녀의 수호신입니다. 때문에 아르테미스는 항상 활을 가지고 다니면서 사냥을 즐기죠. 그는 자신을 따르는 님프들에게 순결을 지킬 것을 맹세하게 하고 만약 처녀성을 잃으면 혹독한 벌을 줍니다.

아르테미스 여신이 어느 날 님프들과 목욕을 하고 있었습니다. 마침 그곳을 지나가던 사냥꾼 악타이온이 우연히 그 장면을 보았습니다. 아르테미스는 그를 용서할 수 없었습니다. 곧바로 그를 죽이고 싶었지만, 마침 활이 너무 멀리 있었던 까닭에 악타이온에게 저주를 내려 그를 사슴으로 변신시켰습니다. 사슴이 된 악타이온은 자신을 알아보지 못하는 자기 사냥개들에게 물어뜯겨 죽고 말았습니다.

이런 비정한 여신이었음에도 사냥꾼 알페이오스는 용감하고 당당한 여신이 마음에 끌렸습니다. 그는 사냥꾼이 사냥감을 추격하듯 아르테미스를 줄기차게 쫓아다녔습니다. 하지만 그녀는 알페이오스가 자신을 따라다니는 것은 사랑보다는 숭배의 감정이라고 생각했습니다. 그래서 그녀는 그의 사랑을 받아들이는 대신 그를 시험해보기로 했습니다.

어느 날 아르테미스가 알페이오스 앞에 모습을 드러냈습니다. 그녀는 혼자가 아니라 시녀들을 대동하고 나타났는데, 다들 똑같이 얼굴에 진흙을 바른 채였습니다. 그녀들 중 아르테미스가 누구인지 맞춰보라는 것이 시험이었습니다. 아르테미스에겐 참 재미있는 놀이였지만 알페이오스에게는 가혹하기 짝이 없는 시험이었습니다. 그녀의 예상대로 알페이오스는 그 여인들 중에서 아르테미스를 찾아내지 못했습니다.

'내가 만일 진정으로 아르테미스를 사랑했다면, 진흙을 바르고 있었다고 해도 단박에 그녀를 알아봤어야만 했어. 나는 아르테미스를 사랑한 게 아니었나봐.'

이런 결론을 내린 그는 조용히 여신 곁을 떠났습니다. 첫사랑이 실패로 끝난 알페이오스는 그 시련을 담담히 받아들이고 다시 사냥에 열중했습니다. '여자로 인해 생긴 일은 결국 여자로 해결해야 한다.'는 말이 있듯이 그에게 두번째 사랑이 나타났습니다.

사냥을 하면서도 아련히 첫사랑의 여인을 떠올리며 상심하던 그는, 그날도 다른 날과 마찬가지로 강기슭에 앉아 잠시 상념을 달래고 있었습니다. 그러던 중 그의 시선을 사로잡는 여인이 있었습니다. 님프 아레투사가 강에서 옷을 벗은 채로 목욕을 하고 있었습니다. 그는 그녀를 보자마자 드디어 자기를 위해 찾아온 사랑이라고 확신했습니다. 그가 용기를 내어 목욕 중인 그녀에게 다가가자 아레투사는 깜짝 놀랐습니다. 숨을 곳도 없어 어쩔 줄 몰라 하는 그녀에게 그는 사랑을 고백했습니다. 알페이오스의 간절한 구애에도 불구하고 아레투사는 그 사랑을 거부했습니다. 그런데도 숙명적인 사랑이라고 생각한 알페이오스는 끊임없이 아레투사에게 사랑을 호소했습니다.

그때부터 알페이오스는 아레투사를 줄곧 따라다녔고, 그녀는 계속 그를 피했습니다. 견디다 못한 그녀는 끈질기게 자신을 쫓아다니는 그를 피해 이탈리아로 도망쳤습니다. 그렇게 도망치던 중 아레투사는 아르테미스를 만났습니다. 아레투사의 이야기를 들은 아르테미스는 그를 피할 수 있도록 그녀를 샘으로 변신시켰습니다. 그러나 그녀를 숙명적인 사랑이라고 확신한 알페이오스에게는 거칠 것이 없었습니다. 그녀를 단념하지 못한 그는 강으로 뛰어들어 스스로 강이 되었습니다. 강물이 된 그는 바다 밑으로 흐르고 흘러 아레투사의 샘물까지 흘러갔습니다. 그의 끈질긴 구애로 그들은 사랑을 이루고 지금도 그곳에서 같은 줄기의 물이 되어 함께 살고 있답니다.

연인들은 상대가 자신의 모습 그대로를 인정하지 않거나 바뀐 모습을 몰라주면 토라지거나 싸움을 걸곤 합니다. 눈을 감고도 그 사람의 모습을 떠올릴 수 있고, 손을 잡기만 해도 그 사람 손인지를 알아볼 수 있을 만큼의 관심을 가져주었으면 하고 바랍니다. 당연히 사랑할수록 관심은 깊어지고, 연인들은 서로가 서로를 가장 잘 안다고 자부합니다. 사랑하는 사람들이 서로 가장 잘 아는 사이여야 함은 당연합니다. 때문에 사랑하는 사이를 고백하기 어려운 자리에선 그냥 '아는 사람'이라고 소개하기도 합니다. 당연히 잘 알아야 하는 사이, 잘 아는 사이가 연인입니다. 그러면 우리는 사랑한다는 대상을 잘 알기는 할까요?

속절없이 끝난 아프로디테와 아도니스의 사랑

아프로디테는 사랑과 풍요를 책임 맡은 여신으로 많은 사람들의 사랑에 관여합니다. 결혼의 유대를 소중히 여기는 그녀지만 남성편력이 심하고 질투도 심해서 누군가가 자기를 모욕하거나 더 아름답다고 자처하면 절대로 그냥 두지 않았습니다. 상대가 누구이건 간에 용서치 않고 앙갚음을 했죠.

한 번은 자신에 대한 제례를 게을리 한 미르라에게 끔찍한 주술을 걸었습니다. 미르라로 하여금 아버지를 열렬히 사랑하게끔 만든 것입니다. 게다가 아버지를 속이고 아버지와 동침하지 않고는 견딜 수 없는 욕정을 부어주었습니다.

미르라의 아버지는 아프로디테 여신보다 자신의 딸 미르라가 아름답다고 공공연하게 자랑을 하고 다녔습니다. 게다가 미르라 역시 자신의 미모가 아프로디테보다 뛰어나다는 생각을 하고는, 아프로디테 섬기기를 게을리 했습니다.

보다 못한 아프로디테가 아들 에로스에게 미르라를 향해 저주의 화살을 쏘라고 시켰습니다. 에로스가 쏜 화살을 맞은 미르라는 아버지만 보면 욕정을 느껴 도무지 견딜 수가 없었습니다. 속이 탈대로 탄 그녀는 유모에게 심정을 고백했습니다. 유모는 미르라를 위해 그의 아버지에게 술을 잔뜩 마시게 한 후 동침하도록 도왔습니다. 그 결과 미르라는 아버지의 아이를 임신하게 되었습니다.

수개월 후 그녀의 임신 사실을 안 미르라의 아버지는 그녀를 죽이려 했습니다. 다급해진 신들은 그녀를 나무로 변신시켰습니다.

시간이 흘렀습니다. 어느 날 미르라가 변신한 나무에 변고가 생겼습니다. 사냥꾼에 쫓긴 멧돼지가 그만 나무에 부딪친 것입니다. 그 바람에 나무에 틈이 생겨 그 사이에서 미르라의 아이가 태어났으니 바로 아도니스였습니다.

어느 날 아프로디테는 아들 에로스와 장난을 하다가 그만 사랑의 화살에 가슴을 찔리고 말았습니다. 화살의 비밀을 알고 있던 그녀는 순간적으로 재빨리 아들을 밀쳐냈지만 이미 깊은 상처를 입은 뒤였습니다. 마침 그녀의 눈에 띈 첫 사람이 아도니스였습니다.

지독한 사랑에 감염된 여신 아프로디테는 이제 천상에 오르는 일보다 아도니스를 사랑하는 게 즐거웠습니다. 그날부터 아프로디테는 아도니스의 뒤를 따라다니며 하루하루를 보냈습니다.

이 세상에서 제일 미인이라는 자부심으로, 용모를 치장하는 데만 관심을 가지던 그녀가 이제는 아도니스를 따라 간편한 옷차림으로 숲속을 쏘다니기도 하고 산을 넘어 이리저리 돌아다녔습니다. 그녀는 아도니스와 함께 사냥개를 데리고 다니며 위험하지 않은 작은 짐승들을 사냥하곤 했습니다. 아도니스의 일거수일투족이 걱정되어, 늑대나 곰처럼 사냥꾼에게 덤벼드는 사나운 동물들을 재빨리 피하도록 그에게 주의시켰습니다.

샤를 조셉 나투아르, <아프로디테와 아도니스>(1740년, 미국 필라델피아미술관)

어느 날 중요한 회의가 열리는 바람에 그녀는 올림포스로 올라가야 했습니다. 그래서 아프로디테는 아도니스에게 세심한 주의를 주었습니다. 절대로 큰 동물을 사냥할 생각을 하지 말고 만만한 새 종류나 사냥하라는 것이었습니다. 그러고는 백조가 끄는 이륜차를 타고 하늘로 날아갔습니다.

아도니스는 그녀가 떠나자 기분이 좋았습니다. 아프로디테의 간섭을 받지 않고 마음껏 사냥할 수 있었기 때문입니다. 그는 아프로디테의 주의에 아랑곳하지 않고 멧돼지를 멋지게 잡아보겠다고 마음먹었습니다. 이제는 모험을 즐길 만큼 어엿한 청년이 되었다고 생각해 보다 강한 짐승을 사냥하고 싶었던 것입니다.

마침 그의 앞으로 멧돼지가 돌진해왔습니다. 용감하게 그는 멧돼지 옆구리를 창으로 힘차게 찔렀습니다. 제대로 찔렀다고 생각한 그는 의기양양했습니다. 그런데 그가 창을 빼내기 무섭게 멧돼지가 그를 덮쳐 그만 큰 상처를 입고 말았습니다.

아프로디테는 이륜차를 타고 하늘을 날다가 아도니스의 신음소리를 들었습니다. 피투성이가 된 아도니스를 발견한 그녀는 급히 올림포스에서 내려왔습니다. 그녀가 지상에 내려왔을 때에는 그토록 열렬히 사랑하던 아도니스가 이미 싸늘한 시체로 변한 뒤였습니다. 그녀는 연인의 시체 위에 엎드려 가슴을 치고 머리를 쥐어뜯으며 자신의 동료이기도 한 운명의 여신을 원망했습니다.

"앞으로는 어떤 승리든 운명의 여신의 승리로 돌리지 않으리라. 다만 나의 슬픔만이 언제까지나 남을 것이다. 나의 아도니스, 나는 그대의 죽음과 나의 이 슬픔을 매년 기리도록 할 것이다. 그대가 흘린 피는 꽃으로 변하게 할 것이며, 아무도 이를 말릴 수 없으리라."

그녀는 격한 슬픔에 간신히 말을 마치고는 아도니스의 피 위에 신들의 술 넥타르를 뿌렸습니다. 거품이 일기 시작하면서 핏빛의 붉은 꽃 한 송이가 피어났습니다. 하지만 그 꽃잎은 바람이 불자 이내 떨어지고 말았습니다. 바람이 불어 꽃망울을 열어주고, 다시 바람이 불면 지고 마는 꽃, 사람들은 그 꽃을 아네모네, 즉 바람꽃이라고 불렀습니다.

사랑이라는 감정은 우리의 바람과 달리 끊임없이 모습을 달리합니다. 처음에는 자신의 사랑이 영원할 것 같지만, 아주 작은 일에도 쉽게 식어버립니다. 사랑에 빠진 순간에는 죽어도 사랑할 것이라고 감히 맹세하지만, 오랜 시간 함께하다 보면 상대에 대한 신비감이 줄어듭니다. 하지만 사랑이란 감정은 모습만 바꾸어갈 뿐 본질은 그대로 남아 있습니다.

스킬라를 향한 글라우코스의 짝사랑

글라우코스는 고기 잡는 일에서는 둘째가라면 서러울 만큼 훌륭한 솜씨를 가진 어부였습니다. 그가 여느 때와 마찬가지로 강 한가운데 위치한 섬에서 고기를 잡고 있었습니다. 그는 콧노래를 부르며 그물을 끌어올렸습니다. 그러자 예상했던 대로 온갖 종류의 고기가 많이 올라왔습니다.

글라우코스는 풀밭으로 그물을 끌어올려 고기들을 쏟아놓고는 바닥에 앉아 종류대로 분류했습니다. 그런데 갑자기 풀 위에 놓아둔 고기들이 꿈틀대더니 마치 물속에서 헤엄치는 것처럼 지느러미를 움직이기 시작했습니다. 그는 깜짝 놀라 그 모습을 멍하니 바라봤습니다. 고기들은 갑자기 풀 위를 미끄러져서 강으로 달아났습니다. 그는 이것이 어떤 신이 요술을 부린 것인지, 아니면 고기들이 풀을 먹고 신비로운 힘을 갖게 된 것인지 도무지 알 수가 없었습니다.

아무래도 그는 고기들이 놓여 있던 풀에 신비의 힘이 들어 있을 거라고 생각하고 그 풀을 뜯어 조금 씹어보았습니다. 풀의 즙이 입에 닿자마자 이상한 기분이 들었습니다. 갑자기 강으로 뛰어들고 싶어진 그가 도저히 참을 수 없어 물속으로 풍덩 뛰어들었습니다. 그러자 강의 신들이 모두 몰려와 그를 새로운 동료로 받아들이며 반갑게 맞아 주었습니다. 게다가 강의 신들은 바다의 지배자인 오케아노스와 그의 아내인 테티스에게 글라우코스도 완전한 강의 신이 될 수 있도록 빌었습니다.

그들의 부탁을 받아들인 오케아노스는 글라우코스가 지니고 있던 인간의 감각과 의식을 모두 앗아갔습니다. 죽은 듯 꼼짝 않고 있다가 얼마 후 오랜 잠에서 깨어난 듯이 정신을 차린 글라우코스는 자신이 모습은 물론 마음까지 변한 것을 알아차렸습니다. 물빛 머리카락이 어깨 위에 길게 드리워지고 어깨는 아주 넓어졌으며, 가랑이와 다리엔 물고기 꼬리를 달고 있었습니다.

그의 모습을 본 강의 신들이 한결같이 찬사를 보냈습니다. 글라우코스는 낯선 존재로 변한 자신의 모습에 무척 당황했지만, 신들이 찬사를 보내자 자신도 신이 되었다는 생각이 들면서 자신의 모습이 자랑스러웠습니다. 보잘것없는 어부 신분에서 신비의 풀을 먹고 신이 된 글라우코스는 그날부터 싱글거리며 자기가 맡은 강물에 잠겨 흥겨운 날들을 보냈습니다.

그러던 어느 날 물 밖으로 머리만 내어놓고 수영하던 그가 스킬라라는 아름다운 처녀를 발견했습니다. 그녀는 혼자서 강가를 산책하고 있었습니다. 그곳은 님프들이 즐겨 찾는 아름다운 강가였는데, 강줄기를 따라 아늑한 곳에 사람들의 발길이 닿지 않은 맑은 샘 하나가 있었습니다. 그녀는 그곳에 이르자 맑은 물에 손과 발을 씻기 시작했습니다.

몰래 그녀의 행동을 지켜보던 글라우코스는 그녀의 모습에 반해 사랑에 빠지고 말았습니다. 용기를 내어 물 위로 모습을 드러내고는 그녀에게 말을 걸었습니다. 갑작스런 등장에 놀란 스킬라는 바다가 내려다보이는 절벽 위까지 도망쳤습니다. 너무나 그녀를 원하게 된 글라우코스가 그녀의 마음을 얻을 만한 이야기들을 모두 꺼내어 호소했습니다. 절벽 위에 서서 상대가 신인지 바다짐승인지를 확인하려고 몸을 돌려 아래를 내려다본 그녀는 글라우코스의 모습을 본 순간 깜짝 놀랐습니다. 그는 자신의 몸을 자랑스러운 듯이 물 위로 드러내고는 바위에 기댄 채 그녀에게 말했습니다.

"아가씨, 나는 괴물도 바다짐승도 아니라오. 나는 신이란 말이오. 프로테우스나 트리톤도 나보다는 높지 않답니다. 사실 나도 얼마 전까지는 아가씨와 마찬가지로 인간이었다오. 그런데 먹고 살기 위해 강에 고기 잡으러 갔다가 지금은 완전히 강에 속한 신이 되었소. 물론 강의 신이 되고는 얼마나 좋았는지 모르오. 하지만 지금 내 마음속엔 아가씨뿐이라오. 내가 만일 당신의 마음을 움직이지 못한다면 이런 이야기가 무슨 소용이 있겠소. 난 당신을 사랑하오."

그는 애절한 마음을 담아 사랑을 고백했습니다. 열정적인 구애에도 불구하고 그녀의 마음은 돌아서지 않았습니다. 끝내 스킬라는 그를 외면하고는 몸을 돌려 달아나버렸습니다. 글라우코스의 마음은 갈가리 찢어질 듯 아팠습니다.

체면을 구기며 보기 좋게 거절당한 그의 가슴은 쉬지 않고 부르르 떨렸습니다. 어떻게 해서라도 스킬라를 차지하고 싶은 마음을 억누르지 못한 글라우코스는 한 가지 묘안을 생각해냈습니다. 마법을 쓰는 여신 키르케에게 스킬라가 자신을 사랑할 수 있게 해달라고 부탁하기로 마음먹은 겁니다. 그는 서둘러 키르케가 사는 섬으로 달려가서 정중하게 인사를 하고는 그간의 사건을 이야기했습니다.

"키르케님, 한 여자를 사랑하는 제 고통을 헤아려주시고 제발 저를 도와주소서! 저의 이 아픈 마음을 제거할 수 있는 분은 당신뿐입니다. 제 모습이 변한 것도 약초의 효력 때문이라는 것을 잘 알고 있습니다. 키르케님, 저는 스킬라를 사랑합니다. 그녀에게 사랑을 구하고 맹세도 해보았지만 그녀는 저를 비웃고 달아나버렸습니다. 제발 마술을 써서라도 그녀가 저에 대하여 연정을 느낄 수 있도록 도와주소서."

키르케는 간절한 그의 눈빛을 바라보다 그 애절함에 끌려 짐짓 그의 마음을 떠보았습니다.

"그러지 말고 당신을 사랑해줄 새로운 애인을 구하는 것이 좋을 것 같은데요. 당신은 멋진 모습을 하고 있어서 누구에게나 사랑받을 수 있을 거예요. 당신을 좋아하지 않는 사람에게 헛되이 구애를 할 필요가 있을까요? 자신감을 가지세요. 당신은 충분히 그럴만한 가치가 있어요. 약초와 마법에 능한 여신인 나도 당신의 구애를 받으면 절대 거절하지 못할 걸요. 그녀가 당신을 비웃으면 당신도 그녀를 비웃으세요. 그리고 당신의 사랑을 기꺼이 받아들이는 이를 사랑하세요. 그렇게 하는 것이 스킬라에게 복수하는 셈이 되고 당신을 위해서도 좋은 일일 거예요."

하지만 스킬라에게 한눈에 반한 글라우코스의 마음은 변하지 않았습니다. 그가 대답했습니다.

"바다 가운데 나무가 자라고 산꼭대기에 물이 차는 순간이 온다 해도 스킬라를 사랑하는 마음은 변함이 없을 것입니다."

그의 말에 여신 키르케는 자존심이 상하고 무척 화가 났습니다. 하지만 그런 내색은 하지 않았습니다. 그렇다고 글라우코스를 벌할 수도 없었습니다. 아니 그를 벌하고 싶은 생각이 추호도 없었습니다. 키르케는 어느새 그의 순정에 반했고, 그의 모습에 왠지 모를 호감을 느꼈습니다.

키르케는 공연히 그 분노를 가엾은 스킬라에게 돌렸습니다. 그녀는 독이 든 약초를 몇 개 뜯어서 스킬라가 살고 있는 시칠리아 해안으로 갔습니다. 그곳은 더운 날이면 스킬라가 바닷바람을 쐬거나 목욕을 하기 위해 자주 나오는 곳이었습니다. 키르케는 바닷물에 독이든 약초를 넣고는 강력한 마력을 지닌 주문을 외웠습니다.

공교롭게도 그 시간에 스킬라는 평상시처럼 물속에 몸을 담그고 목욕을 즐기는 중이었습니다. 갑자기 주변 분위기가 섬뜩했습니다. 놀라서 물속을 들여다보자, 한 떼의 뱀과 극악하게 짖어대는 괴물이 눈에 들어왔습니다. 스킬라는 처음에 그 괴물이 자기를 향해 달려드는 것으로 알고 달아나려 했습니다. 그러자 그들도 한데 붙어 그녀를 따라왔습니다. 얼마 지나지 않아 그 괴물들이 다름 아닌 그녀 자신의 일부라는 것을 깨달았습니다. 키르케의 질투 때문에 그곳에 뿌리박힌 괴물이 되고 말았던 것입니다.

과거의 아름다운 모습이 온데간데없이 흉측해진 스킬라는 이제까지의 고운 마음씨까지도 모두 잃어버렸습니다. 스킬라는 글라우코스의 저주 때문에 자신이 괴물이 되었다고 생각하고는 어부만 나타나면 닥치는 대로 잡아먹었습니다.

오디세우스의 여섯 동료를 잡아먹었고, 아이네이아스의 배를 난파시키려고 덤벼들기도 했습니다. 결국 그녀는 흉측한 모습 그대로 굳어져서 바위가 되었습니다. 그 해안에 가면 암초가 된 스킬라가 지나가는 배를 난파시켜 선원들을 집어삼키고 있습니다.

◖⸾⸾⸾◗ ◖⸾⸾⸾◗ ◖⸾⸾⸾◗ ◖⸾⸾⸾◗ ◖⸾⸾⸾◗ ◖⸾⸾⸾◗ ◖⸾⸾⸾◗

그 사람이 아니면 정말 안 될 것 같은데, 그는 나에게 관심조차 갖지 않는 가혹한 형벌이 있으니 바로 짝사랑입니다. 하지만 사람들은 처참한 결과를 맞이하는 한이 있더라도 끊임없이 짝사랑을 온전한 사랑으로 완성시키고자 노력합니다. 짝사랑도 사랑은 사랑입니다. 그 고통은 나를 돌아보게 하고 고민하게 만들어 성숙하게 해줍니다. 하지만 아무리 사랑해도 상대가 받아주지 않는 짝사랑은 내려놓을 줄도 알아야 합니다. 상대가 자신의 노력을 받아주지 않고, 여전히 받아들이지 않는다면 상대의 괴로움을 위하여 가만 물러서는 것이 상식입니다. 그럼에도 상대를 나의 사람으로 삼으려 하면 나는 좋아도 상대는 무척 괴롭습니다. 양쪽 손바닥이 맞아야 소리가 나듯 사랑 역시 그렇습니다.

에오스와 티토노스의 진실한 사랑

올림포스 여신 중에서 최고의 멋쟁이는 새벽의 여신 에오스입니다. 에오스는 쌍두마차를 타고 매일 새벽마다 하늘을 가릅니다. 오빠 헬리오스가 붉은 태양마차를 운전할 채비를 할 때면 그녀는 장밋빛 붉은 손가락으로 밤의 장막을 거두어들이고 그 자리에 꽃을 뿌립니다. 꽃과 함께 하늘에 나부끼는 그녀의 옷자락은 멋진 장관을 연출합니다. 에오스의 마차는 눈이 부실 정도로 밝은 빛을 내뿜는 파에톤과 람포스라는 두 말이 끌어줍니다.

에오스는 티탄 신족인 히페리온과 테이아의 딸로, 아버지 히페리온은 태양을 다스렸습니다. 아버지 뒤를 이어 에오스의 오라버니 헬리오스가 태양을 맡았고, 여동생 셀레네는 달을 맡았습니다. 그리고 에오스는 오라버니의 아침 길을 열어주는 역을 맡았죠. 그래서 그녀는 새벽이면 헬리오스보다 먼저 일어나서 길을 엽니다. 커다란 치맛자락을 흔들어 어둠을 쓸어내면 어둠은 그녀의 치맛바람에 날려 흩어집니다. 그리고 잠시 후에 헬리오스가 네 마리 말이 끄는 불의 수레를 타고 동쪽에서 솟아오릅니다.

헬리오스는 긴 타원형을 그리며 하늘을 가로질러 서쪽으로 넘어가

기까지 낮을 주관합니다. 그 다음엔 셀레네가 헬리오스를 따라가며 밤의 장막을 칩니다. 그렇게 세 남매의 교대로 하루하루가 흘러갑니다.

이 용감한 세 남매는 경쟁이라도 하듯 많은 상대와 연애를 해 온갖 추문들이 끊이지 않았습니다. 그중 에오스의 남성편력이 특히 심했는데 그는 육체적인 욕망만을 채우기에 급급했습니다. 그녀의 첫 남자는 티탄 신족인 아스트라이오스였습니다. 둘은 밤낮 없이 격정적인 사랑을 나누었습니다. 이들 사이에서 네 명의 아이가 태어나 바람과 별을 주관하는 신이 되었습니다. 제피로스는 서풍을, 노토스는 남풍을, 보레아스는 북풍을, 헤스페로스는 저녁별을 맡았죠.

그녀는 젊고 아름다운 남자들을 찾아다니기 시작했습니다. 그러던 중에 풍요의 여신 아프로디테의 연인 아레스와 남몰래 연애를 시작했습니다. 이를 알아차린 아프로디테는 분노를 참지 못하고 에오스에게 저주를 내렸습니다. 그녀와 사랑을 나눈 모든 인간 남자들의 목숨을 앗아가버리는 저주였습니다.

그럼에도 에오스는 남성 편력을 멈추지 않았습니다. 에오스는 아름다운 청년을 만날 때마다 그를 유혹해 잠자리를 가졌고, 그때마다 아프로디테는 그들을 찾아내 여지없이 목숨을 빼앗았죠. 에오스는 그들의 죽음에도 아랑곳하지 않고 새로운 상대를 찾아 욕망을 채웠습니다.

어느 날 에오스에게도 진실한 사랑이 찾아왔습니다. 티토노스였습니다. 그는 트로이의 왕 라오메돈의 아들로 티토노스를 향한 에오스의 사랑은 점점 깊어갔습니다. 에오스는 자신과 사랑을 나눈 남자는 모두 죽는다는 저주 때문에 진정으로 사랑하는 티토노스가 저주

프란체스코 솔리메나, <티토노스에게 작별을 고하는 새벽의 여신 에오스>(1704년, 미국 폴 게티 박물관)

를 받을까봐 이러지도 저러지도 못하고 애만 탔습니다. 그러나 그를 품에 안지 않고는 못 견딜 것 같아서 에오스는 그를 일단 유혹하기로 했습니다.

그 어떤 날보다 신경 써서 곱게 차려입은 에오스가 쌍두마차를 타고 티토노스에게 접근합니다. 티토노스는 에오스의 아름다운 외모도 그렇지만 무엇보다 화려한 쌍두마차에 이끌려 그녀에게 관심을 보입니다. 에오스는 부드럽고 감미로운 목소리로 말을 건넸습니다.

"티토노스, 그렇게 머뭇거리지 말고 마차에 타요. 저 아름다운 하늘을 가르며 잠시 산책이나 하는 건 어때요?"

그가 머뭇거리자 그녀는 얼른 그의 팔을 잡아당겼습니다. 티토노스가 못 이기는 체하며 마차에 올라타자 그녀는 빠른 속도로 마차를 몰아 하늘을 향해 내달렸습니다. 한참을 달려 어디인지 가늠할 수 없을 먼 곳으로 그를 데려간 에오스는 드디어 마차를 멈추었습니다. 그리곤 잠시 쉬었다 가자면서 그를 유혹했습니다. 티토노스는 납치당한 신세였지만 매력적인 에오스의 몸매를 보자 그리 싫지만은 않았습니다. 둘의 사랑은 점점 깊어갔습니다. 사랑하는 이와 환희에 가득 찬 밤을 보낸 에오스는 다음 날 티토노스와 함께 올림포스의 최고 신 제우스를 찾아갔습니다. 그리고는 간절히 요청했습니다.

"제우스님! 저는 이 남자를 정말로 사랑해요. 제발 아프로디테의 저주에서 벗어나 이 남자가 우리들처럼 영원히 살 수 있도록 해주세요."

그녀의 간곡한 청에 못 이긴 제우스는 티토노스에게 영원한 삶을 허락해주었습니다. 사랑하는 이를 얻은 에오스는 티토노스를 영생불사의 몸으로 만들어주고, 그와 함께 행복한 나날을 보냈습니다. 그들은 두 명의 아들을 얻었는데, 장남 멤논은 훗날 에티오피아의 왕이 되고, 차남 에마티온은 아라비아의 왕이 됩니다.

그런데 세월이 흐르자 티토노스가 다른 사람들처럼 늙기 시작했습니다. 아뿔싸, 그녀는 티토노스에게 영원한 생명을 허락해 달라고 했지 영원한 젊음은 부탁하지 않았음을 깨닫습니다. 티토노스가 늙어가자 에오스의 마음은 너무도 아픕니다. 진심으로 티토노스를 사랑하기 때문입니다. 지난날 그토록 아름다웠던 티토노스의 모습을 떠올리며 빙그레 미소를 짓다가도, 막상 주름 가득한 그의 모습이 눈에 들어오면 슬퍼집니다.

티토노스가 늙어가면서 그녀의 사랑도 점점 식어갔습니다. 그의 머리가 백발이 되자 그녀는 그와 더 이상 사랑을 나누지 않았습니다. 마침내 에오스는 그를 침실에 가두고는 음식으로 꿀만 내주며 홀로 외롭게 내버려두었습니다.

나중에는 몸을 가눌 수 없을 정도로 쇠약해졌습니다. 자신의 처지를 서글퍼한 티토노스는 계속 혼잣말을 지껄였습니다. 그런 그에게 화가 난 에오스는 급기야 티토노스를 매미로 만들어버렸습니다. 다시 혼자가 된 에오스는 매일 새벽마다 어둠의 장막을 걷으면서 새로운 상대를 찾고 있습니다.

⟨⟨⟨⟨⟩⟩⟩⟩

진실한 사랑이든 쾌락적인 사랑이든 사람은 사랑 없이는 너무나 외롭습니다. 바람기가 다분한 사람은 더더욱 사랑 없이는 못 삽니다. 그럼에도 그런 사람들에게도 진실한 사랑은 찾아옵니다. 진실한 사랑을 못 찾아 떠돌 뿐입니다. 안주할 사랑, 그 사랑을 찾아 사람들은 이 사랑 저 사랑 기웃거립니다. 사실 안주할 사랑은 찾는다고 찾아지는 게 아니라 내 안에 있을 뿐인데, 내마음에 달려 있는데, 여기저기 기웃댑니다. 내 안에서 내 앞에 있는 사람을향한 진실한 사랑을 만들어야 합니다.

수다로 망친 에코의 사랑

　에코라는 님프는 수다를 무척이나 좋아했습니다. 말하기를 너무 좋아한 나머지 어떤 자리에서건 늘 수다를 떨었습니다. 잡담을 하건 의논을 하건 말이 오가는 자리에서 마지막까지 지껄이는 것은 에코의 몫이었습니다. 그녀는 시도 때도 없이 조잘댔습니다. 그럼에도 사냥의 여신 아르테미스는 그녀를 무척 예뻐했습니다. 숲에서 혼자 지내는 아르테미스에게 에코는 애교덩어리였습니다. 때문에 수다쟁이 에코는 사냥을 즐기는 아르테미스를 졸졸 따라다녔습니다.

　그러던 어느 날 에코는 그놈의 말버릇 때문에 헤라에게 무서운 벌을 받았습니다. 아름다움에 있어서 둘째가라면 서러워할 여신 헤라는 제우스와 결혼하면서 성격이 완전히 달라졌습니다. 제우스의 끝없는 바람기 때문이었습니다. 제우스는 늘 헤라로부터 의심 받고 있었으나, 용케도 들키지 않고 다른 여인들과 곧잘 바람을 피우곤 했습니다. 헤라는 제우스의 바람기에 심증은 있었지만 확실한 증거를 찾지 못해 늘 그의 뒤를 밟았습니다.

　그날도 제우스는 여전히 님프들과 사랑을 나누고 있었습니다. 헤라가 낌새를 감각적으로 알아차리는 건 당연했습니다. 득달같이 달려오는 헤라를 떼어놓으려니 제우스는 마음이 급했습니다. 그래서 에코에게 어떻게든 헤라를 따돌려달라고 부탁했습니다. 그러지 않아도 수다를 떨고 싶어 안달이었던 에코는 제우스의 부탁을 받자 신이 났습니다. 자신의 말 실력을 인정받고 싶었습니다.

헤라가 다가오자 에코는 얼른 앞으로 나서서 말을 걸었습니다. 헤라는 처음엔 마음이 바빠 에코를 애써 피하려 했으나 어느새 그의 흥미진진한 이야기에 넘어갔습니다. 에코의 말솜씨에 걸려들어 이야기를 듣는 데 정신이 팔렸습니다. 얼마 후 헤라가 제우스와 에코의 속셈을 눈치 챘을 땐 이미 제우스는 어디론가 사라진 후였습니다. 불같이 화가 난 헤라가 에코에게 저주를 내렸습니다.

"네 년이 감히 내 남편과 작당해서 나를 속였겠다. 네가 그토록 말하기를 즐겼는데, 앞으로는 말을 할 수는 있겠지만 네가 원하는 말을 하지 못할 것이다. 너는 절대로 남들보다 먼저 말을 하지 못할 것이다. 대신 대답은 할 수 있게 해주마. 하지만 대답 중에서도 상대가 한 말 중에 맨 마지막만 따라할 수 있을 것이다."

그토록 말하기를 좋아하던 에코는 자신의 수다 버릇 때문에 형벌을 받았습니다.

그런데 공교롭게도 이 무렵에 에코에게 사랑이 찾아왔습니다. 에코가 자주 거니는 숲속에 나르키소스라는 젊은이가 친구들과 사냥을 오곤 했는데, 그만 한눈에 그에게 반한 것입니다. 사랑에 홀랑 빠진 에코는 당장이라도 그에게 사랑 고백을 하고 싶었습니다. 그러나 그녀는 헤라의 저주를 받아 말꼬리 흉내만 낼 수밖에 없었습니다.

그녀는 나르키소스가 먼저 입을 열기만을 애타게 기다리는 수밖에

키라바조, <나르키소스>(1597~99년, 이탈리아 로마 국립고대미술관)

없었습니다. 기다리는 그 시간들은 너무도 길었습니다. 그녀는 그의 뒤를 계속해서 따라가며 그가 말하기를 기다렸습니다. 이제나저제나 나르키소스가 돌아보기만을 기다렸습니다. 말이라도 걸어주면 참 좋겠다 싶었습니다. 에코는 대답할 말을 미리 준비하고 그렇게 하릴없이 그를 따라다녔습니다.

오랜 기다림 끝에 드디어 나르키소스와 이야기를 나눌 절호의 기회가 생겼습니다. 나르키소스가 숲속으로 너무 깊이 들어와 동료들과 떨어지고 말았습니다. 그는 동료들을 찾기 위해 여기저기 두리번거렸습니다. 어디선가 인기척을 느낀 그가 소리 나는 쪽으로 고개를 돌리며 소리쳤습니다.

"거기 누구 있나?"

그 인기척은 늘 그를 몰래 따라다니던 에코의 숨소리였습니다. 나르키소스의 부름에 이때다 싶어 에코는 "여기 있어요."라고 대답하려 했지만, 그녀의 입에서 나온 소리는 단지 "있나?"라는 대답뿐이었습니다. 나르키소스는 사방을 둘러보았지만 아무도 발견하지 못하고 다시 외쳤습니다.

"거기 누가 있으면 이리 나와!"

에코는 "네, 나갈게요."라고 대답했습니다. 그러나 그녀의 입에서 나온 말은 다시 "나와!"였습니다. 에코는 미칠 지경이었습니다. 그토록 기다리던 순간인데, 사랑하는 사람을 앞에 놓고 말을 제대로 할 수 없었습니다.

대답은 틀림없이 들리는데 아무도 나타나지 않자, 나르키소스는 "왜 나를 피하니?"라고 짜증 섞인 목소리로 다시 소리쳤습니다. 역시 에코는 "피하니?"라고 대답했습니다. 다시금 나르키소스가 "그러지 말고 우리 함께 가자!"라고 말했습니다. 그 말에 그녀의 가슴은 벅차올랐습니다. 얼마나 듣고 싶었던 말인가요! 그녀는 너무나 기쁜 나머지 "가자!"라고 외친 뒤 나르키소스 앞으로 급히 달려갔습니다. 그리고는 그에게 다가서며 그를 껴안으려 했습니다. 갑작스럽게 등장한 그녀의 몸짓에 나르키소스는 기겁하며 뒤로 물러서면서 외쳤습니다.

"저리 가란 말이야! 네가 나를 붙잡는다면 차라리 나는 죽어버리겠어."

'제발 나를 안아주세요.' 그녀는 마음속으로 애원했지만 그는 매정하게 그녀를 밀어냈습니다. 에코의 눈에서 설움의 눈물이 줄줄 흘러내렸습니다. 얼마나 큰 용기를 내서 사랑의 고백을 했던가요! 그녀는 슬픔을 주체하지 못하고, 두 손으로 얼굴을 가린 채 숲속으로 숨어버렸습니다.

그날부터 그녀는 동굴 속이나 깊은 산 속에 남몰래 숨어 지냈습니다. 그녀가 할 수 있는 일이라고는 숲속에서 누군가 외치면 끝마디만 흉내 내는 것뿐이었습니다. 그렇게 슬픔에 잠겨 살다보니 그녀의 몸은 나날이 야위어갔습니다. 결국 살이란 살은 다 사라지고, 남아 있는 그녀의 뼈마저도 바위로 변했습니다. 그녀의 몸에 남은 것이라고는 목소리뿐이었습니다.

그 후 비운의 님프 에코는 누군가가 소리를 질러야만 때로는 수줍게 마지막 두 음절을 따라합니다. 크게 소리치면 흉내를 내며 조금은 굵은 목소리로 따라합니다. 진실한 사랑을 했지만 수다를 떨다 정작 사랑의 표현도 제대로 못하고, 사랑을 이루기는커녕 잔인하게 버림받은 비운의 님프 에코였습니다.

말은 자칫 잘못하면 침묵만 못합니다. 말은 많이 하면 실수가 따르기 때문입니다. 특히 남의 일에 끼어들면서 하는 말은 다른 이에게 깊은 상처를 줄 수도 있습니다. 사랑이 속절없이 깨지는 이유도 말 때문인 경우가 있습니다. 적절한 말은 아름답지만 도가 지나친 말은 상처를 주는 무기요 흉기입니다. 그래서 생텍쥐페리는 <어린왕자>에서 "말은 하지 마. 말은 오해의 씨앗이야"라고 여우의 입을 통해 말합니다. 때로 침묵보다 말이 나을 때도 있지만 대부분의 경우 말은 오해의 씨앗, 불화의 씨앗입니다. 말로 상대에게 화를 입히기도 하지만 그 결과는 결국 나에게 미칩니다. 말은 조심 또 조심해야 합니다.

에코의 저주 받은 나르키소스의 자기 사랑

　　수많은 님프와 인간 여성들이 지상 최고의 미남 나르키소스에게 사랑을 고백했습니다. 그러나 나르키소스는 그들을 본체만체했습니다. 그에게 무시당한 많은 여성들은 자존심에 큰 상처를 입었습니다.

　그에게 사랑을 고백했다가 완전히 무시당한 에코 역시 너무 마음이 아팠습니다. 그녀는 신들에게 나르키소스로 하여금 진정한 사랑이 무엇인지, 사랑을 거부당한 상대의 감정이 얼마나 서글픈지, 얼마나 가슴 아픈 일인지 깨닫게 해달라고 간절히 기도했습니다. 또한 자신이 아파하는 만큼 나르키소스도 아픔을 당하게 해달라고 기도했습니다. 에코의 간절한 기도를 듣다 못한 복수의 여신 네메시스가 그녀의 소원을 들어주기로 했습니다.

　나르키소스가 사냥을 즐기는 숲속에는 아주 맑고 시원한 물이 퐁퐁 솟는 샘이 있었습니다. 너무나 맑고 깨끗해서 신성한 샘물로 알려진 이 샘물은 나뭇잎이나 가지가 떨어져 더러워지는 일조차 없을 정도로 항상 투명했습니다. 그래서 숲의 짐승들도 그 샘물만은 피해 가곤 했습니다.

어느 날 나르키소스가 사냥을 즐기다가 더위를 피하고자 이 샘을 찾았습니다. 몸을 굽히고 물을 마시려던 순간 그는 수면에 비친 아름다운 이의 모습을 보았습니다. 물을 마시려다 말고 나르키소스는 샘을 들여다보며 감탄하여 떨리는 목소리로 수줍게 말했습니다.

"당신은 정말 아름답군요. 말하는 입술 모양은 어쩜 그리 곱나요?"

그 모습이 자기 자신이라는 것을 모른 채 그는 감탄하며 그 자리에서 꼼짝하지 않았습니다. 실제로 수면에 비친 그의 모습은 정말 아름다웠습니다. 맑게 빛나는 두 눈, 고운 머리칼, 예쁜 홍조를 가득 띤 두 볼, 보드라운 입술, 다부진 몸매까지…… 누구라도 그 모습을 보면 사랑을 느끼지 않을 수 없을 만큼 완벽한 아름다움이었습니다.

그는 못에 박힌 듯 꼼짝도 하지 않은 채 수면만 들여다보았습니다. 그렇게 도도하던 그가 그 아름다운 모습에 취해 자신도 모르게 입맞춤하려고 수면에 입술을 댔습니다. 그러자 아름다운 입술이 촉촉하게 젖었습니다. 그는 다시 그와 포옹하려고 팔을 물속으로 집어넣었습니다. 그러자 상대가 금방 사라져버렸습니다. 그가 몸을 약간 일으키자 아름다운 사람은 이내 샘 속으로 돌아와서 다시 아름다움을 발산했습니다.

나르키소스는 도저히 그곳을 떠날 수 없었습니다. 그때부터 그는 먹는 것도 잠자는 것도 잊은 채 언제까지나 샘 곁에서 서성거리며 아름다운 사람의 모습만 바라보았습니다. 그가 다가가 포옹하려 하면 그 사람은 달아나고, 그가 다시 조금 떨어지면 그 사람은 다시 찾아와 그를 사랑 가득한 눈으로 바라보았습니다. 나르키소스는 안타까운 마음에 그에게 말을 걸었습니다.

"아름다운 사람, 당신은 왜 나를 피하기만 하는 건가요? 그렇게도 내 마음을 모르시나요? 나를 사랑하는 님프들이 많았지만 난 그들을 다 물리치고, 이제 그대를 사랑하기로 마음먹었는데……. 내가 팔을 내밀면 그대도 내밀고, 내가 미소 지으면 그대도 미소를 짓고, 내가 손짓을 하면 그대도 손짓을 하면서 왜 안기지는 않는 거요?"

그는 진정으로 애타는 사랑을 고백했습니다. 그러나 물속의 사람은 대답이 없었습니다. 그는 너무나 아름다운 사람을 향해 눈물을 흘렸습니다. 그의 눈물이 샘물에 떨어져 아름다운 사람의 모습을 흔들었습니다. 그는 물속의 상대가 떠나는 것을 보고 외쳤습니다.

"제발, 단 한 번만이라도 안아보게 해주세요. 당신을 안을 수 없다면 단지 바라보면서라도 살게 해주오."

나르키소스는 그날 이후 단 한 번도 그 샘을 떠나지 않았습니다. 매일같이 사랑하는 사람을 들여다보며 울고 웃었습니다. 그렇게 시간이 흐르자 나르키소스의 매력적인 모습도 점점 초췌해졌습니다. 물속의 그 모습도 초췌해져 갔지만 그의 사랑은 변하지 않았습니다.

나르키소스를 끝내 잊지 못하고 따라다니던 에코는 소리로만 남아 그의 곁을 맴돌았습니다. 그가 물속의 모습을 들여다보며 "아아!" 하고 탄식할 때면 에코도 그의 곁에서 "아아!" 하고 똑같이 외치며 안타까워했습니다. 결국 자신의 모습을 사랑한 나르키소스는 혼자 가슴을 태우다가 죽고 말았습니다. 그는 죽는 날까지도 그 물속에 비친 이가 자신이라는 걸 몰랐습니다.

그토록 아름다웠던 나르키소스는 자기의 모습만을 사랑하다 죽었고, 그 아름다운 이를 더 이상 볼 수 없게 된 물속의 님프들은 너무나 애석했습니다. 서글픈 마음에 님프들은 나르키소스의 시신을 거두어 화장해주려고 했지만, 시신은 온데간데없이 사라지고 대신 한 송이 꽃이 그 자리에서 피었습니다. 사람들은 그 꽃을 나르키소스(수선화)라 불렀습니다.

끝끝내 자기만을 사랑하다 죽음에 이른 나르키소스, 다른 사람의 모습은 쳐다보지도 않고 오직 샘에 비친 자신의 모습만 사랑하다 죽은 나르키소스, 그의 이름을 딴 나르시시즘은 심리학에서 자기애착, 자아도취를 뜻합니다.

0세에서 6세까지를 영유아기라고 합니다. 이때는 엄마와 아이의 관계가 중요한 영향을 미칩니다. 자기애에서 대상애로 나아가야 하는데, 그렇지 못하면 자기애에 머물러 나르시시스트가 됩니다. 정상적인 사랑을 하지 못한다는 의미지요. 때문에 이 시절에 엄마가 아이를 어떻게 대하느냐가 중요합니다.

4.
순수한 인간들,
사랑의 숲에 뛰어들다

"여신이시여,
제게 간절한 소원이 하나 있습니다.
신실한 마음으로 원하건대,
나에게 나의 조각상처럼 아름다운 여인을
아내로 점지하여 주십시오."

피라모스와 티스베의 지고지순한 사랑

고대 바빌로니아에 아주 잘생긴 청년 피라모스와 이 나라에서 가장 아름다운 처녀 티스베가 살았습니다. 두 젊은이는 바로 담하나를 사이에 둔 이웃이었습니다.

이들은 누가 먼저랄 것도 없이 서로 사랑의 감정을 마음에 두기 시작했습니다. 보기만 해도 가슴이 두근거리고 손끝이라도 닿을라치면 짜릿한 전율이 일어났지만, 정작 만날 때면 몇 마디 말도 제대로 나누지 못한 채 속만 태우며 돌아오곤 했습니다.

이런 감정이 사랑임을 깨달은 그들은 서로의 마음을 확인한 후 결혼하기로 약속했습니다. 그런데 양가 부모들은 펄쩍 뛰었습니다. 이들은 아주 가까운 이웃이었으나 철천지원수처럼 벽을 쌓고 살아온 사이였습니다. 부모는 모두 이들의 결혼을 결사반대했습니다. 그럴수록 이들의 가슴에 타오르는 사랑의 불꽃은 더욱 강렬해졌습니다. 한시라도 보지 않고는 견딜 수 없을 만큼 마음의 불길이 타올랐습니다.

두 사람은 몸짓과 눈짓으로 마음을 전하며 사랑의 밀어를 속삭이던 추억들을 떨칠 수가 없었습니다. 어떻게든 다시 만나고 싶은 간절함에 밖으로 나갈 여러 핑계거리를 찾았습니다. 하지만 그때마다 발각되어 결국은 두 사람 모두 아예 외출을 금지 당했습니다.

그런데 마침 이웃하고 있는 이 두 집 사이의 벽에 틈이 한 곳 있었습니다. 이를 먼저 발견한 티스베의 기쁨은 이루 말할 수 없었습니다. 목소리를 직접 들을 수 있다는 것만으로도, 아주 작은 부분밖에 보지 못하지만 틈 사이로 그 모습을 볼 수 있다는 것만으로도, 서로를 느끼며 입김을 나눌 수 있다는 것만으로도 그들은 가슴 벅찼습니다.

두 사람은 서로 벽을 마주한 채 사랑의 밀어를 속삭이다가 밤이 되면 벽에 입맞춤을 하고는 다음을 기약하며 집으로 돌아오곤 했습니다. 그리고 다시 새벽의 여신이 찾아올 무렵, 그들은 그 벽의 작은 틈 앞에서 만나곤 했습니다.

아쉬움만 가득한 만남을 지속하던 끝에 서로의 얼굴을 직접 마주하지 않고는 더 이상 견딜 수 없을 지경에 이르렀습니다. 그들은 용기를 내어 모든 가족이 잠든 후 마을의 경계 너머 니노스의 무덤이라고 불리는 유명한 영묘 옆 나무 아래서 만나기로 약속했습니다. 즉 보름달이 그 나무에 걸리면 그 밑에서 만나기로 약속했습니다. 그 나무는 흰색 뽕나무로 맑고 시원한 물이 솟아나는 샘 곁에 있었습니다.

그들은 다시 만날 밤이 오기를 애타게 기다렸습니다. 그렇게 기다리던 밤이 오자 얼굴을 베일로 가린 티스베가 가족 몰래 집을 빠져나와 약속한 나무 밑으로 갔습니다. 그녀는 1초를 천 년처럼 느끼며 이제나저제나 피라모스가 오기를 기다렸습니다.

고즈넉한 보름달 속에 홀로 서 있던 그녀 앞에 갑작스레 사자 한 마리가 어슬렁거리며 나타났습니다. 사자는 방금 짐승을 잡아먹고는 목이 말라 물을 마시려고 오는 참이었습니다. 지독한 피비린내를 풍기며 사자가 다가오자 그녀는 급히 달아나느라 머리에 쓰고 있던 베일이 떨어지는 것도 모르고 멀리 떨어진 바위 뒤로 몸을 숨겼습니다.

사자는 샘에서 물을 마신 후 숲속으로 돌아가려다, 땅에 떨어진 베일을 보더니 피 묻은 입으로 갈기갈기 찢어버리고는 유유히 숲속으로 사라졌습니다.

피라모스는 늦게 약속장소로 출발했습니다. 티스베가 기다릴 생각을 하니 마음이 급했습니다. 가는 길에 바닥에서 사자 발자국을 발견하고는 혹여 티스베에게 무슨 일이 생긴 것은 아닌지 떨리는 가슴을 부여잡고 약속 장소로 뛰어갔습니다. 잠시 후 갈기갈기 찢어진 피투성이 베일을 발견한 순간 그의 심장은 부서질 듯 아팠습니다. 그는 눈물을 펑펑 쏟으며 울부짖었습니다.

"오, 가엾은 티스베, 그대는 나 때문에 죽은 것인가요? 내 사랑, 그대가 죽다니 나는 어찌 살란 말이오. 이 무서운 장소로 불러놓고 내가 늦게 와서 당신을 죽게 만들다니! 난 더 이상 살 수 없소. 나도 그대를 따라 저승세계에 가서 그곳에서 당신을 만나리다."

피라모스는 울부짖으며 그녀의 베일을 들고 약속장소로 정했던 나무 밑으로 갔습니다. 그는 나무에 한없는 입맞춤을 하며 나무가 눈물로 흥건히 젖을 정도로 슬픔을 가누지 못했습니다.

"나의 피로 너의 몸을 물들이리라."

마지막으로 이 말을 남긴 채 피라모스는 칼을 빼어 가슴을 찔렀습니다. 칼에 찔린 상처로부터 피가 샘솟듯 흘러내려, 뽕나무 주변을 붉게 물들였습니다. 이내 피는 땅 위로 흘러 뽕나무 뿌리로 스며들었고, 그 붉은 빛깔이 줄기를 타고 열매에까지 올라갔습니다.

사자에게 잡아먹힐까 무서워 꼼짝도 못하고 있던 티스베는 자신을 애타게 기다릴 피라모스를 생각하고는, 그제야 용기 내어 조심조심 걸어 나왔습니다. 그녀는 무엇보다 빨리 그를 만나 자신의 모험담을 얘기해주고 싶었습니다.

그런데 약속장소에 도착했을 때 뽕나무 열매가 빨갛게 변한 것을 보고는 순간 장소를 잘못 찾았나 의심했습니다. 그러다가 나무 곁에 쓰러져 있는 피투성이 사람을 발견하고는 주춤 물러섰습니다. 두려움이 그녀의 몸을 감싸고 머리끝까지 치달았습니다. 가까스로 정신을 가다듬고 그 사람 곁으로 다가가자, 두려움은 이내 절망으로 바뀌었습니다. 다름 아닌 연인 피라모스였습니다.

티스베는 가슴을 마구 치며 흐느꼈습니다. 그리고는 그를 얼싸안고 그의 상처에 눈물을 쏟으며, 이미 싸늘히 식은 그의 입술에 자신의 입술을 포개고는 미친 듯이 키스를 퍼부었습니다.

"오, 피라모스! 이게 어찌된 일인가요. 말 좀 해봐요. 제발 한 번만 눈을 떠봐요!"

피라모스는 간신히 눈을 떴다가 다시 감아버렸습니다. 그제야 티스베는 피에 젖은 자신의 베일과 피라모스의 칼집에 칼이 없는 것을 보고는 그가 자살했음을 깨달았습니다.

"다 내 잘못이에요. 당신은 베일을 보고 내가 사자에 물려 죽은 줄 안 거군요. 이를 어째! 난 이렇게 멀쩡히 살아 있는데 당신은 자결이라니요. 당신은 나를 그토록 사랑했군요. 나도 당신을 따라 죽겠어요. 죽음이 당신과 나 사이를 갈라놓았지만, 죽음도 내가 당신 곁으로 가는 것을 막지는 못할 거예요. 부모님, 우리 두 사람의 소원을 저버리지 말아주세요. 사랑하는 우리 두 사람을 한 무덤에 묻어주세요. 그리고 뽕나무야, 너는 우리의 죽음을 기억해주렴. 너의 열매로 우리의 피를 기억해 다오."

말을 마친 티스베는 피라모스의 몸에 꽂힌 칼을 뽑아 자신의 가슴을 깊숙이 찔렀습니다. 그러자 뜨거운 피가 솟구쳐 두 사람의 몸을 피로 물들이기 시작했습니다. 그렇게 해서 두 사람은 한 날 한 시에 죽었고, 신들도 이들의 소원을 받아들여 두 사람은 한 무덤에 묻혔습니다. 그 이후로 뽕나무는 오늘날까지 새빨간 열매를 맺게 되었다고 합니다.

❧ ⸎⸙ ❧ ⸎⸙ ❧ ⸎⸙ ❧ ⸎⸙ ❧

부모의 반대나 주위 방해가 심할수록 남녀 간의 애정이 깊어지는 현상을 로미오와 줄리엣 효과(Romio & Juiliet effect)라고 합니다. 자신의 선택이 가족이나 주변에 받아들여지지 않는 데 대한 반발 심리로 두 사람의 결속이 더 깊어지고 막다른 벽에 부딪치면 극단의 선택을 하고 마는 현상입니다. 셰익스피어의 비극과 유사한 이야기가 이미 그리스 신화에 등장합니다. 바로 피라모스와 티스베의 비극적인 러브스토리입니다.

피그말리온의 꿈을 이룬 사랑

키프로스 왕 피그말리온은 자신이 다스리던 나라의 모든 여자들에게 실망했습니다. 그는 도무지 여자들의 수다나 허영심, 질투, 시기 등이 이해가 되지 않았습니다. 때문에 그는 한평생 결혼하지 않고 혼자 지내기로 마음먹었습니다.

그 대신 그는 뛰어난 조각 솜씨를 발휘하면서 나름 행복하게 지냈습니다. 그의 손길이 닿은 조각들은 마치 살아 있는 존재들 같았습니다. 그만큼 그의 조각 솜씨는 완벽에 가까웠습니다.

어느 날 피그말리온은 이상형에 가까운 여인의 모습을 상아로 조각했습니다. 그 조각상이 얼마나 완벽하고 아름다웠던지, 금방이라도 입술을 살포시 열고 그에게 말을 걸 것만 같았습니다. 사람의 손으로 만들었다고 믿기 어려울 만큼 생생한 그 조각 여인은 막 잠에서 깨어난 자연의 창조물처럼 보였습니다. 피그말리온은 자신의 작품임에도 불구하고 경탄을 금치 못한 채 조각상을 바라보았습니다. 그러다가 점점 조각상에 빠져들어 그 조각상을 살아 있는 여인으로 착각했습니다. 피그말리온은 자신도 모르게 그 조각상 여인과 사랑에 빠지고 말았습니다.

그는 매일같이 다정한 손길로 조각상을 어루만지다가 어느 날엔가 자신의 볼을 조각 여인의 볼에 갖다 대었습니다. 그 순간 마치 서로의 피가 엉기는 것처럼 따뜻한 사랑의 감정이 서로를 향해 도는 듯했습니다. 조각상을 향한 그의 짝사랑은 더 깊어져서, 가끔 조각상을 가만히 껴안고 한참씩 있곤 했습니다.

피그말리온은 조각 여인을 살아 있는 존재로 생각하고, 여인들이 좋아하는 조그만 새와 갖가지 꽃, 구슬 등을 선물로 주곤 했습니다. 아름다운 여인의 옷을 구해다가 조각상에게 입히고, 보석 반지를 손가락에 끼워주고, 목걸이를 목에 걸어주기도 했습니다. 가슴에는 진주로 만든 끈을 달아주었습니다. 그는 그 누구도 따라올 수 없을 만큼 매력적인 여인의 모습으로 치장을 해주었습니다.

피그말리온의 조각상 사랑은 점점 더 깊어져서 이제는 자신의 침대에 눕히고 꼭 껴안고 자기도 했습니다. 연인이라도 되는 양 나란히 누워 있자니 피그말리온은 세상에 남부러울 것이 없었습니다.

조각상과의 사랑에 빠져 지내는 동안 미의 여신 아프로디테의 축제날이 다가왔습니다. 이 축제는 키프로스 섬에서 가장 호화롭게 거행되는 의식이었습니다. 축제의 시작을 알리는 제물의 연기가 공중으로 피어올랐습니다. 향내가 사방에 가득 들어차기 시작하자 피그말리온은 여신의 제단 앞에 서서 머뭇거리며 소원을 빌었습니다.

"여신이시여, 제게 간절한 소원이 하나 있습니다. 신실한 마음으로 원하건대, 나의 조각상처럼 아름다운 여인을 아내로 점지하여 주십시오."

피그말리온은 차마 자신의 조각상을 사람으로 만들어달라고는 말

장 라우, <조각상을 숭배하는 피그말리온>(1717년, 프랑스 파브르박물관)

하지 못했습니다. 하지만 축제의 주신 아프로디테는 그의 심중을 헤아리고 있었습니다. 그의 간절한 마음을 어여삐 여긴 여신은 소원을 들어주기로 마음먹고는, 그 표시로 제단에서 타오르는 불꽃을 공중으로 세 번 세차게 오르게 했습니다.

설레는 마음으로 집에 돌아온 피그말리온은 조각상을 살펴보았습니다. 조각상의 입술에 온기가 도는 것 같았습니다. 그는 자신도 모르게 입술에 키스를 하며 조각상의 팔다리를 어루만졌습니다. 그는 깜짝 놀랐습니다. 그의 손에 부드러운 감촉이 느껴졌기 때문입니다. 이번에는 조각상의 몸을 손가락으로 눌러보았습니다. 그러자 살아 있는 피부처럼 탄력이 있었습니다.

피그말리온은 아프로디테 여신이 자기의 진짜 소원을 들어주었음을 깨닫고는 조각상 처녀와 입을 맞췄습니다. 그러자 조각상의 얼굴이 점점 홍조를 띠면서 수줍은 듯 눈을 뜨고는 그를 매혹적인 눈으로 바라보았습니다. 그뿐 아니라 그가 사랑스런 눈길로 마주보며 부드럽게 몸을 어루만지자 신음소리까지 냈습니다.

피그말리온은 인간으로 탄생한 조각상의 이름을 갈라테이아라고 짓고 그녀와 결혼했습니다. 그녀와 가정을 이룬 후 죽음이 갈라놓을 때까지 행복하게 살았습니다.

진심으로 간절히 원한다면 꿈으로만 생각했던 일들이 현실이 될 수 있습니다. 진실한 사랑은 죽어 있는 사물에도 생명을 불어넣을 수 있는 힘이 있습니다. 세상에 태어나 한 번쯤 목숨을 걸고 사랑할 만한 상대를 만난다는 것은 진정한 행운이 아닐까요? 아니 사랑을 시작한 상대에게 온갖 정성을 다하면 모든 게 사랑으로 살아나겠지요. 사랑은 상대와 자신의 모든 부분을, 지체를, 마음을 온전히 살리는 일입니다.

케익스와 알키오네의 아름다운 사랑

　　테살리아의 왕 케익스는 당시 최고의 미남이었습니다. 그의 모습이 어찌나 아름다웠던지, 그를 본 이들은 그에게서 아름다운 빛이 발한다고 했습니다. 외적인 아름다움만 아니라 케익스는 품성도 후덕하여 나라를 덕으로 다스렸습니다. 그 나라에는 언제나 평화가 감돌았습니다.

　케익스를 흠모하는 많은 처녀들이 그의 마음에 들기 위해 부단히 애를 썼습니다. 최종적으로 그가 선택한 처녀는 바람의 신 아이올로스의 딸 알키오네였습니다. 그녀의 아버지 아이올로스는 원래 인간이었지만, 제우스의 남다른 사랑을 받아 바람의 신이 되었습니다. 그는 재미삼아 바람을 일으켜 위력을 시험하기도 하고, 신들이 어쩌다 부탁을 하면 엄청난 세기의 바람을 일으키기도 했습니다.

　제우스의 사랑을 받을 만큼 잘 생긴 아이올로스의 피를 물려받은 알키오네도 케익스 못지않게 아름다웠습니다. 그런데다가 알키오네 역시 마음이 비단결처럼 고와서 두 사람의 만남은 아주 잘 어울렸습니다. 그녀는 행복에 취하여 하늘에 제우스와 헤라라는 잘 어울리는 짝이 있다면, 지상에는 케익스와 알키오네의 사랑이 있다고 자부했습니다. 두 사람은 서로를 끔찍이 아끼며 하루하루 새롭고 아름다운 나날을 보냈습니다.

그러던 어느 날 케익스의 형이 갑자기 원인 모를 죽음을 맞았습니다. 형의 죽음에 이어 무섭고 괴상한 일들이 연이어 일어났습니다. 그러자 케익스는 혹시나 신들이 자기에게 적의를 품고 있어서 그런 것이 아닌지 걱정되었습니다.

케익스는 여러 생각 끝에 아폴론의 신탁을 받아보기로 마음먹고 아내와 상의했습니다. 알키오네는 먼 길을 떠나는 남편이 걱정스러웠습니다. 그러나 속내를 감춘 채 케익스에게 일부러 따지듯이 물었습니다.

"당신, 나에 대한 사랑이 식은 거죠? 내가 무슨 잘못을 했기에 당신의 애정이 내게서 떠난 건가요? 그렇게도 뜨겁던 당신의 사랑이 어디로 간 거예요? 한시라도 떨어져선 못 살 것 같다던 당신이 이젠 나와 떨어져 있어도 아무렇지도 않을 만큼 감정의 변화라도 온 건가요? 이젠 나를 떠나고 싶은 건가요?"

그녀는 어떻게 해서든 그의 여행을 막고 싶었습니다. 왠지 그가 떠나면 다시는 만나지 못할 것 같은 기분이 들었기 때문이었습니다. 신탁을 받으러 가려면 바다를 건너야 하는데, 항상 거센 바람이 이는 바다라서 더 불안했습니다. 그녀는 자신의 아버지가 일으키는 바람의 무서운 위력을 생생하게 기억했습니다. 그녀는 그 바람이 누구보다 두려워 남편에게 바람의 위력에 대해 말하며 그를 눌러 앉히려 애썼습니다.

"난 아버지가 일으키는 바람을 직접 보았단 말예요. 그 바람은 너무나 무시무시해요. 그 바람이 서로 일어나 부딪칠 때는 불꽃이 튀길 정도라고요. 그런데도 당신이 꼭 가야 한다면 나도 갈래요. 나도 데려가 주세요."

그녀의 말을 듣자 케익스의 마음도 몹시 무거웠습니다. 그는 아내를 무척 사랑하고 있었지만 혼자 가야만 할 처지였기 때문에 안타까웠습니다. 같이 가고 싶은 마음이 간절했지만 혹여 아내가 위험을 당할 수도 있어서 함께 갈 수는 없었습니다.

"당신을 사랑하는 마음은 예나 지금이나 변함없소. 당신과 떨어져 있는 일은 상상조차 해본 적이 없다오. 하지만 이번 여행은 나 혼자 가야만 하오. 당신의 투정이 나의 사랑을 의심해서가 아니라는 건 나도 알고 있소. 나의 안녕을 염려해서라는 것을요. 하지만 너무 걱정 마오. 이 나라와 백성을 위해서 하는 일이니, 어여쁜 당신을 다시 만나기 위해서라도 무사히 다시 돌아올 것이오."

그는 아내를 달래면서 말을 이었습니다.

"나의 아버지 헤스페로스의 이름을 걸고 약속하리다. 운명이 허락한다면 달이 궤도를 두 번 돌기 전에 돌아오리다."

케익스는 신하들에게 명하여 창고에서 배를 꺼냈습니다. 그리고 배에 노와 돛을 달았습니다. 바다로 나갈 채비를 하는 남편을 지켜보며 알키오네의 가슴엔 깊은 슬픔이 밀려들었습니다. 그가 모든 준비를 마치자 앞으로의 재앙을 예감이나 한 듯이 그녀의 몸이 떨렸습니다. 그녀는 흐느끼며 남편에게 이별을 고하고는 정신을 잃어 땅 위에 쓰러졌습니다. 막 바다로 들어선 배에서 그녀를 바라보던 케익스는 너무도 마음이 아팠습니다. 남아 있는 그녀보다 더 찢어지는 아픔을 느꼈습니다.

잠시 후 정신을 차린 알키오네는 남편이 갑판 위에 서서 자기를 향해 손을 흔들고 있는 것을 물끄러미 바라보았습니다. 그녀의 눈에서는 하염없이 눈물이 흘렀습니다. 그녀는 그를 향해 아무 말도 할 수가 없었습니다. 입이 얼어붙은 듯 아무런 말도 나오지 않았습니다. 케익스는 멀어져 가면서도 줄곧 아내를 향해 손을 흔들었습니다. 그녀도 남편의 모습이 사라질 때까지 말없이 손을 흔들었습니다.

마침내 배는 수평선 너머로 사라져 흔적조차 보이지 않았습니다. 이제 그녀가 염려한다고 그가 돌아올 리 없었습니다. 뭍에서 멀어진 케익스의 배는 한동안 평온한 항해를 계속했습니다. 돛을 간질이는 미풍만이 살랑거리며 돛 주위를 맴돌았습니다. 선원들은 노를 치우고 돛을 올렸습니다. 태양은 저 먼 바다 속으로 가라앉으며 자태를 뽐냈습니다. 아름다운 정경을 바라보며 문득 케익스는 그리운 아내의 모습을 떠올렸습니다.

잠시 후 노을이 사라지자 적막감이 감돌며 캄캄한 밤이 되었습니다. 그런데 밤이 되면서 잔잔하던 바다에 파도가 일기 시작했습니다. 점점 동풍이 강하게 불어와 선장이 돛을 내리도록 명령했지만 이미 거칠어진 폭풍 때문에 그 또한 불가능한 일이었습니다. 선원들은 각자 노를 단단히 쥐고 돛을 내리려고 안간힘을 썼습니다. 폭풍은 점점 강해졌고 배는 마치 사냥꾼들의 창끝에 찔려 돌진하는 야수처럼 정신없이 흔들렸습니다.

죽음이 가까워졌음을 깨달은 선원들은 각자 집에 남겨두고 온 가족들을 떠올렸습니다. 케익스도 알키오네가 몹시 그리웠습니다. 그럼에도 그는 그녀가 이곳에 없는 것이 참으로 다행이라 생각했습니다.

결국 그들이 탄 배는 얼마 버티지 못했습니다. 돛대는 벼락을 맞아 산산조각 났습니다. 파도는 날뛰는 야수처럼 소용돌이치면서 배를 산산조각 내버렸습니다. 어떤 선원은 충격으로 정신을 잃고 물속으로 그대로 가라앉아 다시는 떠오르지 않았고, 어떤 선원은 부서진 나무판에 매달렸습니다. 왕의 홀을 잡았던 손으로 배의 널빤지를 꼭 움켜쥔 케익스는 조용히 아버지와 장인의 이름을 읊조리며 구원을 청했습니다.

마음 한편에 아내의 얼굴이 떠올랐습니다. 그는 아내의 이름 알키오네를 계속해서 불렀습니다. 마지막으로 그는 자기 시신이 그녀가 있는 곳으로 떠내려가서 그녀의 손에 의해 묻히기를 신에게 기도했습니다. 마침내 매정한 파도가 그를 삼켰습니다. 그의 몸은 바다 밑으로 조용히 가라앉았습니다. 아버지 헤스페로스도 그 밤에는 희미하게 보였습니다. 별은 하늘을 떠날 수 없었기 때문에 눈물로 얼룩진 얼굴을 구름으로 가리고 있었습니다.

알키오네는 남편의 무사귀환을 간절히 기도하고 있었습니다. 남편에게 일어난 비극을 모른 채 그가 돌아올 날만 손꼽아 기다리고 있었습니다. 그녀는 자신들의 사랑이 계속 유지되기를 기원하며, 모든 신들에게 향을 올렸습니다. 특히 결혼의 여신 헤라에게 더욱 열심히 분향했습니다.

"헤라여! 저희 남편이 무사히 돌아올 수 있도록 도와주소서. 그리고 객지에서 나 이외의 여인을 마음에 품는 일이 없도록 도와주소서."

헤라가 그녀의 애타는 기원을 들었습니다. 그러나 케익스는 이미 죽은 사람이라 그녀의 소원을 들어줄 수 없었습니다. 남편의 장례를 준비해야 할 알키오네는 헤라 여신의 신전에서 남편의 무사귀환을 간절히 기원했습니다. 그것을 지켜보아야 하는 여신도 안타까웠습니다. 헤라는 무지개의 여신 이리스를 불러 말했습니다.

"나의 충실한 사자 이리스야, 히프노스가 있는 잠의 집으로 가서 알키오네에게 꿈을 보내도록 해다오. 그녀의 꿈속에 케익스로 변신하여 나타나 그가 당한 비극을 그녀에게 알리도록 해라."

헤라의 명을 받은 이리스는 일곱 색깔 무늬 옷을 몸에 걸치고 공중을 무지개로 물들이면서 잠의 신 히프노스의 궁전으로 찾아갔습니다.

히프노스는 키메리오스 근방에 있는 산의 동굴에 삽니다. 태양의 신 아폴론도 이 동굴에는 발걸음을 하지 않기에 이곳은 언제나 어둠뿐입니다. 머리에 볏을 멋들어지게 달고 새벽을 깨우는 새도, 새벽의 여신 에오스도 소리 높여 울부짖는 일이 없습니다. 바람에 나부끼는 나뭇가지 하나 없고, 사람의 말소리도 일절 들리지 않습니다. 오직 어둠과 침묵만이 이곳을 지배합니다. 움직이는 것이라고는 오로지 바위 밑에서 흐르는 망각의 강 레테의 물결뿐입니다. 동굴 입구에는 양귀비와 약초들이 무성하게 자라고 있습니다. 밤의 신은 이런 약초의 즙에서 잠을 모아두었다가 어두워진 지상에 뿌립니다.

히프노스의 집에는 문이 없으며 문지기도 없습니다. 방 안에는 흑단으로 만든 긴 의자 하나, 그 위에 펼쳐진 검은 깃털이불, 검은 장막만이 드리워져 있습니다. 잠의 신은 이불에 몸을 눕히고 사지를 편 채 가장 편한 자세로 잠을 잡니다. 그의 주위에는 형형색색의 다양한 꿈들이 가로놓여 있습니다. 추수할 때 거둬들인 곡식의 줄기만큼, 또는 숲속의 나뭇잎만큼, 바닷가의 모래알만큼이나 많은 꿈이 거기 있습니다.

이리스는 히프노스의 동굴에 들어가서 주위를 배회하는 꿈들을 쓸어버렸습니다. 그러자 곧바로 이리스를 둘러싼 광휘가 동굴 전체를 비추었습니다. 그제야 겨우 눈을 뜬 잠의 신이 반쯤 몸을 일으키곤 그녀에게 왜 왔는지를 물었습니다.

"신들 중에서도 가장 점잖고, 사람들의 마음을 안정시키고, 고뇌에 지친 가슴을 위로해주는 히프노스님! 헤라께서 당신에게 트라킨 마을에 있는 알키오네에게 꿈을 보내어, 그녀의 죽은 남편과 난파선의 모든 사정을 알리라고 분부하셨소."

그러자 히프노스는 많은 아들 중에서 꿈을 만들어내는 모르페우스를 불렀습니다.

모르페우스는 어떤 사람이든지 똑같이 흉내를 낼 줄 아는 신입니다. 그러나 그는 인간의 흉내만 가능합니다. 또 다른 아들 이켈로스는 짐승의 모습으로 변신하여 똑같이 재현할 수 있습니다. 그리고 셋째 아들 판타소스는 바위, 물, 나무와 여러 가지 무생물로 변신하는 역을 맡고 있습니다. 이 셋은 왕이나 귀족이 잠자고 있는 동안 그들의 베갯머리에서 시중을 들며, 그 외 다른 아들들은 서민들의 꿈을 만들어줍니다.

히프노스는 그 가운데서 모르페우스에게 이리스가 전한 헤라의 명령을 이행하도록 지시했습니다. 그리고는 이내 베개를 베고 다시 즐거운 잠 속으로 들어갔습니다. 모르페우스는 소리 없이 알키오네 앞에 이르렀습니다. 그곳에서 그는 날개를 떼어놓고 케익스의 모습으로 변신했습니다. 발가벗은 그의 몸은 죽은 사람처럼 창백했습니다. 가련한 알키오네의 침대 곁에 선 그는 온통 물에 젖은 채로 눈물을 흘리며 그녀에게 말했습니다.

"가엾은 나의 아내, 그대는 이 케익스를 알아보겠소? 하지만 나는 이제 사람이 아니라 그림자에 지나지 않소. 당신의 기도는 이제 아무 소용도 없단 말이오. 나는 죽었으니 내가 돌아오리라는 꿈은 접으시구려. 바다를 건너다 폭풍을 만나서 배는 침몰되고 선원들은 모두 죽었다오. 파도에 휩싸여 죽음을 앞에 두었을 때, 나는 당신의 이름을 불렀소만 파도가 나의 입마저 막아버렸다오. 내가 돌아오기를 손꼽아 기다릴 당신을 생각하니 이대로 떠날 수가 없었소. 그래서 나의 그림자라도 온 것이오. 비록 몸은 가져오지 못했지만 그림자로나마 그대에게 나의 운명을 전하러 온 것이오. 그러니 일어나서 나를 위해 눈물을 흘려주오. 내 죽음을 슬퍼해주는 단 한 사람도 없이 지옥으로 가게는 하지 말아달란 말이오."

케익스의 모습으로 변한 모르페우스가 그와 똑같은 목소리로 말했습니다. 손짓 또한 케익스의 모습 그대로였습니다.

알키오네는 꿈속에서 눈물을 흘리며 신음소리를 냈습니다. 그녀는 남편을 보고 반가운 마음에 얼른 팔을 내밀며 그를 포옹하려 했습니다. 하지만 그녀의 손에 잡히는 것은 아무것도 없었습니다. 손은 허공을 허우적거릴 뿐이었습니다. 그녀는 안타까움으로 정신없이 울부짖었습니다.

"기다려줘요! 당신은 어디로 가려는 거예요? 안 돼요. 이번에는 제발 나를 데려가줘요."

꿈속이었지만 그녀는 애타게 소리 질렀습니다. 그러다 그녀는 문득 자신의 목소리에 놀라 잠이 깼습니다. 너무나 생생한 꿈이어서 일어나자마자 남편을 찾으려고 주위를 둘러보았습니다. 꿈속에서 얼마나 소리를 질렀던지 시중을 드는 하인들이 그녀의 울부짖음에 놀라 달려왔습니다.

그녀는 꿈을 현실로 받아들이고 직접 남편을 찾아 나섰습니다. 그러나 어디에서도 남편의 흔적을 발견할 수 없었습니다. 그녀는 괴로움을 참지 못하고 가슴을 마구 두드리며 옷을 찢었습니다. 아직 잠에서 덜 깨어난 유모는 영문을 모른 채 왜 그토록 슬퍼하는지 물었습니다. 간신히 정신을 차린 그녀가 대답했습니다.

"나 알키오네는 이미 이 세상 사람이 아니에요. 그녀는 남편 케익스와 함께 죽었어요. 난 죽었단 말예요. 그러니 날 위로하려 하지도 말아요. 난 보았어요. 그는 배가 난파되어 죽었어요. 그를 어떻게든 붙잡으려고 손을 내밀었는데, 그만 그의 유령이 사라졌어요. 전과 같은 아름다운 모습이 아니었어요. 발가벗은 그의 몸은 몹시 창백했고, 바닷물이 머리에서 줄줄 흐르는 가련한 모습이었어요. 바로 여기에 슬픔에 찬 그의 환영이 서 있었다고요."

그녀는 행여 케익스의 흔적이라도 남아 있을까 찾아보며 계속 말을 이었습니다.

"내가 당신을 말렸잖아요. 뱃길을 떠나지 말라고 간청했잖아요. 난 이런 일을 예감했던 거예요. 그래도 당신은 듣지 않고 떠났어요. 차라리 나를 데리고 갔어야죠. 그러면 당신과 이별하고 홀로 여생을 보내는 일도 없었을 테고, 또 나 혼자 죽는 일도 없었을 거 아니에요. 이제 모든 것을 체념하고 혼자 살아가야 하다니요. 그것은 너무 잔인한 일이예요. 바다가 나에게 한 짓보다 더 잔인한 짓이라고요. 하지만 불행한 당신, 난 체념하지 않아요. 당신과 떨어지지 않을 거란 말예요. 이번만은 당신 뒤를 따라갈 거예요. 당신과 한 무덤에 들어가지는 못한다 해도 묘비에는 우리 두 사람의 이름을 기록하게 할 거예요. 나와 당신의 유골이 같은 무덤에 묻히지는 못해도, 적어도 내 이름만은 당신의 이름과 떨어지지 않을 거예요."

그녀는 더 이상 말을 잇지 못했습니다. 비탄에 잠긴 그녀는 간신히 숨을 토하며 흐느꼈습니다. 그렇게 슬퍼하는 사이에 아침이 여지없이 찾아왔습니다. 먼동이 터오는가 싶더니 어느새 날이 밝아왔습니다. 알키오네는 바닷가로 나가서 마지막으로 남편을 전송했던 장소를 찾았습니다.

"이곳에서 그이는 떠나기를 주저하면서 나에게 마지막으로 입맞춤을 했지."

그녀는 하염없이 바다를 내려다보면서 그때의 모습들을, 그 장면들을 빠짐없이 기억해 내려 애썼습니다. 그녀의 상념이 현실로 바뀌면서 멀리 바다가 눈에 들어왔습니다. 그녀의 눈에 사람의 형체를 띤 무엇인가가 들어왔습니다. 바로 남편의 시신이었습니다. 알키오네는 시신을 향해 떨리는 손을 내밀며 울부짖었습니다.

"오! 사랑하는 당신, 왜 이런 모습으로 돌아온 건가요?"

하지만 그녀 앞에는 높은 방파제가 그와의 사이를 가로막고 있었습니다. 이를 뛰어넘으려고 그녀는 제방 위로 올라갔습니다. 그리곤 힘차게 바다로 뛰어들었습니다. 그런데 어찌된 일인지 그녀는 바다로 떨어지지 않고 공중으로 날아올랐습니다. 바다로 뛰어들려던 그녀의 몸에 어느새 날개가 달린 것입니다. 그녀는 자신의 날개로 허공을 헤치며 새가 되어 바다 위로 날아갔습니다. 새는 날아가면서 슬픔에 가득 찬 소리를 내었는데, 그 소리는 꼭 울부짖는 사람의 목소리 같았습니다.

새는 핏기라고는 전혀 없는 케익스의 시신에 다가갔습니다. 그리고는 그의 손발을 날개로 감싼 후 딱딱한 부리로 입을 맞추려고 애를 썼습니다. 그러자 시신도 그것을 느꼈는지, 아니면 물결 때문이었는지 머리를 들었습니다.

그녀의 사랑, 그들의 아름다운 사랑을 신들은 외면하지 않았습니다. 두 사람은 서로 입맞춤의 온기를, 그 달콤함을 느꼈습니다. 그리고는 케익스의 시신도 새로 변하더니 하늘로 날아올랐습니다. 그들을 불쌍히 여긴 신들이 이 부부를 새로 변신시킨 것입니다.

그들은 다시 부부가 되어 알을 낳았습니다. 알키오네는 겨울철 이레 동안 바다에 떠 있는 둥지에서 알을 품었습니다. 그 기간 동안에는 모든 선원들이 무사히 항해할 수 있다고 합니다. 그녀의 아버지 아이올로스가 자신의 딸이 평온히 알을 부화시킬 수 있도록 바람을 막아 주기 때문입니다. 그로부터 그 바다는 두 사람의 자손들이 노는 놀이터가 되었고, 항상 그들의 즐거운 노랫소리가 울려 퍼지고 있습니다.

❦ ❦ ❦ ❦ ❦

사랑은 처음에 눈에서 시작됩니다. 그 다음엔 마음의 사랑으로 이어집니다. 눈으로도 사랑했고 마음으로도 그 사랑이 변하지 않았다면 그 사랑은 진실합니다. 그런 사랑은 흔하지 않습니다. 서로가 서로를 이해하고 서로가 서로를 아끼는 사랑, 그 사랑은 결과가 어떻든 축복받은 사랑입니다. 그 사랑은 진실하게 잘 키워내야 합니다. 진실한 사랑은 영원합니다. 곁에 있든 떨어져 있든 서로의 마음에 다부지게 자리 잡고 있기 때문입니다. 때문에 진정한 사랑은 자유롭습니다. 몸은 떨어져 있어도 영혼은 함께 만나 나래를 펴고 푸른 하늘을 마음껏 산책하기 때문입니다. 자유로운 새들처럼……

죽음도 불사한 헤로와 레안드로스의 사랑

사랑과 미의 여신 아프로디테의 신전을 지키는 무녀 가운데 헤로라는 여인이 있었습니다. 그녀는 여신을 섬기는 몸인지라 어떤 상황에서도 처녀성을 지켜야 할 의무가 있었습니다. 그런데 그녀 앞에 운명처럼 한 남자가 등장했습니다. 바로 아비도스 출신의 늠름한 청년 레안드로스였습니다. 헤로는 그를 아프로디테의 제례의식에서 처음 만났는데 두 사람은 첫 만남부터 사랑의 감정을 품었습니다.

하지만 헤로는 무녀라는 신분 때문에 그저 마음속으로 사랑할 뿐이었습니다. 레안드로스 역시 헬레스폰토스 해협 건너에 살고 있었기에 헤로가 사랑을 받아준다 해도 만나기가 어려운 처지였습니다. 그럼에도 한 번 불붙은 둘의 사랑은 그 어떤 위험도, 그 어떤 제약도 장애가 되지 않았습니다.

어느 날부터 헤로는 레안드로스와 매일 밤 몰래 만나 사랑을 속삭였습니다. 레안드로스는 밤마다 헤엄을 쳐서 그녀에게 건너왔고, 헤로는 자신이 머무는 탑에 불을 켜고는 레안드로스를 기다렸습니다. 그렇게 그들은 밤마다 달콤한 밀회를 즐긴 후 날이 밝기 전에 다시 자기들의 일터로 돌아가곤 했습니다.

남몰래 하는 사랑은 달콤한 만큼 힘들고 괴로운 일이었지만 그들은 불평하지 않았습니다. 그저 서로가 사랑하고 있다는 사실만으로도 두 사람은 늘 즐거웠고 서로를 기다리는 들뜬 마음에 어느 것 하나 힘겹지 않았습니다.

깨소금처럼 고소한 사랑을 쌓으며 기쁨의 날들을 보내던 어느 날, 평소와 마찬가지로 레안드로스가 해협을 헤엄쳐 건너기 시작했습니다. 헤로는 그가 오기만을 기다리며 탑에 있는 창을 통해 먼 바다를 바라보고 있었습니다. 그날따라 강한 바람이 불기 시작했습니다. 그녀는 왠지 모를 불안감으로 그가 어서 나타나기를 눈이 빠져라 기다렸습니다. 갑자기 세찬 바람이 불어와 방에 켜져 있던 모든 등불을 꺼버렸습니다. 이내 사방이 캄캄해졌습니다.

밤을 밝히는 헤로의 불빛만을 등대삼아 헤엄쳐 오던 레안드로스는 그만 캄캄한 바다에서 길을 잃고 헤매었습니다. 추위와 강풍이 몰아치던 밤이 지났습니다. 아침이 되자 언제 그랬느냐는 듯이 바다는 고요했습니다. 태양은 바다 뒤로 넘실거리며 춤추듯 올라왔습니다.

헤로는 바닷가로 달려갔습니다. 그런데 그녀의 바람과 달리, 바닷가에는 레안드로스의 싸늘한 시신이 그녀를 기다리고 있었습니다. 레안드로스는 이미 죽음의 세계로 건너간 후였습니다. 그의 이름을 부르며 흔들어보았지만 밤새도록 바다와 싸우던 그는 더 이상 숨을 쉬지 않았습니다.

눈물로 그를 흥건히 적실 만큼 울부짖다가 그녀는 자기 탑으로 올라갔습니다. 그녀는 온몸으로 스며드는 슬픔을 이길 수가 없었습니다. 탑의 창가로 가서 그가 누워 있는 바닷가를 내려다보자 물밀듯이 슬픔이 차 올라왔습니다. 그녀는 더 이상 견디지 못하고 탑에서 바다로 뛰어내렸습니다. 결국 사랑하는 사람의 뒤를 따르고 말았습니다.

※ ※ ※ ※ ※ ※ ※

후대의 예술가들은 이 연인을 기리는 시와 그림들을 세상에 선보였습니다. 터키 연안 다르다넬스 해협에는 레안드로스의 이름을 딴 탑이 세워져 이들의 사랑을 아직도 기리고 있습니다. 죽음도 갈라놓지 못한 이들의 애달픈 사랑, 비극이라 불리는 이 사랑, 그럼에도 사랑하는 이들은 사랑을 꿈꿉니다. 모든 걸 던질 수 있는 사랑, 모든 걸 걸 수 있는 이 사랑을 꿈꿉니다. 산을 좋아하는 사람이 산에서 최후를 맞는 것도 행운이듯이, 그 무엇을 좋아하는 사람이 그 무엇을 하다 죽는 것도 고상하듯이, 사랑하다 사랑으로 죽는 것은 진정 행운이기 때문입니다.

페르세우스와 안드로메다의 운명적인 사랑

아르고스의 왕 아크리시오스에게는 다나에라는 어여쁜 딸이 있었습니다. 그런데 신탁에 이르길 이 딸이 아들을 낳으면 그 아들, 즉 자신의 외손자에게 자신이 죽임을 당한다는 것이었습니다. 그래서 아크리시오스는 높이 축대를 쌓아올린 다음 그 위에 청동으로 집을 짓고 딸을 탑에 가두어버렸습니다. 그럼에도 탑 안에 갇힌 다나에는 너무나 아름다워서 눈부실 지경이었습니다.

그녀의 미모는 인간들의 사랑을 받을 뿐만 아니라 신들의 제왕 제우스까지도 한눈에 반하게 했습니다. 제우스가 가만히 있을 리 없죠. 제우스는 그녀를 만나기 위해 황금빛 비로 변신하여 탑의 창살 안으로 흘러들었습니다. 아름다운 황금 비가 그녀를 감미롭게 적셨습니다.

그 후 그녀는 배가 서서히 불러오더니 아이를 낳았습니다. 어느 날 청동 탑에서 아이의 울음소리가 울려 퍼지자 아크리시오스는 깜짝 놀랐습니다. 다나에가 낳은 아이의 이름은 페르세우스였습니다. 아크리시오스는 신의 예언이 떠올랐지만 차마 자신의 손으로 손자를 죽일 수는 없었습니다.

그는 자신이 살고 있는 곳에서 최대한 멀리 떼어놓기 위해 다나에와 페르세우스를 상자에 넣어 바다에 버렸습니다. 정처없이 바다를 떠돌던 상자는 세리포스 섬에 표류하게 되었고, 마침 그 섬의 어부에게 발견되어 목숨을 구했습니다. 어부는 그 섬의 왕 폴리덱테스의 동생 딕티스였습니다. '그물'이라는 뜻의 이름을 가진 딕티스는 그들을 가족처럼 잘 대해주었습니다.

페르세우스는 어부의 집에서 무럭무럭 자랐습니다. 세월이 흘러 그가 청년이 되었을 무렵, 딕티스의 형 폴리덱테스가 마을을 지나다가 동생 집에 들렀습니다. 우연히 다나에를 본 폴리덱테스는 그녀의 미모에 반해 집요하게 결혼해 달라고 애원했습니다. 페르세우스는 어머니가 폴리덱테스와 결혼하는 것을 원하지 않았기에, 그를 받아들이지 말라고 어머니에게 신신당부했습니다.

폴리덱테스 역시 쉽게 물러서지 않았습니다. 페르세우스가 반대하면 할수록 그의 마음은 다나에를 향해 더욱 타올랐습니다. 늘 자기의 사랑을 방해하는 페르세우스를 죽이고 싶었습니다. 어떻게 해서든지 페르세우스를 없애려 기회를 노리던 그에게 마침 좋은 생각이 떠올랐습니다. 섬에 살고 있는 모든 귀족에게 과다한 세금을 바치도록 왕명을 내려 페르세우스가 감당 못할 세금을 내게 하려는 것이었습니다.

우선 폴리덱테스는 귀족들에게 세금으로 말을 바치도록 명령했습니다. 페르세우스에게는 말이 한 마리도 없다는 것을 알고 있기 때문이었습니다. 할 수 없이 왕 앞에 불려나간 페르세우스는 당당하게 왕에게 말했습니다.

"왕이시여, 제게는 한 마리의 말도 없습니다. 그 대신 다른 것을 원하신다면 무엇이든지 구해서 바치겠습니다."

페르세우스에게 무엇보다 그런 말을 듣기 원했던 왕은 머릿속에 담아두었던 이야기를 꺼냈습니다.

"정녕 내가 원하는 것을 가져다 바치겠느냐? 그렇다면 괴물 메두 사의 머리를 가져오너라. 이것으로 네 세금을 감면해주겠노라."

왕은 메두사의 머리를 가져오는 것이 거의 불가능하다는 사실을 잘 알고 있었습니다.

메두사는 원래 무척 아름다운 처녀였습니다. 특히 그녀의 머리카 락은 어찌나 아름다웠던지 모든 여자들이 그녀를 부러워했습니다. 하지만 지나친 자신감에 들떠 있던 메두사는 미의 여신 아테나 앞에 서 오만을 떨다가 미움을 받게 되었습니다.

"아테나 여신이 아무리 아름답기로 머리카락으로만 보면 내 머리 카락만큼 아름다운 건 아니잖아."

오만한 그녀의 말이 아테나의 노여움을 샀습니다. 게다가 그녀는 아테나를 기리는 신성한 신전에서 포세이돈과 질펀한 정사를 벌였 습니다. 몹시 화가 난 아테나는 메두사의 미모를 빼앗아버리고는 그 녀의 그토록 아름다웠던 머리카락을 여러 마리 뱀으로 바꿔버렸습니 다. 메두사는 끔찍한 괴물로 변하고 말았습니다. 더군다나 메두사의 눈과 마주치기만 하면 생명을 지닌 모든 것이 무조건 돌로 변하는 저 주까지 받았습니다.

그런 메두사의 머리를 가져다 바치라는 것은 결국 페르세우스를 돌로 만들어 죽이겠다는 것과 다름없었습니다. 하지만 어쩔 수 없이 페르세우스는 목숨을 걸고 메두사를 찾아 떠나야만 했습니다.

페르세우스가 떠나자 왕은 다나에를 데려다 신전에 가두었습니다.

페르세우스가 메두사의 머리를 가지고 돌아오지 않으면, 다나에는 왕과 결혼을 하든 죽음을 택하든 둘 중 하나를 택해야만 했습니다. 다나에는 신전에 갇힌 채 며칠 동안 아무것도 먹지 못했습니다. 폴리덱테스가 그녀에게 말했습니다.

"네가 나와 결혼하지 않으면 절대로 먹을 것을 주지 않을 것이니라. 나와 결혼하겠느냐?"

하지만 다나에는 단호하게 말했습니다.

"나는 사랑하는 아들이 돌아와 승낙하기 전에는 절대로 그렇게 할수 없소."

다나에는 페르세우스가 메두사의 머리를 가지고 돌아와 자신을 구해주는 날까지 왕의 유혹을 견디기로 마음먹었습니다.

막상 메두사의 머리를 가지고 돌아오겠다고 길을 나서기는 했지만 페르세우스는 메두사가 어디에 있는지도 몰랐습니다.

제우스의 딸이자 전쟁과 기예의 수호신인 아테나 여신은 조신하기보다는 남성적이고 활달한 매력이 있었습니다. 마침 그녀는 메두사를 미워하고 있었던 터라 페르세우스를 도와주어야겠다고 생각했습니다. 그녀는 갈 길을 몰라 방황하는 페르세우스 앞에 아름다운 자태를 뽐내며 나타나 자신이 아끼던 청동으로 만든 방패를 주면서 그를 격려했습니다. 그리고는 메두사가 있는 곳으로 갈 수 있는 방법을 자세히 일러주었습니다. 용기를 얻은 페르세우스는 아테나 여신이 가르쳐준 대로 길을 찾아나서 이내 여신이 알려준 동굴 앞에 이르렀습니다. 이 동굴을 통과해야만 메두사에게 갈 수 있는데, 여기에는 세명의 노파인 그라이아이들이 지키고 있었습니다.

태어날 때부터 백발로 태어났다고 해서 백발이라는 뜻의 이름을 지닌 그라이아이 세 자매는 전쟁을 좋아한다는 뜻의 '에니오', 짓궂다는 뜻의 '팜프레도', 두려움이란 뜻의 '데이노'라는 이름을 각각 가지고 있었습니다. 이들은 셋이서 눈 하나만을 가지고 있어서 눈을 교대로 써야만 했고, 또한 이도 하나밖에 갖고 있지 않았습니다. 이들 세 자매는 포르키스를 아버지로, 케토를 어머니로 둔 여신들로 영생불사의 몸이었지만 이들과 같은 피를 받은 메두사만은 영생불사의 몸이 아니었습니다.

　　어떻게 해서든 페르세우스는 메두사의 자매인 이들에게서 메두사에게 가는 길을 알아내야 했습니다. 페르세우스는 아테나 여신이 알려준 방법대로 흉측한 외모를 지닌 괴물에게 접근했습니다.

　　그는 그라이아이들이 교대로 눈을 가지려고 이를 건네고 있는 사이에 얼른 손을 내밀어 눈을 빼앗았습니다. 앞이 보이지 않자 그라이아이들은 깜짝 놀라며 아우성을 쳤습니다. 그는 기회를 놓치지 않고 그들에게 요구했습니다.

　　"할머니들! 앞이 안 보이니까 갑갑하시죠? 할머니의 눈은 여기 있어요. 하지만 눈을 돌려받는 대신에 제게 님프들이 살고 있는 곳을 자세히 알려주세요. 그렇지 않으면 이 눈을 돌려드릴 수 없어요."

　　그라이아이들은 할 수 없이 님프들에게 가는 길을 알려주었습니다. 아테나는 이미 그에게 동굴을 통과해 님프들에게 가면 그들이 메두사에게 가는 방법을 알려주리라고 한 것입니다. 님프에게 가는 길을 알아낸 페르세우스는 눈을 돌려주면 보복당할 수도 있을 거라는 생각에 그녀들의 눈을 돌려주지 않고 호수에 던져버렸습니다. 그라이아이들은 약속대로 빨리 눈을 돌려달라고 아우성이었지만 그는 못들은 체하고 그곳을 피해 달아났습니다.

무사히 그라이아이 동굴을 통과한 페르세우스는 잠시 후 님프들이 살고 있는 곳에 이르렀습니다. 페르세우스는 님프들에게 이제까지의 자초지종을 이야기했습니다. 님프들은 페르세우스가 과업을 완수하는 데 도움이 될 만한 세 가지 귀한 보물들을 주었습니다. 머리에 쓰기만 하면 모습이 보이지 않는 모자, 날개가 달려 있어서 날아다닐 수 있는 신발, 그리고 메두사의 머리를 담을 자루가 그것이었습니다. 메두사의 머리를 베는 데 필요한 선물을 받은 페르세우스는 한결 가벼운 걸음으로 메두사가 있다는 곳을 향했습니다.

길을 가던 도중 페르세우스는 우연히 헤르메스를 만났습니다. 헤르메스는 제우스의 전령이자 죽음의 나라로 영혼을 인도하는 안내자이며, 먼 길을 떠나는 사람들에게 행운을 가져다주는 신입니다. 그는 늘 깃털 달린 넓은 차양의 모자를 쓰고 깃털 달린 샌들을 신고 지팡이를 들고 다닙니다. 그 지팡이는 케리케리온이라는 전령의 지팡이로 두 마리 뱀이 칭칭 감고 있습니다.

헤르메스는 페르세우스를 보자마자 그의 매력적인 외모에 반했습니다. 그는 멍하니 페르세우스를 바라보다가, 그가 메두사를 처치하기 위해 간다는 것을 알아차리고는 특별한 선물로 어느 것에도 부서지지 않는 금강석으로 만든 칼을 건네주었습니다. 드디어 페르세우스는 메두사를 처치하기 위한 만반의 준비를 마쳤습니다.

페르세우스는 헤르메스에게 감사의 마음을 표하고는 이내 날개 달린 신발을 신고 하늘로 날아올랐습니다. 그는 메두사에게 들키지 않기 위해 마법의 모자를 썼습니다. 오케아노스 바다 위를 날던 그는 드디어 괴물들이 사는 강기슭에 도착했습니다. 괴물들은 마침 잠을 자고 있었습니다. 메두사에게 접근하기 위해서는 불사신으로 알려진 스텐노와 에우리알레를 지나가야만 했습니다. 그는 그 괴물들을 피하기 위해 청동 방패에 비친 모습을 보면서 메두사 쪽으로 슬금슬금 다가갔습니다. 그리고는 방패 뒤로 모습을 숨기면서 메두사에게 접근했습니다. 두근거리는 마음을 애써 진정시킨 그는 헤르메스가 준 칼을 들어 재빨리 메두사의 목을 내리쳤습니다. 신들과 님프들의 도움을 받은 페르세우스는 의외로 쉽게 메두사의 목을 벨 수 있었습니다. 얼른 그 머리를 집어 님프가 준 자루에 담은 페르세우스는 스텐노와 에우리알레의 추격을 피해 도망쳤습니다.

메두사를 퇴치한 페르세우스는 가벼운 마음으로 발걸음을 돌렸습니다. 이미 그의 마음은 들떠 있었습니다. 그는 서둘러 메두사의 머리를 담은 자루를 둘러메고는 신발의 도움을 받아 바다를 건너 날아갔습니다.

그런데 갑자기 날씨가 어두워지더니, 이내 폭풍우가 몰아쳐서 도저히 움직일 수 없었습니다. 비를 피할 은신처를 찾다가 간신히 아틀라스 왕의 나라에 도착한 그는 몹시 지쳐 잠시 휴식을 취하려고 마음먹었습니다.

아틀라스 왕은 매우 힘이 세 그의 나라를 넘보는 이가 단 한 사람도 없었습니다. 게다가 이곳에는 다른 곳에서 볼 수 없는 매우 진귀한 보물이 있었는데, 바로 황금사과가 열리는 나무였습니다. 이 나무는 가지와 이파리, 열매까지 모두 황금으로, 열매를 따면 다시 그 자리에 새로운 황금 열매가 열렸습니다.

페르세우스는 왕궁으로 들어가 왕을 만나러 왔다고 위엄 있는 목소리로 말했습니다. 그의 당당함에 기가 죽은 신하들은 신분조차 묻지 않은 채 그를 일단 왕에게 안내했습니다.

왕 앞에 나선 페르세우스가 당당하게 말했습니다.

"왕이시여, 저는 이곳에서 하룻밤 묵고자 합니다. 저의 아버지는 제우스이시며, 저는 메두사의 머리를 벤 영웅입니다. 저는 손님으로 대접받을 만한 충분한 자격이 있다고 생각합니다. 그러니 저에게 먹을 것을 주시고, 여기서 쉴 수 있도록 허락해주십시오."

아틀라스는 불쑥 찾아온 젊은이가 제우스의 아들이라는 말에 아연실색하며 애써 표정을 감춘 채 말을 이었습니다.

"그대가 진정 제우스의 아들이란 말인가?"

그는 이렇게 묻고는 근심어린 표정을 지었습니다. 제우스의 아들이 나타나 이 나라에 있는 황금 과일나무를 빼앗아갈 것이라던 신탁이 떠올랐기 때문입니다. 왕은 신탁이 가리킨 인물이 바로 이 젊은이를 말하는 것이라고 생각했습니다. 하지만 그런 내색을 애써 감추고는 그를 빨리 이 나라에서 내보내야겠다는 생각으로 페르세우스에게 말했습니다.

"나는 자네의 신분과 위업 따위는 필요 없네. 그대의 그 거짓 위엄이나 가문에 쉽사리 움직일 내가 아니란 말일세. 다른 수작 말고 어서 이 나라를 떠나게."

추방당할 위기에 처한 페르세우스는 다시 한 번 태연한 척 그를 바라보았습니다. 아무리 힘을 써서 대적한다고 해도 그자를 쉽사리 굴

복시킬 수 없을 것 같았습니다. 고민 끝에 페르세우스는 한 가지 묘안을 찾아냈습니다.

"왕께서 저를 그렇게 무시하다니 서운합니다. 하지만 이 나라를 방문한 기념으로 왕께 선물 하나를 드리고 싶습니다."

그렇게 말하며 페르세우스는 얼른 자신의 얼굴을 돌리고는, 왕을 향해 메두사의 머리를 내밀었습니다. 메두사의 눈과 마주친 아틀라스 왕은 엄청나게 큰 돌덩이로 변했습니다. 잠시 후 그의 수염과 머리털은 울창한 숲으로 변했고, 팔과 어깨는 절벽으로 변했습니다. 그의 머리는 산봉우리가 되었습니다. 그의 뼈는 바위로 변하더니 모든 부분이 점점 커져서 마침내 거대한 산으로 변했습니다.

한 차례 고비를 넘긴 페르세우스는 날개 달린 신발을 신고 다시 어머니 곁으로 걸음을 재촉했습니다. 그는 에티오피아인들이 사는 나라에 이르렀습니다. 그 나라의 왕은 케페우스였고, 그의 아내는 카시오페이아였습니다.

왕비 카시오페이아는 굉장한 미모를 갖춘 여인이었습니다. 카시오페이아와 케페우스 사이에는 어머니 못지않은 아름다움을 지닌 안드로메다라는 딸이 있었습니다. 어여쁜 안드로메다가 너무나 자랑스러웠던 카시오페이아는, 자기 딸이 바다의 신인 네레우스의 딸들보다 훨씬 아름답다고 자랑하는 실수를 하고 말았습니다.

이 말을 들은 네레우스는 바다를 지배하는 신 포세이돈에게 다음과 같이 호소했습니다.

"포세이돈 님! 감히 카시오페이아라는 년이 인간인 자기의 딸 안드로메다가 우리 딸들보다 더 아름답다고 자만을 떨고 있으니 벌해주십시오."

바다신의 탄원을 들은 포세이돈은 무시무시하게 생긴 바다뱀을 케페우스의 나라로 보내 나라를 어지럽히도록 명령했습니다. 뱀은 닥치는 대로 가축은 물론 백성들을 해쳤습니다. 불안에 가득 찬 백성들의 원성이 날로 심각해졌습니다. 케페우스 왕이 괴물을 퇴치하려 시도했으나 번번이 실패로 끝나고 말았습니다.

그는 결국 이 괴물을 어떻게 달래야 할지 신탁을 청했습니다. 그 결과는 딸 안드로메다를 괴물에게 바쳐야 한다는 것이었습니다. 다른 방법이 없었던 케페우스는 바닷가 바위에 사랑하는 딸을 쇠사슬로 결박한 채 괴물에게 제물로 바쳤습니다.

마침 이곳을 비행하던 페르세우스가 이 광경을 내려다보았습니다. 안드로메다는 공포에 질린 채 두려움에 떨었습니다. 뱀 형상을 한 무시무시한 바다 괴물은 그녀에게 점점 가까이 접근하고 있었습니다. 이 광경을 보고 놀란 나머지 신발 날개를 흔드는 것을 잠시 잊는 통에 하마터면 바다로 떨어질 뻔한 페르세우스가 그녀의 위로 가까이 날며 말을 걸었습니다.

"아름다운 처녀여, 그대가 어찌 이런 쇠사슬에 묶여 있는 것이오? 나에게 그대의 이름, 그대가 사는 나라의 이름, 그리고 왜 그대가 이와 같이 결박되어 있는지 가르쳐줄 수 있겠소?"

처음에 그녀는 낯선 남자가 말을 걸자 얼굴을 붉히며 아무 말도 못했습니다. 아무리 부끄러워도 결박당하고 있어서 얼굴을 가릴 손조차 없었습니다. 그가 되묻자, 그녀는 그간의 사정을 힘겹게 이야기했습니다. 그녀가 말을 끝내기도 전에 바다 괴물이 나타나 머리를 수면

위에 내놓은 채 넓은 가슴으로 파도를 헤치며 다가왔습니다. 처녀는 두려움에 사로잡혀 비명을 질렀습니다. 절벽 건너편에서 이를 지켜보던 그녀의 부모는 비통함에 통곡만 할 뿐이었습니다. 그때 페르세우스가 그들 앞으로 나서며 말했습니다.

"지금은 그렇게 울고만 있을 때가 아니오. 눈물이야 나중에라도 얼마든지 흘릴 수 있소. 지금은 한시바삐 따님을 구해야만 하오. 나로 말하자면 제우스의 아들이니, 신분으로야 명문가인 셈이오. 또한 나는 메두사를 물리친 정복자이니, 그러한 나의 명성은 구혼자로서의 자격이 충분할 것이오. 하지만 나는 다시 공훈을 쌓아 따님을 얻고자 하오. 만일 내가 저 괴물을 물리치고 따님을 구출한다면, 그 대가로 따님을 주신다고 약속하시오."

그녀의 부모는 만면에 희색을 띠며 그렇게 하겠노라고 약속했습니다.

"달리 마다할 일이 있겠는가? 우리도 바라던 바일세. 만일 그대가 저 괴물을 물리치고 이 나라를 구해준다면야 내 딸뿐만 아니라 내 왕국을 그대에게 줄 것이네."

바다 괴물은 돌을 던지면 닿을 법한 거리까지 다가왔습니다. 위험을 느낀 페르세우스는 땅을 박차고 하늘 높이 치솟은 뒤 무시무시한 괴물을 향해 다가갔습니다. 그 모습은 흡사 용맹스러운 독수리가 하늘을 날다가 뱀에게 덤벼들어, 뱀의 목을 잡고는 머리를 돌려 독을 쓰지 못하게 하는 것과 같았습니다. 페르세우스는 괴물의 등으로 잽싸게 돌진하더니 헤르메스가 준 칼을 빼들어 괴물의 어깨를 위에서 아래로 내리 찔렀습니다.

치명적인 부상을 당한 괴물의 분노한 몸짓으로 바다에는 광풍이 이는 것처럼 하늘 높이 파도가 솟구쳤습니다. 잠시 후 괴물은 공중으로 치솟는가 싶더니 바다 속으로 들어갔습니다. 그리고는 짖어대는 한 무리의 개에게 둘러싸인 산돼지처럼 좌우로 몸을 날리며 아까보다 훨씬 빠른 속도로 돌진해 왔습니다.

페르세우스는 급히 하늘로 날아올라 간신히 괴물의 공격을 피했습니다. 기회를 노리며 주위를 돌면서 그는 괴물의 비늘 사이로 칼이 들어갈 만한 곳을 발견하기만 하면 이곳저곳을 찔러 상처를 냈습니다. 괴물은 괴로워하며 피가 섞인 바닷물을 내뿜었습니다. 페르세우스의 날개도 그 핏물에 젖어 더 이상 날개에 의지할 수가 없었습니다. 그는 바다 위에 솟아 있는 바위로 내려와서 몸을 의지하고는 괴물이 가까이 다가오기를 기다렸습니다.

괴물이 다가오자 절체절명의 위기에 그는 온 힘을 다해 괴물을 향해 창을 던졌습니다. 괴물을 향해 힘차게 날아간 그의 창이 괴물의 급소를 정확히 찔렀습니다. 괴물은 맥없이 '푸르륵' 소리를 내며 물 위로 떠올랐습니다. 해안에 모여 있던 군중들은 마치 약속이라도 한 듯이 한 목소리로 함성을 질렀습니다. 소리가 어찌나 컸던지 산이 흔들릴 정도였습니다.

안드로메다의 부모는 기뻐서 어쩔 줄 몰라 하며 그에게 쉴 새 없이 감사를 표했습니다. 페르세우스도 그들 못지않게 기뻤습니다. 뜻하지 않은 곳에서 아름다운 신부를 맞이하게 된 그는 무척 두근거렸습니다. 공포에서 벗어난 시민들은 혼인 잔치를 준비하려고 분주하게 움직였습니다. 성 안은 온통 축제 분위기에 젖었습니다. 많은 시민들이 괴물을 물리친 영웅을 보기 위하여 앞다투어 몰려들어 궁전 안은 더욱 시끌벅적해졌습니다.

그런데 갑자기 전쟁터에서나 들릴 법한 고함소리가 나더니 한 사내가 그들 앞에 나섰습니다.

"이 혼인은 무효야! 안드로메다는 이미 나와 약혼한 사이인데, 페르세우스라는 어디서 들도 보도 못한 놈과 결혼시키려 하다니, 이건 말도 안 돼!"

그는 안드로메다의 약혼자 피네우스였습니다. 안드로메다의 아버지 케페우스가 앞으로 나서며 말했습니다.

"자네는 무슨 염치로 이제 나타나서 소란이란 말인가? 내 딸이 괴물에게 제물로 바쳐져 바위에 결박되었을 때는 코빼기도 보이지 않다가 이제야 나타나다니 부끄럽지도 않은가? 내 딸이 괴물의 제물이 되어야 한다고 신들이 선언하였을 때, 자네와 내 딸의 인연은 이미 끝난 것이었잖은가. 만약 안드로메다가 그대로 죽었더라면 혼인의 약속이 지켜질 수 없는 일이거늘, 이제 와서 소란을 피우다니 부끄러운 줄 알게."

케페우스의 말에 말문이 막힌 피네우스는 달리 대답할 말이 생각나지 않았습니다. 잠시 얼굴을 붉히고 섰던 그가 아무 말도 하지 않다가 갑자기 페르세우스를 향해 기습적으로 창을 던졌습니다. 창은 아슬아슬하게 페르세우스를 스치고 지나갔습니다. 흠칫 놀란 페르세우스도 잽싸게 창을 잡고는 던질 자세를 취했습니다. 겁에 질린 피네우스는 급히 제단 뒤로 숨었습니다. 그리고는 함께 온 일당들을 향해 공격신호를 보냈습니다. 피네우스 일당이 케페우스의 손님들을 공격하기 시작했습니다. 갑작스런 소란에 놀란 손님들은 급한 대로 스스로를 지키기 위해 각자 무기를 꺼내들었습니다. 결국 혼인 잔치 대신 때아닌 전투가 벌어졌습니다. 케페우스가 나서서 싸움을 말리려 했지만 소용 없었습니다. 그는 자리를 박차고 나와 신들에게 호소했습니다.

"신들이시여! 이 모든 원인이 저의 부덕의 소치이니 용서하시고 굽어 살펴주소서."

페르세우스를 도와 그의 편에 선 사람들은 한동안 불리한 싸움을 해야만 했습니다. 상대편의 수가 압도적으로 많았기 때문에 그들을 물리치기가 쉽지 않아 보였습니다. 그러는 동안 페르세우스에게 좋은 묘안이 떠올랐습니다. 바로 메두사의 머리였습니다. 하지만 자기를 따르는 사람들이 피해를 입으면 안 되기에 그는 일단 큰소리로 외쳤습니다.

"이 가운데 나의 적이 아닌 자는 얼굴을 돌려라! 여기를 절대로 보아서는 안 된다."

이렇게 소리치고는 메두사의 머리를 높이 치켜들었습니다. 그러자 피네우스 일당 중 테스켈로스가 창을 높이 치켜들며 외쳤습니다.

"그런 마술 따위를 가지고 우리를 위협하겠다는 것이냐?"

그는 말을 마치기가 무섭게 창을 치켜들고 던지려 했습니다. 그러나 그는 그 자세 그대로 돌로 변해버렸습니다. 일당 중에 암픽스라는 자는 고개를 돌린 페르세우스 편 사람을 칼로 찌르려고 하다가 그대로 돌로 굳었습니다. 또 다른 사람은 큰소리를 지르며 달려드는 순간에 굳어버려서 입을 벌린 채 돌이 되었습니다.

반면 페르세우스의 편이었지만 부주의했던 아콘테우스도 메두사를 바라보는 순간 다른 사람과 다름없이 굳어버리고 말았습니다. 사태가 그 지경에 이르자 피네우스는 당황해 친구들을 소리 높여 불렀습니다. 하지만 아무도 대답하지 않았습니다. 그는 그들 모두가 돌이 되었다는 것을 알았습니다. 피네우스는 부들부들 몸을 떨면서 얼굴을 돌린 채로 무릎을 꿇고 페르세우스에게 용서를 빌었습니다.

"제가 잘못했습니다. 저의 모든 것을 가져가셔도 좋습니다. 하지만 제발 목숨만은 살려주십시오."

페르세우스는 점잖게 말했습니다.

"나는 너를 무기로 죽이지 않을 것이다. 하지만 이 사건을 기념하기 위해 너를 나의 집에 보관할 것이다."

그는 이 말을 하고는 메두사의 머리를 피네우스가 바라보고 있는 쪽으로 돌렸습니다. 피네우스는 무릎을 꿇고 얼굴을 돌린 채로 움직이지 않는 커다란 돌덩이가 되었습니다.

한바탕 소란이 끝난 후 케페우스는 자리를 정돈하고 다시금 잔치를 성대하게 열었습니다. 곱게 단장한 안드로메다가 아름다운 자태로 나타나자, 한껏 멋을 낸 페르세우스도 이에 질세라 품위 있고 당당한 모습으로 안드로메다 옆에 섰습니다.

페르세우스의 활약을 지켜본 시민은 그의 멋진 모습을 화제 삼아 성대한 축하연을 맘껏 즐겼습니다. 이날의 주인공인 두 남녀야말로 세상 어디에서도 볼 수 없을 만큼 아주 잘 어울렸습니다. 아름다운 신부를 맞이한 페르세우스는 매일 행복에 겨운 나날을 보냈습니다. 더군다나 장인의 뒤를 이어 왕위에 올라 호화로운 궁에서 꿈같은 시간을 향유했습니다. 페르세우스와 안드로메다 사이에서는 사랑의 결실이 태어나 페르세스라고 이름 지었습니다.

어느 날 아들의 모습을 바라보던 페르세우스는 문득 어머니 모습이 떠올랐습니다. 그리고는 자신을 기다리고 있을 어머니에 대한 죄송한 마음으로 얼굴이 붉어졌습니다. 당장 어머니에게 돌아가고 싶었습니다. 그러나 왕인 그가 이 나라를 떠나는 것도 쉽지 않았습니다. 고민에 싸여 멍하니 넋을 놓고 있는 그의 모습을 멀리서 지켜보던 안드로메다가 다가와 물었습니다.

"갑자기 무슨 고민이라도 있는 건가요? 무슨 생각을 그렇게 골똘히 하고 있어요?"

안드로메다가 다가오는 것도 모른 채 생각에 잠겨 있던 페르세우스는 깜짝 놀라며 그녀를 바라보았습니다. 한참을 말없이 있던 그가 안드로메다의 손을 잡으며 말했습니다.

"잊고 있었소. 어머니를 구하러 돌아가야 하는데, 그만 까맣게 잊고 있었다오."

그는 안드로메다에게 그간의 자초지종을 이야기했습니다. 안드로메다는 그와 함께 어머니의 고향으로 돌아가기로 결정했습니다. 다음날 두 사람은 아들 페르세스를 장인에게 맡기고 작별 인사를 고했습니다.

"장인어른! 아직은 장인께서 이 나라를 다스려도 충분합니다. 저는 안드로메다와 함께 어머니를 구하러 고국으로 돌아가야만 합니다. 나중에 페르세스가 자라면 이 나라의 왕위를 잇게 도와주시고, 그때까지 장인께서 페르세스를 돌보아주십시오."

안드로메다에게는 사랑하는 어린 아들과 부모님 곁을 떠나는 일이 쉽지 않았습니다. 하지만 자신의 목숨을 구해준 사랑하는 사람을 따라나서는 일보다 더 중요한 것은 없었습니다.

먼 길을 여행한 끝에 그들은 페르세우스의 고국에 돌아왔습니다. 그러나 그토록 그리웠던 어머니 다나에는 보이지 않았습니다. 수소문 끝에 폴리덱테스의 박해를 피해 신전에 피신해 있다는 것을 알았습니다. 또한 다나에를 도왔다는 이유로 함께 벌 받았던 딕티스도 형의 미움을 받아 그녀처럼 도망치는 신세가 되어 있었습니다.

페르세우스는 우선 폴리덱테스가 있는 궁으로 달려갔습니다.

"오호라, 그대는 다나에의 아들 그 못된 페르세우스가 아니냐! 그래, 메두사의 머리를 가져왔고?"

페르세우스는 당당하게 앞으로 나서며 말했습니다.

"물론이지요. 그러니 어서 우리 어머니를 내게 모셔오시오."

"하핫. 그대가 그 무시무시한 메두사의 머리를 가져왔다고? 농담도 잘하는구나."

그는 믿지 못하겠다는 듯이 페르세우스를 비웃었습니다. 페르세우스는 말없이 자루에서 메두사의 머리를 꺼내 그를 향하게 했습니다. 순간 기세등등하던 폴리덱테스는 그 오만한 표정 그대로 돌로 변하고 말았습니다.

페르세우스는 메두사의 머리를 아테나 신에게 바쳤습니다. 아테나는 그것을 자기 방패 한가운데에 붙이고는, 페르세우스에게 이제껏 사용했던 무기들을 원래의 소유자에게 돌려주도록 지시했습니다. 그러고는 그의 곁에서 홀연히 사라졌습니다.

페르세우스는 어머니와 기쁜 재회를 하고 이제껏 어머니를 돌보아 준 딕티스에게 세리포스의 왕좌에 앉도록 권했습니다. 한사코 거부하는 겸손한 딕티스를 왕으로 즉위시킨 페르세우스는 안드로메다와 함께 외할아버지의 왕국인 아르고스를 찾았습니다.

하지만 페르세우스의 외할아버지인 아크리시오스는 그가 돌아온 다는 말을 듣자, '딸이 낳은 아들로 인해 죽게 된다.'는 신탁을 염려했 습니다. 그 신탁을 알 리 없는 페르세우스는 외할아버지를 곧 만나게 될 거라는 기대감에 한껏 부풀어 있었습니다.

아크리시오스는 불안한 마음을 감출 수 없어 페르세우스가 도착하 기 전에 테살리아의 라리사로 피신했습니다.

페르세우스는 아르고스에 도착하자마자 그리웠던 외할아버지 아 크리시오스의 안부를 물었습니다. 하지만 이미 아르고스를 떠나 테 살리아로 갔다는 이야기를 듣고는 아무런 적의도 없이 그저 순전히 보고픈 마음에 외할아버지를 찾아 나섰습니다. 마침 그 나라에서는 여러 기술을 겨루는 경기가 열리고 있었는데, 페르세우스도 오랜만 에 자기 실력을 뽐내볼 겸 그 대회에 참가했습니다. 그 경기장 한편에 는 외할아버지 아크리시오스가 경기를 구경하기 위해 자리하고 있었 습니다.

페르세우스는 외할아버지가 그곳에 있는 줄도 모른 채 원반던지기 경기에 참가했습니다. 그가 던진 원반이 힘차게 날더니 너무 멀리 날 아 어처구니없게도 경기장을 벗어나서 관중석으로 날아가고 말았습 니다. 페르세우스가 던진 원반은 하필이면 아크리시오스를 맞혔습니 다. 이렇게 신탁이 예언했던 대로 아크리시오스는 딸이 낳은 아들에 의해 죽고 말았습니다. 그제야 페르세우스는 자기가 던진 원반에 맞 아 죽은 사람이 외할아버지임을 알았습니다. 아무리 후회해도, 한탄스러워도 일어난 일을 되돌릴 수는 없었습니다.

　그는 아르고스로 돌아와 아크리시오스의 뒤를 이어 왕위에 올랐지만, 외할아버지를 죽이고 왕위에 올랐다는 자괴감에 빠져 슬픔의 나날을 보냈습니다. 결국 그는 죄책감에서 벗어나기 위해 티린스와 통치권을 교환했습니다. 그는 안드로메다와 함께 티린스를 다스리며 아름다운 도시들을 건설하면서 행복하게 살다 세상을 떠났습니다.

많은 영웅들의 결말은 비극입니다. 그런데 페르세우스는 해피엔딩입니다. 그는 운명과 맞섰고 모험을 감행했습니다. 끝까지 아테나의 방패를 들고 있었던 덕분입니다. 그는 메두사의 눈을 바라보면 죽을 수 있었으나 죽음을 무릅쓰고 메두사의 머리에 도전했습니다. 대신 그는 치명적인 유혹의 대상을 지혜의 방패로 비추어 불행을 넘었습니다. 용기 없는 지혜는 간계에 불과하지만 용기와 결합한 지혜는 가장 강력한 힘입니다. 지혜와 용기로 얻은 사랑, 그 사랑은 온전합니다.

오디세우스와 페넬로페의 변함없는 사랑

　　트로이와의 전쟁을 위해 그리스 영웅들이 한 명도 빠짐없이 소집되었습니다. 뛰어난 전략가인 이타케 섬의 왕자 오디세우스 역시 전쟁에 빠져서는 안 될 인물이었습니다. 하지만 사랑하는 아내 페넬로페와 아들 텔레마코스가 눈에 밟혀 어떻게든 전쟁을 피하고 싶었던 오디세우스는 미친 척 연기를 했습니다.

　그러나 팔라메데스 장군은 그의 연기를 알아버렸습니다. 장군이 찾아왔을 때 오디세우스는 쟁기를 물린 소로 한가로이 밭을 갈고 있었습니다. 장군이 왔다는 걸 알아차린 그는 쟁기로 간 밭에 씨앗 대신 소금이나 자갈을 뿌리며 미친 짓을 했습니다. 그러자 팔라메데스는 오디세우스의 어린 아들 텔레마코스를 밭에 데려다 앉혀 놓았습니다. 오디세우스는 차마 아들이 있는 곳을 그대로 밀고 나가지 못해 거짓이 탄로 났고, 결국 팔라메데스 손에 이끌려 트로이 원정길에 올랐습니다.

　오디세우스는 트로이전쟁에서 그 누구보다도 눈부신 활약을 했습니다. 그리스 군사들을 목마에 숨겨 트로이 성을 함락시킨 것도 바로 오디세우스였습니다. 전쟁을 승리로 이끈 오디세우스는 일행과 함께 서둘러 가족이 기다리는 이타케 섬으로 가기 위해 항해를 시작했습니다. 오디세우스의 배는 거센 풍랑을 만나 9일 동안 표류하다가 로토파고스라는 부족이 살고 있는 나라까지 밀려갔습니다. 주민들은 오디세우스 일행에게 음식을 대접했는데, 이 음식에는 로토스라는 식물이 들어 있었습니다. 모든 것을 잊고 황홀경에 빠지게 되는 마약과도 같은 이 식물 때문에 몇몇 사람은 고향에 남겨진 가족을 까맣게 잊어버리고 이곳 주민들과 살겠다면서 절대로 걸음을 떼지 않았습니다. 오디세우스는 이들을 억지로 배에 끌고 와 쇠사슬로 묶은 채 서둘러 길을 떠났습니다.

다시 고향을 향했지만 또다시 풍랑을 만나 키클롭스의 나라에 머물러야 했습니다. 키클롭스는 외눈박이 거인족으로, 이마 가운데에 커다란 눈 하나가 박혀 있었습니다. 동굴에 사는 키클롭스는 무수히 많은 양을 키워 그 양과 양젖을 식량으로 삼았습니다. 오디세우스 일행이 발견한 한 동굴 안에도 셀 수 없이 많은 양과 양젖, 잘 손질된 양고기들이 쌓여 있었습니다. 이를 발견한 일행은 배고픔을 참지 못하고 서둘러 그 음식들을 먹었습니다. 그 사이에 동굴 주인인 키클롭스족의 폴리페모스가 돌아왔습니다.

동굴에 들어선 폴리페모스가 입구를 돌로 막은 뒤 저녁거리를 준비하다가 양떼 사이에 숨어 있는 오디세우스 일행을 보았습니다. 폴리페모스는 그 커다란 눈을 부라리며 호통을 쳤습니다.

"어디서 온 작자들인데 이렇게 숨어 있는 거냐!"

"우리는 트로이에서 큰 공을 세운 그리스 영웅들이오. 고향으로 돌아가는 길에 풍랑을 맞아 잠시 이 섬에 표류하게 되었는데 호의를 베풀어주었으면 좋겠소."

　오디세우스가 답하자 폴리페모스는 그의 말이 같잖은 듯 비웃었습니다. 그리고는 그의 부하 두 명을 한 손으로 들어 힘껏 동굴 벽에 내던졌습니다. 두 사람은 온몸이 과자처럼 바스러졌습니다. 폴리페모스는 그들을 맛있게 먹은 뒤 아무 일도 없었다는 듯 태연하게 잠을 잤습니다. 잠이 든 폴리페모스를 바라보며 오디세우스는 고민에 빠졌습니다. 지금 당장 폴리페모스를 죽이면 동굴 입구를 막은 거대한 바위를 치울 수 없기에 그들도 동굴에 갇혀 죽을 게 뻔했습니다. 오디세우스는 부하들과 함께 무사히 탈출할 수 있는 방법을 찾느라 날이 밝은 줄 몰랐습니다.

　다음 날 아침, 폴리페모스는 어제 저녁과 마찬가지 방법으로 두 명의 부하를 먹었습니다. 그리고는 바위를 치워 양떼를 내보낸 뒤 자신도 밖으로 나가 다시 입구를 막았습니다. 폴리페모스가 사라지자 오디세우스는 일단 무기로 쓸 만한 물건을 찾느라 동굴을 둘러보았습니다. 폴리페모스가 지팡이로 쓰려고 뽑아온 나무 한 그루가 눈에 띄었습니다. 오디세우스는 부하들과 함께 그 나무의 뿌리 부분을 뾰족하게 깎은 뒤 폴리페모스가 발견하지 못하도록 짚더미 속에 감추었습니다.

　저녁이 되자 폴리페모스가 양떼를 몰고 동굴로 들어왔습니다. 아침과 마찬가지로 폴리페모스는 두 명의 부하를 저녁으로 먹었습니다. 그가 식사를 거의 마쳤을 무렵, 오디세우스는 그에게 술 한 통을 내밀며 말했습니다.

　"이것은 인간들이 마시는 술이라는 것이오. 특히 고기를 먹은 뒤에 마시면 그 맛이 더욱 훌륭하다오."

솔깃해진 폴리페모스가 술 한 통을 다 마시고 나서 계속해서 더 달라고 요구했습니다. 어느새 얼큰하게 취한 폴리페모스는 술을 준 대가로 가장 나중에 잡아먹겠다면서 오디세우스에게 이름을 물었습니다.

"내 이름은 우티테스요. 이를 꼭 기억해주길 바라오."

우티테스는 '아무도 아닌'이라는 뜻으로, 이렇게 거짓 이름을 말한 것은 오디세우스의 다음 계획을 위해서였습니다. 술에 취해 깊이 잠든 폴리페모스를 확인한 오디세우스는 미리 만들어둔 나무 송곳의 끝을 불에 달구어 폴리페모스의 눈에 찔러 넣었습니다. 갑작스러운 고통에 놀라 잠이 깬 폴리페모스는 아무것도 보이지 않자 비명을 질러 다른 동굴에 사는 키클롭스들을 불렀습니다. 그 사이 오디세우스 일행은 양떼 사이로 들어가 몸을 숨겼습니다.

폴리페모스의 친구들은 도대체 무엇 때문에 비명을 지른 건지 물어보았습니다. 폴리페모스는 '아무도 아닌 게(우티테스)' 이렇게 자신에게 고통을 주고 있다며 억울함을 호소했습니다. 친구들은 도대체 영문을 모르겠다는 표정으로 말했습니다.

"자네를 그렇게 만든 게 아무도 아니라면(우티테스) 이는 아마도 제우스 신께서 노하셨기 때문일 걸세. 그러니 그저 고통을 참을 수밖에."

폴리페모스의 친구들이 모두 각자의 동굴로 돌아갔습니다. 홀로 남은 폴리페모스는 친구들의 말대로 아픔을 참으며 아침이 오기를 기다렸습니다. 앞을 볼 수 없는 폴리페모스가 양떼에게 먹이를 주기 위해 입구의 바위를 열었습니다. 혹시 이 틈을 타 오디세우스 일행이 도망갈지도 모른다는 생각에 그는 밖으로 나가는 양을 하나씩 쓰다

듣어 보았습니다. 이미 예상했던 터라, 오디세우스는 부하들에게 양의 등이 아닌 배에 매달리게 했습니다. 폴리페모스는 양의 등만을 쓰다듬었을 뿐 배까지는 손을 대지 않았습니다. 오디세우스의 기지로 동굴을 빠져나온 그들은 함께 밖으로 나온 양떼를 몰고 배를 탔습니다. 배에 돛을 올려 어느 정도 해안을 벗어나자 오디세우스는 폴리페모스에게 소리쳤습니다.

"네 이놈 폴리페모스야! 사람을 잡아먹는 흉악한 짓을 일삼더니 결국 이렇게 벌을 받는 것이다. 지금 네 꼴을 이렇게 만든 건 바로 나, 오디세우스다. 이 이름을 기억해라."

그의 말을 들은 폴리페모스는 그제야 자신이 오디세우스란 놈에게 눈이 멀게 될 거라던 신탁이 떠올랐습니다. 분을 참지 못한 폴리페모스가 해안가의 커다란 돌을 집어 들어 소리 나는 쪽을 향해 던졌습니다. 돌이 배를 맞추지 못한 채 거친 파도만 일으켜 오디세우스 일행이 타고 있던 배가 파도에 휩쓸려 뭍으로 돌아왔습니다. 겁에 질렸다가 겨우 바다로 빠져나온 일행은 온 힘을 다해 고향을 향해 노를 저었습니다. 고향으로 향한 길은 풍랑의 연속이었습니다. 장님이 된 폴리페모스가 아버지 포세이돈에게 복수를 부탁했기 때문이었습니다. 포세이돈은 오디세우스 일행이 가는 길마다 거친 파도를 만들어 그들의 귀향을 방해했습니다.

키클롭스의 나라를 떠난 그들이 다음으로 도착한 곳은 아이올리아 섬이었습니다. 그 섬에는 바람의 신 아이올로스와 그의 아들과 딸이 살고 있었습니다. 아이올로스는 과거에 오디세우스가 트로이 원정을 떠날 때, 그를 환송하며 축복을 빌어주었습니다. 이번에도 오디세우스에게 축원을 아끼지 않았습니다. 포세이돈의 저주로 항해에 어려움을 겪고 있다는 것을 알고는 항해를 방해하는 역풍을 담아 은으로 만든 사슬로 묶어 건네주었습니다. 이 주머니를 풀기 전까지는 순풍만이 함께할 것이라며 오디세우스를 격려했습니다.

오디세우스 일행은 아이올로스의 도움으로 노를 젓지 않고도 편안한 항해를 했습니다. 오디세우스는 잠시 후면 고향에 돌아갈 수 있다는 생각에 안심하여 모처럼 잠이 들었습니다. 그런데 오디세우스의 부하들 사이에서 작은 소란이 일어났습니다. 아이올로스가 오디세우스에게 준 선물이 세상에 둘도 없는 보물이냐 아니냐 하는 게 그 논란이었습니다. 결국 호기심을 참지 못한 부하들이 역풍이 담긴 주머니를 풀었습니다. 은사슬이 풀리는 순간 역풍이 휘몰아쳤습니다. 그들의 배는 순식간에 아이올리아 섬으로 되돌아가고 말았습니다.

아이올로스는 분노했습니다.

"인간들이여! 나의 호의를 한갓 어리석음으로 대신하다니! 다시는 인간에게 그 어떤 도움도 주지 않을 것이다."

그들은 다시 힘겹게 노를 저어 아이올리아 섬을 빠져나왔습니다. 잠시 후 오디세우스 일행은 사람을 잡아먹는 라이스트리고네스 족의 섬에 닿았습니다. 결국 오디세우스가 타고 있던 배 한 척의 선원들만 목숨을 구하고 다른 배에 탄 선원들은 모두 먹이가 되고 말았습니다.

다시 그들이 도착한 곳은 아이아이 섬이었습니다. 부하 대부분을 잃은 얼마 전의 참사를 다시 겪을까봐 걱정한 오디세우스는 몇 명의 대원을 선별하여 섬이 안전한지 먼저 둘러보라고 시켰습니다. 에우릴로코스를 대장으로 삼아 길을 떠난 이들은 잠시 후 언덕 위에 지어진 멋진 궁전에 도착했습니다. 궁전 입구를 늑대와 사자들이 에워싸고 있어서 그들은 다가서지 못하고 머뭇거렸습니다. 에우릴로코스는 섬을 빨리 빠져나가야겠다고 생각하고 뒤를 향해 돌아섰습니다. 그 순간 궁전의 문이 열리며 아름다운 음악 소리가 흘러나왔습니다. 그 소리에 일행은 무언가에 홀린 듯이 궁전 안으로 들어섰습니다. 입구를 막고 있던 야수들은 걱정했던 것과는 달리 너무나도 얌전히 길을 비켰습니다.

그 궁전에는 마녀 키르케가 살고 있었습니다. 그녀는 환한 미소를 지으며 일행을 환대했습니다. 왠지 이상한 기분에 에우릴로코스는 다급히 몸을 숨겼습니다. 다른 부하들은 키르케의 미소에 넘어가 그녀가 권하는 술과 음식을 기꺼이 먹었습니다. 한 상 그득하게 차려진 음식을 게걸스레 먹는 그들을 흐뭇하게 바라보던 키르케가 갑자기 지팡이를 들어 그들의 머리를 차례로 건드렸습니다. 지팡이가 지나간 자리에는 부하들 대신 살이 통통하게 오른 돼지만이 남았습니다. 오디세우스의 부하들이 돼지로 변한 것입니다. 키르케는 그들을 우리에 가두며 너무나 기쁜 듯 미소 지었습니다.

이를 숨어서 지켜본 에우릴로코스는 오디세우스에게 돌아가 그 일을 낱낱이 이야기했습니다. 깜짝 놀란 오디세우스는 부하들을 구하기 위해 혼자 길을 떠났습니다. 키르케의 궁전으로 가는 동안 부하를 구해낼 방법을 고민했지만 딱히 떠오르는 답이 없었습니다. 그런데 한 젊은이가 다가와 키르케를 이길 수 있는 방법이 있다며 다짜고짜 얘기를 꺼냈습니다. 인간으로 변신한 제우스의 전령 헤르메스였지만 오디세우스는 몰랐습니다. 그는 키르케가 마법을 쓰기 때문에 아무런 준비 없이 간다면 틀림없이 그녀의 계략에 넘어갈 것이라면서, 오디세우스에게 몰리라는 약초를 선물했습니다. 이를 몸에 지니고 있으면 어떤 마법을 쓴다 해도 걸려들지 않는다는 것이었습니다.

용기를 얻은 오디세우스는 키르케의 궁전 문을 직접 열었습니다. 키르케는 낯선 손님에 놀랐지만, 또 한 마리의 돼지가 생겼다며 속으로 즐기면서 서둘러 음식을 준비했습니다. 이번에도 키르케는 맛있는 음식과 술을 오디세우스에게 권했습니다. 그는 모든 음식을 남김없이 먹은 뒤 감사인사를 했습니다. 키르케는 이번에도 지팡이를 들어 오디세우스의 머리에 갖다 댔습니다. 하지만 오디세우스는 그녀가 내민 지팡이를 한 손으로 움켜쥔 뒤, 다른 손으로는 칼을 들어 그녀의 목을 겨눴습니다. 키르케는 그에게 칼만은 거둬달라며 애원했습니다. 오디세우스는 돼지로 변신한 부하들을 모두 사람으로 돌아오게 해주고 다시는 이런 짓을 하지 않겠다는 약속을 받아내고야 칼을 거두었습니다.

키르케는 그와의 약속을 지키고 그들이 섬에 머무는 동안 정성을 다해 보살펴주었습니다. 그때부터 키르케에게 매혹된 오디세우스는 좀처럼 다시 항해에 나설 생각을 하지 않았습니다. 그는 키르케와 연인이 되었습니다. 둘 사이에서 텔레고노스라는 아이까지 태어났습니다. 오디세우스는 점점 고향으로 돌아가고픈 생각이 없어졌습니다.

그러나 부하들은 그렇지 않았습니다. 고향에 있는 가족이 눈에 밟혀 하루라도 빨리 이 섬을 떠나고 싶었습니다. 오디세우스의 마음이 바뀌길 기다리던 부하들이 자신들끼리라도 고향으로 돌아가겠다고 했습니다. 그러자 오디세우스는 마지못해 섬을 떠날 채비를 했습니다. 1년 동안 연인으로 지낸 오디세우스가 떠난다는 이야기에 키르케는 가슴이 에이는 듯 아팠습니다. 그가 영원히 자신의 남자가 될 수 없는 위대한 인물이라는 걸 그녀는 잘 알고 있었습니다. 그녀는 오디세우스 일행이 무사히 고향에 도착하도록 신에게 기도드리는 것 외에는 할 수 있는 게 없었습니다.

떠나는 오디세우스에게 키르케가 한 가지를 당부했습니다. 고향을 향해 가는 도중에 세이렌의 섬을 지나가게 될 텐데, 바다의 요정 세이렌의 노랫소리를 들은 사람들은 너무나 매혹적인 목소리에 이끌려 바다에 빠져 죽는다는 것이었습니다. 때문에 그 바닷길을 지나가는 동안에는 부하들의 귀를 밀랍으로 틀어막아 아무런 소리도 듣지 못하도록 조치하라고 신신당부했습니다.

오디세우스는 그 소리가 궁금했습니다. 그는 부하들의 귀를 밀랍으로 막아 세이렌의 목소리를 듣지 못하게 하고는 자신의 귀는 막지 않았습니다. 대신 자신을 돛대에다 묶고 어떤 명령을 하더라도 절대로 풀어주지 말라고 했습니다.

항해를 시작하자 세이렌의 섬이 눈앞에 다가왔습니다. 부하들이 그를 돛대에 꽁꽁 묶었습니다. 이윽고 세이렌의 고혹적인 노랫소리가 울려 퍼졌습니다. 그 소리를 들은 오디세우스는 제발 밧줄을 풀어 달라며 부하들에게 눈물을 흘리며 애원했습니다. 그러나 아무런 소리도 못 듣는 그들은 오디세우스를 무시한 채 묵묵히 노를 저었습니다. 잠시 후 세이렌의 섬을 완전히 빠져나온 그들은 밀랍을 빼내며 안도했습니다. 그러나 안도의 순간도 잠시뿐이었습니다. 그들은 바다의 괴물인 스킬라와 카리브디스의 공격을 받았습니다. 그 결과 부하들은 모두 죽고 오디세우스만 간신히 살아남았습니다.

혼자가 된 오디세우스는 오기기아라는 섬에 표류하게 되었습니다. 전설의 섬 오기기아에는 티탄 신족 아틀라스의 딸인 칼립소라는 여신이 살고 있었습니다. 칼립소는 오디세우스를 보자마자 그에게 반해 어떤 수를 써서라도 자신의 곁에 두고 싶었습니다. 그녀는 신들의 음식인 암브로시아와 넥타르를 매일 그의 식탁에 올려놓았습니다. 그러나 오디세우스는 신들의 음식에는 눈길조차 주지 않았습니다. 신들의 음식을 먹으면 인간도 영생을 얻을 수 있었습니다. 그러나 오디세우스는 고향에 남아 있는 페넬로페와 남은 생을 함께하고 싶은 생각에 그녀의 호의를 거절했습니다.

오디세우스는 칼립소의 호의 속에 7년이나 오기기아 섬에 머물러야 했습니다. 사실은 칼립소가 그에게 배를 내주지 않았습니다. 칼립소는 자신의 곁에만 있어준다면 영원한 삶은 물론이거니와 원하는 권력과 재물을 모두 주겠다고 회유했습니다. 그러나 오디세우스의 가족에 대한 그리움은 좀처럼 변하지 않았습니다.

오디세우스를 늘 응원하던 아테나 여신이 고향으로 돌아가고 싶어도 칼립소에게 얽혀서 떠나지 못하는 처지를 제우스에게 하소연했습니다. 제우스는 전령인 헤르메스를 불러 칼립소에게 오디세우스를 그만 포기할 것을 설득하라고 명령했습니다. 칼립소는 그와 함께할 수 있는 시간이 얼마 남지 않았음을 알았습니다. 더 이상 오디세우스를 붙잡을 수 없다는 것을 인정한 그녀는 그에게 뗏목 만드는 법을 알려주었습니다. 뗏목이 완성되자 그녀는 충분한 식량과 순풍을 준비하여 그의 귀향을 도와주었습니다.

오디세우스가 탄 뗏목은 칼립소가 선물한 순풍에 의지해 육지를 향해 나아갔습니다. 육지에 다다를 무렵 여지없이 포세이돈의 저주로 거친 풍랑이 휘몰아쳤습니다. 뗏목이 완전히 부서져 헤엄을 쳐서 가까스로 해안에 도착한 오디세우스의 몰골은 부랑자와 다를 바 없었습니다. 그의 옷은 뗏목이 부서지면서 함께 누더기가 되었고, 오랜 항해로 얼굴에는 털이 덥수룩하게 자라 있었습니다. 피곤에 지친 그는 일단 잠시 몸을 뉘일 은신처를 찾았습니다. 그는 옷을 모두 벗어던진 채 냇가에서 몸을 씻고 풀을 모아서 이를 이불 삼아 잠이 들었습니다.

한참 단잠에 빠져 있다가 웅성대는 소리에 놀라 잠이 깬 오디세우스는 얼굴을 붉힐 수밖에 없었습니다. 화려하게 치장한 젊은 처녀 여럿이 벌거벗은 자신을 향해 손가락질하고 있었습니다. 오디세우스는 얼른 잎이 무성한 나뭇가지 몇 개를 꺾어 대충 몸을 가렸습니다. 놀란 처녀들은 도망가기 바빴지만 일행 가운데 가장 화려하게 치장한 한 여인만은 그 자리에 서 있었습니다. 그녀의 이름은 나우시카였습니다. 오디세우스가 도착한 그곳은 스케리아라는 섬이었고, 그녀는 그 섬의 왕 알키노스의 딸이었습니다.

나우시카와 벌거벗은 오디세우스의 만남은 우연이 아니었습니다. 나우시카는 전날 밤에 꿈을 꿨습니다. 아테나 여신이 나타나 당신이 조만간 결혼할 터이니, 집안 식구들의 옷을 모두 깨끗이 빨아 정갈하게 준비하라는 현몽이었습니다. 꿈에서 깬 나우시카는 아침이 되자 서둘러 하녀들에게 빨랫감을 마차에 실으라고 일렀습니다. 빨래를 하기 위해서는 궁전에서 멀리 떨어진 냇가에 가야 했습니다. 나우시카는 부모님께 꿈 이야기는 하지 않고 기분전환이라도 할 겸 빨래를 하겠다며 허락받았습니다. 먼 거리를 가야 하는지라 마차에는 엄청나게 쌓인 빨랫감만큼이나 많은 양의 음식도 함께 실었습니다. 시냇가에 도착한 그들이 자리를 잡고 빨래를 시작하려다 잠든 오디세우스를 발견한 것이었습니다.

오디세우스는 부끄러움에 붉게 달아오른 얼굴로 나우시카에게 그간의 사정을 이야기한 후, 먹을 것과 입을 것을 조금 나누어달라고 부탁했습니다. 나우시카는 흔쾌히 그가 원하는 것들을 주겠노라 했습니다. 우선 그녀는 챙겨온 빨랫감 중에서 오빠의 옷을 그에게 건네주고, 가져온 음식들도 아낌없이 주었습니다. 아테나 여신은 오디세우스가 음식을 먹는 동안 그의 몸을 근육으로 부풀어 오르게 하고, 얼굴은 광채로 빛나게 만들어주었습니다. 늠름한 사내 모습으로 바뀌어 가는 그를 지켜보던 나우시카는 그가 아테나 여신이 알려준 결혼 상대라고 생각했습니다.

나우시카는 도망친 하녀들을 불렀습니다. 보아하니 배가 난파되어 표류한 것 같은데 어찌 도와줄 생각은 하지 않고 도망치기에 급급하냐면서 오디세우스에게 사과를 하도록 했습니다. 그리고는 예전부터 신들에게 저 사람처럼 늠름한 사내를 배필로 맞게 해달라며 빌었는데, 드디어 신들이 답을 보내주신 것 같다며 그가 원하는 것은 무엇이든 간에 다 가져다주라고 했습니다.

그녀는 오디세우스에게 자신의 집에 함께 가서 일단 피곤에 지친 몸을 추스르는 게 어떻겠냐고 물었습니다. 조금 불안한 마음이 들긴 했습니다. 자신과 동행하는 오디세우스를 본 백성들이 어떤 소문이라도 퍼뜨릴까 싶었습니다. 그녀는 오디세우스에게 조금 떨어져 일행을 따라오게 했습니다. 만약 너무 멀어져서 자신들이 보이지 않으면 지나가는 백성에게 궁전으로 가는 길을 물어오라고 덧붙였습니다.

오디세우스는 나우시카의 말을 따라 일행이 떠나고 한참 뒤에 마차가 남긴 자국을 따라 걸었습니다. 한참 가다가 길이 갈라지자 물을 길러 가던 한 소녀에게 궁전으로 가는 길을 물었습니다. 소녀는 자신이 궁전까지 안내해주겠다고 했습니다. 그녀는 소녀로 변신한 아테나 여신이었습니다. 여신은 오디세우스를 그 누구도 보지 못하도록 짙은 안개로 감쌌습니다. 그 사실을 모르는 오디세우스는 스케리아 섬 사람들의 분주한 일상을 둘러보며 천천히 걸음을 옮겼습니다. 드디어 나우시카가 머물고 있는 궁전이 나타났습니다. 여신은 그에게 스케리아 섬의 역사와 문화를 잠시 일러주고는 안개와 함께 모습을 감췄습니다.

궁전은 눈이 휘둥그레질 정도로 화려했습니다. 손잡이부터 기둥까지 모두가 황금과 보석으로 치장되어 있었습니다. 궁전에서 일하는 하인들은 고운 비단옷을 차려 입고 각자 맡은 일에 열중하고 있었습니다. 궁전 입구에 자리 잡은 과수원에는 보는 것만으로도 군침이 돌 만큼 잘 익은 과일들이 무수히 달려 있었습니다. 또한 온 백성이 마실 수 있는 맑은 샘물이 과수원을 에둘러 흐르고 있었습니다.

이렇듯 풍요로운 왕국의 모습을 잠시 살펴본 오디세우스는 나우시카가 기다리는 대전으로 갔습니다. 나우시카의 아버지 알키노스 왕은 딸의 부탁을 받아 연회를 베풀었습니다. 오디세우스는 빠르게 원기를 되찾았습니다. 연회가 끝난 후 알키노스는 오디세우스에게 어떻게 이 섬에 오게 되었는지, 어떤 연유로 자기 아들의 옷을 입고 있는지 물었습니다. 그는 험난했던 지난 여정을 이야기하며, 다행히 표류한 자신을 나우시카 공주가 보살펴주었다고 감사의 인사를 했습니다. 그의 이야기를 듣고 있던 나우시카의 얼굴이 붉게 달아올랐습니다. 하지만 그를 마음에 품고 있는 딸의 심정을 알지 못한 알키노스는 그에게 고향까지 갈 수 있도록 배를 내주겠다고 약속했습니다.

다음날 아침, 알키노스는 이 섬에 오랜만에 찾아온 길손에게 귀한 선물 한 개씩을 선물해주는 것이 어떻겠냐며 족장들에게 의견을 구했습니다. 족장들은 앞다투어 진귀한 선물을 가져다 오디세우스가 탈 배에 실었습니다. 그 배에는 오디세우스 외에도 스케리아의 몇몇 선원들이 함께 탔는데, 때문에 오디세우스는 편안히 선실에서 잠이 든 채 고향 이타케까지 항해할 수 있었습니다. 이타케 해안에 도착한 오디세우스는 여전히 잠이 든 채 깨지 않았습니다. 선원들은 족장들의 선물과 함께 오디세우스를 조심스레 바닷가에 내려놓은 뒤 스케리아로 돌아갔습니다. 그들이 무사히 이타케까지 항해할 수 있었던 것은, 잠든 오디세우스가 포세이돈의 눈에 띄지 않았기 때문이었습니다. 나중에 자기 아들의 원수 오디세우스가 이타케에 무사히 도착한 사실을 안 포세이돈은 분을 참지 못하고, 되돌아가던 스케리아 선원들의 배를 바위로 만들어버렸습니다.

한참 후 잠에서 깬 오디세우스는 20년이라는 세월 동안 몰라보게 변한 고향 이타케의 모습에 어리둥절해 어디로 가야 할지 갈피를 못 잡았습니다. 그 앞에 젊은 양치기가 나타났습니다. 아테나 여신이었습니다. 양치기는 그간 이타케에 어떤 일들이 일어났는지 상세하게 알려주었습니다.

트로이전쟁이 끝난 뒤 몇 년이 지나도 오디세우스가 돌아오지 않자, 백여 명의 귀족들이 궁전을 찾아와 페넬로페에게 구혼을 하고 있다고 했습니다. 그들은 몇 년 동안 주인 없는 궁전에 머물며 자신들이 마치 왕이라도 되는 양 하인들을 부리고 연회를 베풀며 페넬로페에게 프러포즈를 하고 있었습니다. 오디세우스가 바다에서 떠돌다가 죽었다는 둥 멀리 떨어진 섬에서 아름다운 여인과 이미 살림을 차리고 있다는 둥 그를 음해하는 모든 소문들이 바로 그 귀족들의 입에서 나온 것이었습니다. 이런 소문을 확인하기 위해 장성한 그의 아들 텔레마코스가 먼 길을 떠났는데, 그마저도 아직까지 돌아오지 않고 있었습니다.

그는 일단 페넬로페에게 접근한 그 무례한 귀족들에게 복수하기로 마음먹었습니다. 오디세우스는 신분을 드러내지 않은 채 그들에게 접근하기로 했습니다. 거지 행색으로 꾸미기 위해 누더기로 갈아입고 얼굴에 잔뜩 검댕을 묻힌 오디세우스는 자신의 충복이었던 돼지치기 에우마이오스를 찾아갔습니다. 철저하게 변장했는데도 그를 한눈에 알아본 에우마이오스는 진심으로 그를 걱정하며 그간 있었던 일들을 소상히 알려주었습니다.

한편 아테나 여신은 텔레마코스에게 찾아가, 지금 당장 에우마이오스의 집으로 가서 그를 찾아온 손님과 힘을 합쳐 어머니를 구하라고 일렀습니다. 여신의 말에 곧바로 귀향한 텔레마코스는 에우마이오스가 어떤 거지와 환담을 나누는 모습을 보았습니다. 텔레마코스는 일단 여신이 일러준 대로 그에게 정중히 인사를 건넨 뒤 어머니를 괴롭히는 청혼자를 물리칠 수 있도록 도와달라고 했습니다. 거지는 텔레마코스를 물끄러미 바라본 뒤 잠시 자리를 피했습니다. 이윽고 정갈히 목욕하고 깨끗한 옷으로 갈아입은 오디세우스가 다시 나타났습니다. 그 모습을 보자마자 텔레마코스는 그가 자신의 아버지임을 알아차렸습니다.

20년 만에 다시 만난 아버지 앞에서 텔레마코스는 울음을 터뜨렸습니다. 그렇게 보고팠던 아버지였는데, 눈물이 앞을 가려 잘 보이지 않았습니다. 아버지의 가슴에 안겨 한참을 울고 나서 텔레마코스는 어머니를 당장 만나러 가자며 그의 손을 이끌었습니다. 하지만 오디세우스는 지금 당장 그녀 앞에 나선다면 수많은 귀족들이 그들에게 어떤 해코지를 할지 모른다며 그를 말렸습니다. 대신 텔레마코스가 먼저 궁전으로 들어가 상황을 살피고, 자신은 다시 거지 행색을 하고 들어가 그 다음 계획을 실행하자며 아들을 다독였습니다.

아버지의 말에 따라 텔레마코스는 먼저 궁전으로 돌아갔습니다. 역시나 페넬로페에게 구혼하러 온 수많은 귀족들이 연회를 펼쳐 궁전 안은 시끌벅적했습니다. 텔레마코스가 들어서자 잠시 동안 침묵이 흘렀습니다. 그도 그럴 것이 귀족들이 연합해 텔레마코스를 죽이려고 자객을 보냈는데, 그가 너무나 멀쩡한 모습으로 궁전으로 돌아왔기 때문입니다.

잠시 후 연회가 계속되자 시끌벅적한 틈을 타 거지로 변장한 오디세우스가 궁전으로 들어왔습니다. 거지를 발견한 귀족들은 잔뜩 인상을 찌푸리며 밖으로 내쫓으려 했습니다. 그런데 그 모습을 페넬로페가 보았습니다. 너무나 심하게 거지를 학대하는 그들에게 화가 난

루이 장 라그르네, <오디세우스의 편지를 읽는 페넬로페>(1780년경, 프랑스)

페넬로페는 목소리를 높였습니다.

"당신들이 지금 먹고 있는 음식도, 지금 머물고 있는 이 궁전도 당신들 것이 아닌데 왜 이곳을 찾은 손님을 멸시하는 건지 모르겠어요."

페넬로페는 거지를 자신의 방으로 데려가 먹을 것을 주며 물어보았습니다.

"혹시 세상을 떠도는 동안 내 남편 오디세우스의 이야기를 들은 적이 없나요? 분명 어딘가에 살아 있을 것 같은데, 왜 이리도 귀향하는 길이 멀기만 한 건지 모르겠어요."

거지는 그녀의 마음을 다 이해한다는 듯이 말했습니다.

"그 사람 이야기를 들은 적은 없지만, 왕비님께서 그토록 애타게 기다리시는 걸 보아하니 분명 돌아오실 겁니다."

혹여 남편의 어떤 소식이라도 듣게 될까 싶었던 페넬로페는 그다지 성과가 없자 한숨을 내쉬었습니다. 그런데 그녀 곁에 있던 늙은 사냥개 한 마리가 거지를 보자마자 꼬리를 흔들며 반겼습니다. 이미 너무 늙은 사냥개는 그를 한 번 반기고는 죽고 말았습니다. 아내 페넬로페도 알아보지 못한 오디세우스를 개는 기억하고 있었던 것입니다. 주인에게 마지막 인사를 한 개는 그 자리에서 죽었습니다.

페넬로페는 왜 사냥개가 거지를 반겼는지 미처 생각하지 못하고, 개를 묻어주기 위해 방을 나갔습니다. 그러면서 유모를 불러 거지의 발을 씻겨주라고 했습니다. 페넬로페가 시키는 대로 거지의 발을 씻겨주기 위해 신발을 벗긴 순간 유모는 그가 그토록 페넬로페가 그리워하던 오디세우스임을 알았습니다. 그의 발에 남아 있는 특이한 모양의 흉터 때문이었습니다. 오디세우스는 유모에게 아직은 그녀에게 사실을 알리지 말아달라고 부탁했습니다.

잠시 혼자 남은 페넬로페는 그동안의 삶을 돌아보았습니다. 오디세우스가 전쟁터에서 돌아오지 않자 그의 왕국을 탐내는 청혼자들이 몰려들기 시작했습니다. 그나마 그녀를 지켜주었던 시부모님도 그들을 막아주지 못했습니다. 아들 텔레마코스가 아버지를 찾겠다며 외국으로 떠난 후에는 더 이상 그녀를 지켜줄 사람이 없었습니다. 그러자 청혼자들이 더욱 집요하게 달려들어 견디다 못한 페넬로페는 청혼자들에게, 시아버지의 수의를 완성한 다음에 한 사람을 택해 결혼하겠다고 약속했습니다.

그렇게 잡아둔 시간도 벌써 3년이나 흘렀습니다. 낮이면 수의를 짜고, 밤이면 혼자서 몰래 다시 풀었습니다. 이미 그런 사실을 눈치 챈 청혼자들은 더 이상 견딜 수 없다며 싸움이라도 일으킬 태세였습니다. 아들은 다시 집으로 돌아왔지만 남편 소식은 전혀 들을 수 없습니다. 아들 혼자서는 도저히 그녀를 지켜줄 수 없을 것 같습니다. 이제 어쩔 수 없이 그들의 요구를 들어주어야만 할 것 같습니다.

이런저런 생각에 잠겨 심란하게 눈물을 흘리고 있는 페넬로페의 귓가에 아들이 외치는 소리가 들려왔습니다.

"나의 어머니를 아내로 맞이하고 싶은 청혼자들이여, 들으시오! 내가 가져온 이 활을 가지고 열두 발의 화살을 쏘아 저 앞에 걸려 있는 열두 개의 고리를 모두 통과하는 자에게 그 영광을 드리리다."

청혼자들은 환호성을 지르며 앞다투어 줄을 섰습니다. 텔레마코스는 과거에 어떤 영웅이 오디세우스에게 선물했던 활을 들고 와 그들 앞에서 외치고 있었습니다. 그리고는 시합에 앞서 혹여 결과에 승복하지 못하는 이들 때문에 참극이 벌어질 수도 있으니, 그들이 가져온 무기는 모두 한 곳으로 치워놓자고 제안했습니다. 청혼자들은 들뜬 마음에 흔쾌히 그의 말을 받아들였고, 그렇게 해서 페넬로페의 남편을 가리는 시합이 시작되었습니다.

좀 전까지 들뜬 축제 분위기와 달리 활을 쏘기 위한 청혼자들의 줄은 아주 빨리 줄었습니다. 텔레마코스가 꺼내온 활은 시위를 당기는 것조차 힘들 정도였기 때문입니다. 청혼자들은 활에 기름칠도 하고, 하인과 함께 힘을 합해 당겨보기도 했지만, 그들의 화살은 과녁을 맞히기는커녕 시위조차 벗어나지 못했습니다.

이때 거지로 변장한 오디세우스가 자신도 이 시합에 참여하겠다며 나섰습니다. 거지의 말을 들은 청혼자들은 황당한 듯 비웃으며 당장 그를 끌어내라고 했습니다. 텔레마코스는 당신들도 성공하지 못했는데 그가 할 수 있겠느냐며 한 번 기회라도 줘보자고 했습니다.

드디어 그 활의 주인 오디세우스가 활을 손에 쥐었습니다. 잠시 숨을 고른 그가 시위를 당기자 어느새 화살은 고리를 통과하여 벽에 꽂혔습니다. 지켜보던 청혼자들과 페넬로페는 너무나 놀란 표정으로 그를 바라보았습니다. 오디세우스는 다시 활시위를 당기더니 이번에는 페넬로페에게 무례하게 굴었던 청혼자들을 향해 화살을 쏘았습니다. 어느새 텔레마코스와 에우마이오스가 그의 옆으로 다가와 각자 무기를 꺼내들었습니다. 놀란 청혼자들이 자신들의 무기를 찾았지만 이미 치워진 지 오래였습니다. 목숨이라도 구하기 위해 밖으로 나가려던 청혼자들은 에우마이오스가 굳게 잠근 문 앞에서 발만 동동 굴렀습니다.

오디세우스는 더 이상 자신의 신분을 감추지 않았습니다. 당당히 자신의 이름을 알린 오디세우스는 아들과 함께 청혼자들을 향해 화살을 날렸습니다. 수많은 청혼자들은 비명조차 지르지 못하고 생을 마감했습니다. 피비린내 나는 한바탕 소란이 끝난 뒤 페넬로페는 그토록 보고 싶었던 남편에게 달려갔습니다. 20년이란 세월 앞에 변한 서로의 모습을 바라본 그들은 아무 말도 못하고 눈물만 흘렸습니다. 머나먼 길을 돌아 다시 만난 이들은 남은 생 동안 함께 왕국을 다스리며 행복한 나날을 보냈습니다.

정말 사랑한다면, 아무리 희생을 하더라도 그럼에도 사랑한다면, 그 사랑은 기다려야 합니다. 그러나 그 세월, 잃어버린 세월을 후회한다면, 그 세월이 아깝다면 그 기다림은 어리석습니다. 내가 기다리는 세월 동안 상대가 무엇을 하다가 돌아오든 용서할 수 있다면, 돌아오기만 한다면 그 기다림을 후회하기는커녕 기꺼워한다면 그건 가치 있는 사랑, 자기 몫의 사랑입니다. 그렇게 사랑하도록 천성을 가졌기 때문입니다. 사랑의 빛깔은 각자 다르기 때문에 다른 사람이 무엇이라 평하든, 어리석다고 하든 무모한 짓이라 하든 상관없습니다. 스스로 좋은 사랑은 각자 다르니까요. 자신의 희생이 기꺼운 것이라면, 그저 다시 이룬 사랑, 다시 회복한 사랑으로 그간의 모든 희생을 보상받는다고 생각한다면 그 사랑은 아름답습니다. 그것은 타고난 천성 덕분이니까요.

오르페우스와 에우리디케의 죽을 만큼 깊은 사랑

예언의 신이자 음악을 주관하는 신 아폴론은 리라 연주 실력이 매우 뛰어났지만, 그 누구와도 제대로 사랑을 나누지 못해 상심했습니다. 그는 자신을 따르는 뮤즈들을 유혹하기로 마음먹고, 마침내 아홉 뮤즈의 우두머리인 칼리오페를 유혹하는 데 성공해 오르페우스라는 아들을 얻었습니다.

어릴 때부터 오르페우스의 연주 실력은 아폴론을 뛰어넘었습니다. 인간은 물론이거니와 신들과 산속의 모든 동물들, 감정이 없는 식물과 바위까지도 오르페우스의 연주에 매료당했습니다. 그가 리라를 잡기만 하면 천지신명은 물론 모든 만물이 숨을 죽이고 경청했습니다. 오르페우스는 틈이 날 때마다 리라를 손에 들었습니다. 그의 손에서 울려 퍼지는 청아한 선율은 온 대지를 수놓았습니다.

오르페우스의 연주에 끌려 그의 곁을 맴돌던 한 님프가 있었습니다. 나무의 님프 에우리디케는 아무리 오르페우스를 따라다녀도 그가 관심을 보이지 않자 그의 앞에 용감하게 나섰습니다.

"오르페우스 님! 음악도 물론 좋지만 사랑은 음악보다 더 감미롭고 아름다운 것이랍니다. 내가 그 사랑을 당신에게 가르쳐줄게요. 그러면 당신이 연주하는 그 음악은 더 아름답고 고결해질 거예요."

그녀의 말에 끌린 오르페우스는 에우리디케의 바람대로 점점 그녀에게 사랑의 감정을 느끼게 되었습니다. 그렇게 시작한 사랑은 결혼이라는 결실을 맺었습니다. 그들은 결혼식에 여러 신을 초대했습니다. 그런데 그들의 결혼식에 참석한 결혼의 신 히메나이오스가 어처구니없는 실수를 저질렀습니다. 그는 두 사람의 행복을 기원하는 선물 대신에 횃불을 가져왔는데, 그 횃불에서 피어오른 매캐한 연기 때문에 하객들이 참지 못하고 눈물을 쏟아낸 것입니다. 우여곡절 끝에 결혼식은 끝났지만 히메나이오스의 횃불은 이 부부의 비극을 알리는 전조였습니다.

에우리디케는 결혼 후에도 그전처럼 친구들과 함께 숲을 돌아다니며 나무를 보살폈습니다. 남편의 사랑을 받은 에우리디케는 날이 갈수록 더욱 예뻐졌습니다. 그런데 오르페우스의 이복형제인 아리스타이오스라는 양치기가 그녀를 짝사랑하게 되었습니다. 아폴론이 사냥에 뛰어난 님프 키레네와 관계를 맺어 태어난 아이가 바로 아리스타이오스였는데 같은 아버지를 둔 형제가 한 여인에게 사랑의 감정을 품게 된 거죠.

에우리디케에게 반한 아리스타이오스는 오르페우스 몰래 그녀의 뒤를 집요하게 쫓아다녔습니다. 매일같이 기회를 엿보다 그녀가 홀로 있을 때 그는 타오르는 연정을 주체하지 못하고 그녀에게 다가갔습니다. 욕망에 불타오르는 눈빛의 남자가 다가오자 에우리디케는 무작정 도망쳤습니다. 그 뒤를 그가 급히 쫓았습니다. 앞서 달리던 에우리디케가 갑자기 비명을 지르더니 넘어졌습니다. 뒤를 따르던 그 또한 놀라며 그녀에게 다가갔습니다. 얼굴이 창백해진 그녀의 하얀 다리에서 붉은 피가 흘렀습니다. 그녀가 모르고 밟은 독뱀이 순간적으로 그녀의 다리를 물어버린 것입니다. 아리스타이오스는 너무 놀란 나머지 멍하니 바라보다 뒷걸음을 치며 도망쳐버렸습니다.

한편 좀처럼 돌아오지 않는 아내를 기다리던 오르페우스는 불안한 마음에 그녀를 찾아 나섰습니다. 한참 만에 숲에 잠든 듯 누워 있는 아내를 발견했습니다. 설마 하는 생각으로 그녀에게 다가가 보니 그녀는 누워 잠든 게 아니라 숨이 완전히 멎어 있었습니다. 늘 음악에만 취해 살던 그가 음악보다 더 아름답고 감미로운 사랑을 배워 그 소중한 감성을 연주한 지 얼마 되지 않았는데, 이렇게 한순간에 그의 사랑은 물거품이 되었습니다.

오르페우스는 북받쳐 오르는 슬픔을 연주에 담았습니다. 신들에게 아내를 다시 이승으로 돌려보내 달라고 애원했습니다. 하지만 아무리 신이라고 해도 목숨을 잃어 하데스의 세계로 내려간 이를 다시 지상으로 올려 보낼 수는 없었습니다. 오르페우스는 신들이 자신의 연주를 받아주지 않자 실성한 것처럼 세상을 떠돌아다녔습니다. 슬픔을 주체하지 못한 오르페우스는 자신이 직접 지하세계로 내려가리라 마음먹었습니다. 그는 라코니아로 가서 저승으로 이어진 길로 접어들었습니다. 저승으로 가기 위해서는 스틱스 강을 건너야만 했는데, 그곳의 뱃사공 카론은 산 자는 절대로 건네주지 않았습니다.

스틱스 강가에서 오르페우스는 리라를 꺼내들어 연주를 시작했습니다. 너무도 애련하고 아름다운 연주에 취한 뱃사공 카론이 그를 배에 태워주었습니다. 이어서 오르페우스는 머리 셋 달린 괴물 케르베로스가 지키는 저승 입구에 이르렀습니다. 이때도 리라 연주로 괴물의 마음을 사로잡아 무사히 문을 통과했습니다. 덕분에 오르페우스는 산 자의 신분으로 저승에 도착했습니다. 그는 지하세계를 다스리는 신 하데스와 페르세포네의 옥좌 앞에 나아가 다시금 리라를 연주했습니다. 그리고는 연주에 맞추어 다음과 같은 노래를 나직이 읊조렸습니다.

"지하세계의 신들이여! 생명을 가진 모든 인간은 이곳으로 오게 마련이지요. 진실로 바라노니 제 말을 들어주십시오. 제가 이곳에 온 것은 타르타로스의 비밀을 알아내기 위한 게 아닙니다. 그렇다고 머리가 셋 달린 문지기 괴물과 힘을 겨루기 위해서도 아닙니다. 저는 꽃다운 청춘임에도 불구하고 아무 죄 없이 독사에게 물려 원치 않은 죽음을 당한 제 아내를 찾으러 온 것뿐입니다. 그 사랑이 저를 이곳으로 인도한 것입니다. 지상에 거주하는 우리들을 지배하는 전지전능한 신뿐 아니라, 이곳에 계신 신들께서도 사랑을 고귀하게 여기시겠지요. 저는 이 공포로 가득 찬 곳, 침묵과 유령의 나라에 계신 당신들에게 간청합니다. 에우리디케의 생명의 줄을 다시 이어주십시오. 우리는 언젠가 이곳으로 오게 마련입니다. 저의 아내도 수명이 다 된 후에는 당연히 당신들의 세계로 돌아올 것입니다. 그러나 그때까지는, 원컨대 그녀를 저에게 돌려주십시오. 만약 거절하신다면 저는 홀로 돌아가지 않겠습니다. 저도 여기 머물겠습니다. 그런 뒤 당신들은 두 사람의 죽음을 눈앞에 놓고 승리의 노래를 부르십시오."

슬픈 곡조와 애절한 가사, 오르페우스의 연주와 읊조리듯 애절한 그의 노래는 저승에 머물고 있는 영혼들의 눈물까지 자아냈습니다.

마침 이곳에는 제우스의 벌을 받아 지하세계로 내려온 프로메테우스가 있었는데, 거대한 독수리가 그의 간을 쉼 없이 쪼고 있었습니다. 그 독수리마저도 일을 멈추고 오르페우스의 연주에 귀를 기울였습니다. 또한 채로 물을 푸는 벌을 받고 있던 다나오스의 딸들도 일을 잠시 멈추고 노래를 들었습니다. 뿐만 아니라 언덕 위로 끊임없이 돌을 굴리던 시시포스도 잠시 그 일을 멈추었습니다. 심지어 복수의 여신들도 정신을 놓은 채 하염없이 눈물을 흘렸습니다.

모두들 오르페우스의 음악에 빠져들어 지하세계의 질서가 한순간 멈추었습니다. 하데스는 그를 이곳에서 어떻게든 내보내야만 했습니다. 그러기 위해서는 오르페우스의 소원을 들어줄 수밖에 없었습니다. 하데스는 오르페우스에게 근엄한 목소리로 말했습니다.

"오르페우스, 일찍이 너의 연주 솜씨는 잘 알고 있었지만 이토록 심금을 울릴 줄은 몰랐다. 아내를 사랑하는 너의 마음과 그 마음을 담은 노래가 어찌나 아름답고 마음을 아리게 하는지 내 비록 신이지만 눈물이 날 지경이었다. 하여 내 이제까지 지켜오던 지하세계의 계율을 깨면서까지 너의 청을 들어주기로 하마. 하지만 네가 꼭 지켜야 할 것이 있으니, 에우리디케를 데려가는 동안 네가 앞장을 서서 가라. 그리고 지상에 도착하기 전에는 절대 한마디 말을 나눠서도, 아내의 얼굴을 보기 위해 돌아봐서도 안 된다."

오르페우스는 하데스에게 거듭 감사의 인사를 올리며 자리를 물러났습니다. 어둡고 험한 길을 둘은 말 한마디 하지 않고 걸었습니다. 한참을 걷고 걸어서 그들은 마침내 지상으로 나가는 출구에 거의 도착했습니다. 드디어 지하세계가 끝나고 지상으로 이어지는 길의 빛이 조금씩 새어듭니다. 순간 오르페우스는 너무나 들뜬 마음에 에우리디케가 잘 따라오고 있는지 확인하려고 뒤를 돌아봅니다. 그러자 아내는 안개의 정령으로 변하여 점점 사라집니다. 에우리디케가 지하세계로 다시 끌려갑니다. 그들은 서로 포옹하려고 팔을 내밀지만 두 팔에 감기는 것이라고는 허공뿐입니다.

다시 살아났다는 기쁨을 맛보기도 전에 다시 죽음의 세계로 돌아간 에우리디케, 그러나 그녀는 남편을 원망할 수 없었습니다. 자신을 너무나 사랑한 나머지 무시무시한 지하세계로 찾아온 남편을, 그토록 보고 싶은 것을 참고 참았다가 잠깐의 실수로 자기를 돌아본 남편을 어찌 원망할 수 있을까요. 그녀는 남편이 그저 고맙고 사랑스러울 뿐이었습니다. 비록 짧은 순간이었지만 그녀는 진심 어린 마음을 실어 애절하게 남편을 향해 이별을 고했습니다.

"오르페우스, 이제 정말 이별이군요. 안녕히!"

하지만 지하세계에서 어찌나 그녀를 빨리 끌어갔던지 그녀의 말소리는 공허한 연기처럼 흩어져서 잘 들리지 않았습니다. 오르페우스는 그녀의 뒤를 따르려고 발을 동동 굴렀지만 소용없었습니다. 잠시 후 지하세계의 문은 굳게 닫혔습니다. 그들 사이에는 시퍼런 스틱스 강물만이 흘러넘쳤습니다. 오르페우스는 뱃사공에게 제발 자신을 다시 한 번 지하세계로 데려다 달라며 사정했지만 오히려 그를 더 멀리 밀쳐낼 뿐이었습니다.

꼬박 일주일 동안 오르페우스는 먹지도 않고 자지도 않은 채 강가에 앉아 그저 눈물만 흘렸습니다. 자신도 아내의 뒤를 따라 죽고 싶은 심정이었습니다. 삶을 포기하는 것도 쉬운 일은 아니었고 속절없이 시간만 흘러갔습니다. 오르페우스는 아내의 모습이 떠오를 때마다 애달픈 비가를 부르며 리라를 연주했습니다. 그의 노래는 뭇 여인의 심장을 흔들어놓았습니다. 그의 음악의 매력에 빠져든 여인들 가운데 마이나스들이 있었습니다. 디오니소스를 따라다니는 미친 여자들 마이나스들은 그에게 욕정을 품고는 집요하리만큼 구애를 했습니다. 하지만 두 번 다시 자신에게 사랑이라는 감정은 없을 거라고 다짐한 오르페우스는 그녀들을 외면했습니다.

어느 날 마침 그 나라에서 디오니소스 제전이 열렸습니다. 모처럼 오르페우스도 그 제전에 참석했습니다. 축제가 시작되자 모두들 흥겨워하며 노래를 불렀습니다. 오르페우스도 분위기에 젖어 리라를 꺼내들고 연주를 시작했습니다. 연주에 심취한 마이나스들은 그를 둘러싸고는 멍하니 바라보았습니다. 그런데 갑작스레 한 마이나스가 오르페우스를 향한 정욕을 참지 못하고 그의 몸을 덮쳐 키스를 퍼부었습니다. 그러자 그를 빼앗기기 싫은 다른 마이나스들도 그에게 달려들어 서로 차지하려고 잡고 늘어졌습니다. 오르페우스는 달려드는 마이나스들의 손아귀에 온몸이 갈가리 찢겨 죽음을 맞습니다. 그의 몸통은 부서진 채 그의 머리만 남습니다. 잠시 후 정신을 차린 마이나스들은 그제야 자기들이 저지른 일을 깨닫고는 경악합니다.

이미 벌어진 일을 되돌릴 수는 없었습니다. 그녀들은 그의 머리와 리라를 헤브로스 강에다 던져버렸습니다. 강물을 따라 유유히 흘러가던 오르페우스의 머리는 놀랍게도 나지막한 목소리로 에우리디케의 이름을 부르며 사라졌습니다. 다행히 뮤즈들은 갈가리 찢긴 오르페우스의 시신을 모아 레이베트라에 묻었습니다. 강물을 따라 흘러

가던 그의 머리는 레스보스 섬에 도착했습니다. 이를 발견한 주민들이 기이하게 여겨 그의 머리를 건져 매장하고 그 자리에 신전을 세웠습니다. 그때부터 이 섬의 주민들은 음악과 시의 소질을 갖게 되었다고 합니다. 또한 그의 몸이 묻힌 레이베트라에서는 지금도 밤마다 꾀꼬리가 그의 묘에서 처연하면서도 아름다운 목소리로 노래를 부른다고 합니다.

그의 죽음과 사랑을 안타깝게 내려다보던 제우스는 그의 리라를 별자리 사이에 놓았습니다. 북쪽 하늘에서 볼 수 있는 거문고자리가 바로 오르페우스의 리라 별자리입니다. 몸과 머리와 리라는 각기 나누어졌지만 이제 영혼이 된 오르페우스는 지하세계에 내려가 그토록 간절히 원했던 에우리디케와 만날 수 있었습니다. 그들은 못다 한 사랑을 다시금 불태우며 지상에서 누리지 못했던 행복을 꽃피우고 있습니다.

죽음도 불사하고 뛰어드는 사랑은 신들의 마음도 움직입니다. 그만큼 사랑의 힘은 강하고 그윽합니다. 사랑은 전부입니다. 예술의 전부요, 문학의 전부요, 사람을 지배하는, 세상을 지배하는, 우주를 지배하는 힘입니다.

데우칼리온과 피라의 조화로운 사랑

　　판도라의 상자가 열린 이후 인간들의 세계는 점점 불행에 빠졌습니다. 그전에는 비록 신들과 같은 영원한 삶은 없었지만, 인간들도 신 못지않은 생활을 누렸습니다. 이 시기가 이른바 황금시대였습니다. 그런데 이 시기에 인간은 남성뿐이어서 신들처럼 성적인 쾌락은 몰랐습니다. 때문에 신들은 여성도 남성도 아닌 아름다운 인간을 바라보며 즐겼습니다.

　판도라의 상자가 열린 이후 인간은 먹고 살기 위해 땀을 흘려야만 했습니다. 일을 하지 않고도 신들이 내려주는 음식과 음료로 편안하게 생활하던 인간들에게는 참을 수 없는 형벌이었습니다. 이 시기가 은의 시대였습니다. 은의 시대도 그런 대로 살만했습니다.

　이제 인간세상은 청동의 시대를 맞았습니다. 판도라의 실수로 상자가 열린 이후였습니다. 이때부터 온갖 악행이 인간의 마음에 침투했습니다. 인간은 점점 타락했습니다. 끊임없는 분쟁과 혼란이 일어났고, 신들이 보기에 지켜볼 수 없을 만큼 점점 추악해졌습니다.

　제우스는 인간들을 내려다보면서 홍수를 내려 인류 자체를 없앨 계획을 세웠습니다. 제우스의 계획을 알아차린 프로메테우스는 자신의 피조물이 세상에서 사라지는 것을 그저 지켜볼 수만은 없었습니다. 그의 아들인 데우칼리온이 인간 피라와 결혼을 했으니 더더욱 그냥 있을 수 없었습니다. 피라는 프로메테우스의 동생 에피메테우스와 최초의 인간 여자 판도라의 딸로, 인간의 피를 물려받은 인간입니다. 프로메테우스는 아들의 불행을 그냥 지켜볼 수 없었습니다. 그는 아들을 불러 말했습니다.

"얼마 후 인간들이 사는 이 땅은 완전히 물에 잠길 것이다. 제우스와 신들이 결정한 일이라 내 능력으로는 이를 막을 수 없다. 그러니 너는 커다란 배를 만들어 먹을 것을 가득 실은 뒤 아내와 함께 배를 타거라."

프로메테우스의 예언대로 며칠 후 인간 세상에 폭우가 쏟아지기 시작했습니다. 제우스는 북풍의 신 보레아스에게 비를 몰고 오라고 명령했습니다. 보레아스가 움직이자 폭우는 어느덧 폭포수처럼 쏟아졌습니다. 포세이돈은 바다와 강이 모조리 범람하도록 명령을 내렸습니다. 물은 갑작스레 엄청나게 불어났습니다. 인간과 동물은 물론 인간이 지은 모든 것들도 물에 쓸려갔습니다. 얼마 지나지 않아 물에 잠긴 인간들은 모두 목숨을 잃었습니다. 다만 배에 타고 있던 데우칼리온과 피라만 살아남았습니다.

꼬박 9일 밤낮 내린 폭우로 온 세상이 물에 잠겼습니다. 물 위로 떠돌던 데우칼리온과 피라의 배는 세상에서 가장 높은 산인 파르나소스 정상에 걸렸습니다. 제우스는 이 부부 말고는 살아남은 인간이 단 한 명도 없는 것을 확인했습니다. 그들이 신을 경외하는 것을 안 제우스는 그들의 목숨을 살려주기로 하고 그제야 북풍에게 명령하여 비

페테르 파울 루벤스, <데우칼리온과 피라>(1636년, 스페인 프라도미술관)

구름을 물러가게 했습니다. 바다의 신 포세이돈도 아들 트리톤에게 소라고둥을 불어 세상에 가득 잠긴 물을 사라지게 하라고 명령했습니다. 물은 자기 자리를 찾아갔고, 바다는 해안으로 돌아가고, 냇물도 제자리로 돌아갔습니다.

새롭게 펼쳐진 세상에 단 둘만이 남았을 때 데우칼리온은 아내 피라에게 말했습니다.

"오, 피라여! 이 세상의 유일한 여인이여! 우리의 조상 프로메테우스가 새로운 종족을 만든 것처럼, 우리도 그와 같은 능력을 가져 인간들을 갱생시킬 수 있다면 좋겠소. 그러나 이 일은 우리 힘으로는 안 될 테니 저기 있는 신전에 가서 신들에게 장차 우리가 무엇을 해야 좋을지 물어봅시다."

그들은 가장 가까운 곳에 있는 정의의 여신 테미스의 신전을 찾아갔습니다. 한동안 물에 잠겨 있던 신전은 이끼들로 더럽혀져 있었습니다. 신들을 위한 거룩한 불도 오래전에 꺼져버렸습니다. 데우칼리온과 피라는 땅에 엎드려 테미스 여신에게 간절히 기도를 올렸습니다.

"위대한 우라노스와 자비로운 가이아의 딸 정의로운 신 테미스시여. 우리에게 지혜를 주소서. 어떻게 하면 멸망한 인류를 전과 같이 만들 수 있는지 제발 가르쳐주십시오. 우리 두 사람이 죽으면 이제 인류는 완전히 사라지고 마옵니다. 그러니 제발 인류를 다시 만들 수 있는 방법을 가르쳐주소서."

이들의 간절한 기도를 들은 테미스는 근엄하면서 아름답고, 경건하면서도 부드러운 목소리로 응답했습니다.

"내 너희들의 신을 섬기는 마음을 보았고, 다른 인간들과는 다른 정직함을 보았으니, 너희들의 간곡한 청을 물리칠 수가 없구나. 이제 너희에게 지혜를 줄 것이니, 내 말대로 하여라. 옷을 모두 벗은 채 베일로 얼굴을 가리고 원래 세상에 내려왔던 인간의 모습 그대로 이 신전을 떠나라. 그리고 너희 어머니의 뼈를 어깨 너머로 던져라."

데우칼리온과 피라는 테미스의 신탁을 듣고는 너무나 소스라치게 놀랐습니다. 죽은 사람의 시신을, 더군다나 어머니의 유골을 파낸다는 것은 상상조차 할 수 없기 때문이었습니다. 차마 여신의 명을 따르지 못하고 한동안 침묵을 지키던 피라가 먼저 침묵을 깨고 말했습니다.

"테미스 님, 저희는 그 말에 복종할 수 없습니다. 감히 부모의 유골을 더럽힐 수 없습니다."

그럼에도 테미스 여신은 더 이상 아무 말도 하지 않았습니다. 할 수 없이 둘은 무거운 마음으로 신전을 나와 숲으로 들어갔습니다. 신탁에 대하여 곰곰이 생각하던 데우칼리온이 한참의 침묵을 깨고 입을 열었습니다.

"아무리 생각해도 신탁의 의미는 우리가 알고 있는 것과 다른 것 같소. 만물의 위대한 어머니는 대지를 가리키니, 그렇다면 뼈는 돌을 지칭하는 게 아닐까 싶소. 그러니까 우리는 이 돌을 어깨 너머로 던지기만 하면 될 것 같소. 그렇게 한들 손해 볼 것도 없으니 일단 해봅시다."

테미스 신의 명대로 데우칼리온은 베일로 얼굴을 가리고 옷을 벗은 뒤 돌을 주워 뒤로 던졌습니다. 그러자 돌들이 마치 조각가의 손길에 닿아 반쯤 조각된 돌덩어리처럼 점점 인간의 모습을 취하기 시작했습니다. 돌에 묻어 있는 진흙은 살이 되고 딱딱한 돌은 뼈가, 돌의 결은 그대로 혈관이 되었습니다. 그렇게 하여 인간이 다시 만들어지기 시작했습니다. 그냥 지켜만 보던 피라도 데우칼리온이 하는 것처럼 돌을 집어 뒤로 던졌습니다. 데우칼리온이 던진 돌은 남자가 되었고, 피라가 던진 돌은 여자가 되었으니 이들이 인류의 조상입니다.

그 후 데우칼리온과 피라는 그들의 피를 물려받은 아들을 낳는데 헬렌입니다. 인간들은 점점 번성했지만 신들과 벌어진 관계를 좀처럼 회복할 수 없었습니다. 더 이상 신들은 인간 세상에 내려오지 않았고, 인간은 신탁을 통해서만 신들의 말을 들을 수 있었습니다.

남녀가 똑같을 수는 없습니다. 서로 달라도 한참 다릅니다. 그럼에도 불구하고 서로 다른 두 성이 함께 지낼 수 있는 이유는 다름은 서로 통하기 때문입니다. 한 사람이 지혜로우면 우둔한 한 사람을 채워줄 수 있습니다. 서로 같은 성격이나 같은 취향을 가진 사람들이 서로 잘 어울릴 것 같지만, 남녀관계는 같음보다 보완관계가 더 나을 수 있습니다. 그 사랑을 조화로운 사랑이라 부릅니다.

멜람푸스와 이피아나사의 운 좋은 사랑

아미타온과 에이드메네의 아들인 멜람푸스는 신으로부터 예언능력을 받은 최초의 인간입니다. 그가 예언능력을 얻은 데는 다음과 같은 사연이 있습니다.

멜람푸스는 형 비아스와 함께 필로스에서 어린 시절을 보냈습니다. 어느 날 그는 메세네의 왕 폴리파테스를 따라 시골로 내려갔습니다. 그런데 가던 중에 왕의 노예가 뱀에 물려죽었습니다. 노예를 잃은 왕은 격분하여 그 자리에서 뱀을 죽여 버렸습니다. 이 모든 것을 지켜본 멜람푸스는 불쌍한 생각이 들어 죽은 뱀을 땅에 정성스레 묻어주었습니다. 그리고는 행렬을 따라 시골로 가서 얼마간 머물렀습니다.

그리곤 시골에서 돌아오던 길에 전에 뱀을 묻은 곳을 지나다 떡갈나무 줄기 속에서 어미 잃은 뱀의 새끼들을 발견했습니다. 측은한 마음에 멜람푸스는 새끼 뱀들을 집으로 데려와서 길렀습니다. 새끼 뱀들은 멜람푸스가 어미라도 되는 양 그의 곁을 늘 따라다녔습니다. 남들이 보면 기겁할 노릇이었지만 그가 잠이 들면 부드럽게 그의 귀를 핥아주곤 했습니다.

그러던 어느 날 잠에서 깬 멜람푸스는 자신에게 신기한 능력이 생겼음을 느꼈습니다. 자신이 키우는 뱀들의 말은 물론이거니와 온갖 짐승들의 말을 알아들을 수 있었습니다. 그는 짐승들의 말에서 잠시 후 알페이오스 강가에 아폴론 신이 머문다는 얘기를 알아듣고 호기심이 발동해 아폴론 신을 찾아갔습니다. 아폴론 신 역시 그의 신기한 능력을 알아보았습니다. 그의 행위를 모두 알고 있던 아폴론 신은 그를 가상히 여겨 더 강력한 예언의 힘을 선물로 주었습니다.

한편 그의 형 비아스는 필로스의 왕 넬레우스의 딸 페로를 사랑했습니다. 페로 역시 비아스를 보는 순간부터 사랑의 감정을 키워왔는데, 신분의 차이 때문에 넬레우스는 그들의 결혼을 쉽게 허락하지 않았습니다. 어느 날 넬레우스가 비아스에게 이렇게 제안했습니다.

"그대가 나의 딸 페로를 사랑하고 있다는 것을 잘 알고 있네. 하지만 나에게는 둘도 없는 소중한 딸이라 그냥 넘겨줄 수는 없네. 내가 그대에게 한 가지 제안을 할 것이니, 이를 수용하여 내 뜻을 이루어준다면 그대와 내 딸의 결혼을 허락하겠네."

비아스는 너무 기뻐서 지체 없이 대답했습니다.

"무슨 말씀이든지 하소서. 원하시는 일을 꼭 성사시켜 사랑하는 페로와 반드시 결혼하겠나이다."

그는 페로를 깊이 사랑하고 있었기 때문에 무엇이든 마다할 수가 없었습니다.

"테살리아 필라카이에 가면 필라코스라는 자가 있을 걸세. 그 자가 소유하고 있는 소를 데려오게. 그러면 그대와 내 딸을 결혼시켜주겠네. 이는 그대에게만 제안하는 것이 아니라네. 내 딸을 달라는 구혼자들이 많이 있기에 그들에게도 똑같은 조건을 제시했네. 그러니 자네도 서둘러야 할 걸세.”

처음엔 기뻤으나 넬레우스의 제안에 비아스는 답답했습니다. 자칫 잘못하면 다른 경쟁자에게 페로를 빼앗길 게 뻔했기 때문입니다. 여러 궁리를 해보았지만 자신의 능력으로는 필라코스의 소를 데려올 자신이 없었습니다. 절대로 잠을 자지 않는 무서운 개가 그 소를 지키고 있었기 때문입니다. 아무리 애를 써도 뾰족한 방법이 떠오르지 않았습니다. 머리를 쥐어짜는 듯 침통한 표정인 비아스에게 멜람푸스가 물었습니다.

“왜 그러는 거야? 뭐 걱정거리라도 있어?”

잠시 망설이던 비아스는 그간의 일들을 털어놓았습니다. 멜람푸스는 자신의 유일한 형제인 비아스의 고민을 해결해주고 싶었습니다. 비아스 대신 그 소를 자신이 훔쳐 주어야겠다고 생각했습니다. 짐승들의 말을 알아들을 수 있다는 자신감이 있었기 때문입니다. 그는 비아스에게 자신이 대신 그 소를 훔쳐오겠다고 약속했습니다.

그러나 소를 훔치는 일이 마음처럼 쉽지 않았습니다. 결국 개에게 들키고 만 멜람푸스는 소의 주인인 필라코스 앞으로 끌려갔습니다. 그는 소를 훔치려 한 이유를 설명하고는 제발 도와달라고 빌었습니다. 형제간의 애틋한 사랑을 들은 필라코스는 자신을 희생하려는 그를 기특하게 여기면서도 다음과 같은 조건을 제시했습니다.

“내 너의 가상한 마음을 높이 사겠다. 그러나 죄의 대가는 치러야 할 터, 이에 너를 감옥에 1년 동안 가두어둘 것인데, 출옥한 뒤에는 너에게 소를 주겠노라.”

멜람푸스는 1년 동안 감옥에 갇혀 있어야 했습니다. 형기가 거의 끝나가던 어느 날, 그는 감옥 지붕에서 벌레들이 웅성거리는 소리를 들었습니다.

"우리가 대들보를 거의 다 깎아 먹었으니 아마도 오늘 밤에 지붕이 내려앉을 것 같아. 그러니 이제 우리 모두 다른 건물로 옮기자고!"

깜짝 놀란 멜람푸스는 간수들에게 자신을 다른 감옥으로 옮겨달라고 부탁했습니다. 또한 간수들에게도 다른 곳으로 몸을 피하라고 간절하게 말했습니다. 간수들은 처음엔 고개를 갸웃했지만 그의 표정이 너무 진지해서 그의 말을 일단 믿었습니다. 그런데 그의 예언대로 그날 밤 감옥의 지붕이 무너져 내렸습니다. 덕분에 사람들은 다행히 참사를 피할 수 있었습니다.

필라코스는 간수들로부터 이야기를 전해 듣고 멜람푸스를 불러 어찌된 영문인지 물었습니다. 멜람푸스는 벌레들의 이야기를 듣고 조언을 한 것이라고 알렸습니다. 그의 예언능력에 놀란 필라코스가 자신의 아들인 이피클로스가 자식을 못 낳고 있는데 어찌된 일인지 알 수 있느냐고 물었습니다. 잘 되었다고 생각한 멜람푸스는 소를 내주면 문제를 해결해주겠다고 했습니다. 필라코스는 자신의 모든 소를 선뜻 그에게 내주었습니다. 그러자 멜람푸스는 그가 받은 소들 가운데 두 마리를 잡아 새들에게 대접했습니다. 새들의 포식이 끝나갈 무렵 한 늙은 독수리가 날아왔는데 이 독수리는 필라코스의 지난 과오를 알고 있었습니다. 독수리가 멜람푸스에게 그 이야기를 해주었습니다.

"필라코스가 과거에 숫양을 거세한 적이 있어요. 그는 숫양의 피가 묻은 칼을 들고 어린 이피클로스에게 다가갔죠. 어린 아들이 무서움에 비명을 지르자 필라코스는 아들을 달래며 그 칼을 신성한 떡갈나무 밑에 묻었어요. 그러고는 지금까지 그 일을 까맣게 잊고 있었지요."

멜람푸스는 독수리가 알려준 신성한 떡갈나무 아래를 파보았습니다. 그러자 숫양의 피가 굳은 녹슨 칼이 정말 그곳에 있었습니다. 멜람푸스는 이피클로스에게 그 칼의 녹이 섞인 포도주를 10일 동안 계속해서 마시게 했습니다. 그러자 놀랍게도 이피클로스는 얼마 후 아내의 임신 소식을 들었습니다. 덕분에 멜람푸스는 필라코스에게서 소를 얻어 필로스로 떠났습니다.

그는 소를 넬레우스 왕에게 바치면서 형 비아스와 공주 페로의 결혼을 허락해 달라고 부탁했습니다. 넬레우스는 그의 청을 받아들였죠. 동생의 도움으로 비아스는 사랑하는 페로와 한평생을 함께할 수 있었습니다.

한편 멜람푸스가 예언능력으로 필라코스의 소를 얻었다는 소문이 나자, 각지에서 그에게 도움을 청하려는 사람들이 몰려들었습니다. 아르고스의 왕 프로이토스 역시 멜람푸스의 소문을 들었습니다. 그의 딸들은 갑자기 까닭을 알 수 없는 병으로 미쳐버렸습니다. 그는 멜람푸스라면 딸들의 병을 고칠 수 있을 것 같아 직접 와서 딸들의 병을 고쳐달라고 정중하게 부탁했습니다. 멜람푸스는 그녀들의 병을 고쳐주는 대가로 아르고스 왕국의 3분의 1을 달라고 했습니다. 프로이토스는 멜람푸스의 제안을 쉽게 허락할 수 없어 일단 거부했습니다. 그러자 딸들의 광기에서 그치지 않고 점점 아르고스의 여인들에게까지 전염되기 시작했습니다. 광기 어린 그녀들은 스스로를 소라고 생각해 산속을 헤매고 다니는가 하면 자기 자식들을 죽이기까지

했습니다.

상황이 이쯤 되자 프로이토스는 멜람푸스의 제안을 받아들일 수밖에 없었습니다. 멜람푸스는 이번엔 한술 더 떠 왕국의 3분의 2를 달라는 조건을 제시했습니다. 다급한 프로이스토스는 어쩔 수 없이 그의 제안을 받아들였습니다. 그제야 멜람푸스와 비아스는 아르고스의 미친 여자들을 아르테미스 신전으로 데려가 치료해주었습니다. 하지만 그동안 시간을 지체한 탓에 프로이토스 왕의 딸 중 한 명인 이피노에가 죽었습니다. 그의 형 비아스도 아내 페로를 잃었습니다. 그토록 애써 얻은 페로를 잃은 비아스의 마음은 찢어질 듯 아팠습니다.

세월이 흘러 멜람푸스는 프로이토스의 딸 이피아나사와 결혼하여 세 아들을 두었습니다. 프로이토스의 뒤를 이어 아르고스 왕이 된 멜람푸스는 남은 생을 행복하게 살았습니다.

✦ ✦ ✦ ✦ ✦ ✦

남의 아픔을 돌아보는 사람은 어진 사람입니다. 그는 누구와도 잘 조화를 이룰 수 있습니다. 자신의 능력을 과신하지 않고, 남의 아픔을 어루만져주기 위해 자신의 재능이나 힘을 사용하는 사람은 누구와도 잘 지낼 수 있습니다. 내가 더 잘났다고 우쭐하는 게 아니라 내가 나은 점을 상대를 위해, 상대를 배려하여 사용하면 그것이 참사랑입니다.

5.
사랑에 눈먼 인간,
사랑으로 비극을 맞이하다

디오니소스는 어머니가 아닌 남자의 몸에서 태어납니다.

그의 어머니는 원래 인간 여자 세멜레였습니다.

그런데 세멜레는 제우스의 원래 모습을 보는 바람에,

그 뜨거운 열기에 타올라 그만 재로 변하고 맙니다.

그녀가 완전히 재가 되기 직전에 제우스는 태중의 아기를

자신의 넓적다리에 심습니다.

그 아이가 디오니소스입니다.

디오니소스처럼 술에 취한 분별없는 사랑

　　디오니소스는 어머니가 아닌 남자의 몸에서 태어납니다. 그의 어머니는 원래 인간 여자 세멜레였습니다. 그런데 세멜레는 제우스의 원래 모습을 보는 바람에, 그 뜨거운 열기에 타올라 그만 재로 변하고 맙니다. 그녀가 완전히 재가 되기 직전에 제우스는 태중의 아기를 자신의 넓적다리에 심습니다. 그리고 산달이 차자 자신의 넓적다리를 갈라 아기를 끄집어냅니다. 그 아이가 디오니소스입니다. 인간의 피를 물려받았으나 제우스의 몸에서 태어난 덕에 영생불사의 몸, 신으로 태어났습니다.

　엄마가 없기 때문에 누군가에게 아이의 양육을 맡겨야 했던 제우스는 고민이었습니다. 헤라의 미움이 두려워 그 누구도 아이를 맡으려 하지 않았습니다. 결국 제우스는 헤라의 눈을 피해 아이를 기를 수 있게 전령신 헤르메스를 불러 디오니소스를 맡겼습니다.

　"헤르메스야, 이 아이를 헤라의 눈을 피해 지상의 골짜기 중 가장 아름답다고 알려진 니사로 데려다가 그곳 님프들에게 소중히 보살피도록 해라."

　명을 받은 헤르메스는 니사 골짜기로 가서 다른 사람들의 눈에 띄지 않도록 아이를 조치한 후 님프들에게 디오니소스를 맡겼습니다. 제우스의 넓적다리에서 태어난 디오니소스는 포도를 무르익게 하는 강렬한 열기 같은 열정을 지닌 아이로 자랐습니다.

그의 어린 시절은 평탄치 않았습니다. 마침내 그의 존재를 알게 된 헤라가 그의 양육을 도운 님프들에게 저주를 내려 광인으로 만들었기 때문입니다. 이를 불쌍히 여긴 제우스는 그 님프들을 히아데스 성좌로 만들었습니다. 헤라의 저주가 두려운 님프들은 하나같이 디오니소스의 양육을 거부했습니다. 디오니소스는 어쩔 수 없이 사람들의 손에서 자랄 수밖에 없었습니다.

헤르메스는 아직 어린 디오니소스를 안고 아이를 길러줄 적임자를 찾아 세상을 헤맸습니다. 오랜 고민 끝에 그는 아이의 어머니 세멜레의 언니 이노를 떠올렸습니다. 이노는 보이오티아의 왕 아타마스의 두번째 아내였습니다. 그의 첫 아내는 구름의 님프 네펠레로, 그들 사이에서 아들 프릭소스와 딸 헬레가 태어났습니다. 그런데 아타마스는 시간이 흐를수록 네펠레에게 정이 떨어졌습니다. 구름의 님프 네펠레는 먹구름이 낄 때마다 잔뜩 인상을 찌푸리곤 했는데, 그런 네펠레의 표정이 영 마음에 안 들었던 것입니다. 아타마스는 그녀에게 이런 불만을 토로했지만, 오히려 태생 때문에 그럴 수밖에 없음에도 이를 이해해주지 못한다며 그에게 서운함을 드러냈습니다. 둘 사이는 점점 소원해졌습니다.

그때 환하게 미소를 짓는 이노가 아타마스 앞에 나타났습니다. 이노의 미소에 온통 마음을 빼앗긴 아타마스는 그녀를 그냥 보내면 다시는 못 만날 것 같다는 생각에 다짜고짜 그녀에게 다가가 키스를 했습니다. 갑작스런 키스에 이노는 처음엔 아연실색했지만 그의 배짱과 용기에 마음이 움직였습니다. 아타마스는 조만간 아내와 이혼을할 테니, 제발 자기 아내가 되어달라고 했습니다. 이노는 아름다운 미소를 지으며 연락을 기다리겠다고 약속했습니다.

집으로 돌아온 아타마스는 네펠레와 마주치는 것조차 싫었습니다. 아타마스가 네펠레를 처음 보았을 때는 우수 짙은 그녀의 모습에 매력을 느꼈습니다. 너무나도 밝은 미소를 가진 이노를 본 순간부터 그가 보기에 네펠레는 추녀였습니다. 아타마스는 네펠레에게 다짜고짜이혼해 달라고 요구했습니다. 네펠레는 그에게 이미 다른 연인이 생겼음을 식감했습니다. 아무리 설득한다 한들 이미 떠난 마음을 되돌릴 수 없다고 생각한 네펠레는 두 아이를 잘 키워달라고 부탁한 뒤친정으로 돌아갔습니다.

아타마스는 그 길로 이노에게 달려가 정식으로 청혼하고 며칠 후성대한 결혼식을 올렸습니다. 몇 년 후 이노도 레아르코스와 멜리케르테스라는 두 아이를 낳았는데, 친자식이 생기다보니 이제는 전처자식들인 프릭소스와 헬레가 눈엣가시처럼 여겨졌습니다. 이노의 미움은 급기야 그들을 죽이려는 흉계까지 꾸미게 되었습니다.

보리를 심는 계절이 돌아오자 그녀는 몰래 사람들을 시켜 왕궁 앞에 펼쳐진 드넓은 보리밭에 삶은 보리를 심게 했습니다. 당연히 그 밭에서는 어떤 새싹도 자라나지 않았습니다. 아타마스는 이를 이상히생각했습니다. 그의 표정을 눈치 챈 이노가 말했습니다.

"여보, 단 한 번도 이 밭에서 보리가 자라지 않은 적이 없었는데, 이번 일은 아무래도 신의 분노 때문인 것 같아요. 도대체 이게 무슨 일인지 델포이의 신탁을 받아보는 건 어떨까요?"

그녀의 말에 동의한 아타마스는 총애하는 신하를 델포이로 보냈습니다. 그러나 이노는 미리 그 신하를 매수했습니다. 그는 델포이로 향하지 않고 다른 곳에서 며칠 머물다가 아타마스 앞에 나타나 이노가 알려준 대로 신탁을 말했습니다.

"왕이시여, 델포이 신탁에 의하면 전처 자식인 프릭소스를 제우스에게 제물로 바쳐야만 이 기근이 풀린다고 합니다."

아타마스는 순간 눈앞이 캄캄했습니다. 자신의 손으로 자식을 죽여야만 백성의 고통을 막을 수 있다니 믿기지 않았습니다. 그러나 이노의 부추김 때문에 아타마스는 어쩔 수 없이 프릭소스를 제단으로 데려오라고 했습니다.

아무것도 모른 채 아버지의 부름을 받은 프릭소스를 아타마스는 밧줄로 꽁꽁 묶게 하고 제단에 눕힌 후 그의 목을 칼로 내리치려 했습니다. 그 순간 제우스의 전령 헤르메스가 보낸 황금 양이 나타나 프릭소스를 태우고는 하늘로 솟구쳐 올랐습니다.

그 황금 양은 프릭소스의 생모인 네펠레가 이노의 흉계를 알아차리고는 제우스에게 부탁해 얻은 양이었습니다. 프릭소스를 태운 황금 양은 누이동생 헬레도 함께 태우고는 더 먼 곳을 향해 날아갔습니다. 그러나 바다를 건너던 중에 잘못하여 헬레가 떨어져 죽었습니다. 그 후로 헬레가 떨어진 해협은 그녀의 이름을 따서 헬레스폰투스라고 불렸습니다.

황금 양은 프릭소스를 흑해 동쪽에 있는 콜키스 왕국에 내려주었습니다. 아이에테스라는 왕이 다스리는 나라였습니다. 그의 딸 칼키오페와 사랑에 빠진 프릭소스는 그녀와 결혼했지만 장인 아이에테스의 손에 목숨을 잃고 말았습니다. 이방인에게 자신이 살해될 것이라는 신탁을 받은 장인이 두려움을 참지 못하고 그를 죽인 것입니다. 그렇게 아타마스의 전처 자식들은 이노의 계략대로 모두 죽었습니다.

헤르메스는 그때 일이 떠올라 이노에게 디오니소스를 맡기는 것이 썩 내키지 않았습니다. 그럼에도 이 아이가 제우스의 아들이라는 비밀을 지켜줄 사람은 그녀밖에 없을 것 같았습니다. 더군다나 이노와는 자매관계로, 동생의 아들이니 누구보다 잘 보살펴 주리라 기대하기도 했습니다.

"이노, 이건 절대 비밀이네. 이 아이는 그대의 동생 세멜레의 아들일세. 세멜레는 제우스와의 사이에서 이 아이를 잉태했지만 불행하게도 아이에게 젖 한 번 물려주지 못하고 너무 빨리 세상을 떠나게 되었지. 그러니 그대가 이 아이를 잘 키워야만 하네. 이 아이가 제우스의 아들이라는 것이 세상에 알려지면, 헤라 여신이 분명 가만히 있지 않을 걸세. 이 비밀은 죽을 때까지 지켜야만 할 걸세. 만약에 이 아기를 전처 아이들처럼 키운다면 그동안 그대가 꾸몄던 계략들을 남편에게 남김없이 알려주겠네."

이노는 자신이 전처 자식들을 죽이기 위해 일을 꾸몄다는 것을 남편이 알까 두려웠지만, 그보다도 이미 세상을 떠난 동생의 하나뿐인 자식이 안쓰러운 생각이 들어 디오니소스를 맡기로 했습니다. 이노는 혹여 헤라의 눈에 뜨일까 두려운 나머지 디오니소스에게 여자아이의 옷을 입혀 키웠습니다.

디오니소스는 이노와 아타마스의 보살핌 아래 또래 아이들보다 훨씬 건장한 체격으로 잘 자랐습니다. 디오니소스는 이노와 아타마스를 부모로 알았습니다. 그러나 헤라는 디오니소스가 세멜레의 아이라는 것을 눈치 챘습니다. 디오니소스는 제우스의 허벅지에서 자랐기 때문에 이미 불사신이었으므로 헤라가 어떤 저주를 내려도 목숨을 빼앗을 수 없었습니다. 헤라의 분노는 이노와 아타마스 부부에게 향했습니다.

헤라가 이노와 아타마스에게 미친 기운을 불어넣자 그들은 광인이 되고 말았습니다. 미쳐 날뛰던 아타마스는 멧돼지를 죽인다며 큰아들 레아르코스를 활로 쏘아 죽이고는 마치 멧돼지라도 잡은 양 콧노래를 부르며 이를 자랑하고 다녔습니다.

미쳐버린 이노는 작은아들 멜리케르테스를 안고 바위산으로 올라가 그 아래 펼쳐진 바다로 뛰어들었습니다. 이 비극적인 장면을 지켜보던 아프로디테는 모자의 삶이 너무나 불쌍해 바다의 신 포세이돈에게 그들의 다음 생애를 부탁했습니다. 그리하여 이노는 바다의 여신 레우코테아가 되었고, 멜리케르테스는 바다의 신 팔라이몬이 되어 항해하는 선원들을 지켜주는 고마운 존재가 되었습니다.

양부모와 형제들이 모두 죽음을 맞자 디오니소스는 또다시 혼자가 되었습니다. 헤라는 디오니소스에게도 미친 기운을 불어넣었습니다. 그러나 이미 신인 디오니소스는 그 기운에 완전히 휩쓸리지는 않았습니다. 대신 한 곳에 정착하지 못하고 세계 각지를 떠도는 방랑자가 되었습니다.

방랑자 디오니소스는 처량하게 막대지팡이 하나만 가지고 세계를 떠돌았습니다. 그가 어느 날 길을 가다가 흰 무덤을 발견했습니다. 새들이 떼로 죽어 뼈만 남은 무덤이었습니다. 그는 그 무덤에 막대기를 찔렀다가 다시 짚고 길을 갑니다. 한참 후 또 무덤을 발견하고는 전처럼 막대지팡이를 찔렀다가 뺍니다. 사자의 무덤입니다. 다음날도 길을 가다 무덤을 만났는데, 이 무덤에도 역시 지팡이를 찔렀다 뺍니다. 그는 어느덧 낙소스 섬에 도착합니다. 그 섬에서 울고 있는 아리아드네를 만난 디오니소스는 금방 그녀와 사랑에 빠집니다. 그녀를 달래주며 사랑을 키운 그는 지팡이를 꽂아둡니다. 얼마의 세월이 지나 지팡이에서 싹이 나며 살아나더니 열매를 맺습니다. 포도나무였습니다. 떨어진 열매들을 모아 즙을 내어 마셔 보니 맛이 좋습니다. 기분도 좋습니다. 그렇게 디오니소스는 포도나무와 포도주를 발명합니다.

아리아드네는 크레타 섬의 왕 미노스와 파시파에의 딸로, 영웅 테세우스와 결혼을 약속한 사이였습니다. 그러나 아테네로 돌아가던 테세우스가 아리아드네를 낙소스 섬에 버려두고 떠나버려 그녀 혼자 섬에 머물고 있었습니다.

아테네의 영웅 테세우스는 크레타의 미궁에 갇혀 있는 황소 괴물 미노타우로스를 처치하기 위해 크레타 섬을 찾았습니다. 그는 크레타의 공주 아리아드네를 보고 한눈에 반했고 그녀도 늠름한 그의 모습에 점점 빠져들었습니다. 테세우스는 아리아드네에게 미노타우로스를 처치한 뒤에 결혼식을 올리자고 약속했습니다. 아리아드네는 테세우스를 살리기 위해 미궁의 비밀을 알고 있는 다이달로스에게 무사히 미궁을 빠져나올 수 있는 비법을 얻었습니다. 그 비법은 다름 아닌 실타래였습니다. 아리아드네가 건네준 실타래 덕분에 미노타우로스를 처치하고 무사히 미궁을 빠져나온 테세우스는 그녀를 데리고 자신의 고향 아테네로 향하는 배에 올랐습니다. 이미 사랑에 눈이 먼 아리아드네는 가족과 나라를 버리고 오직 사랑 하나만을 믿고 그를 따라나섰습니다.

그들을 태운 배가 잠시 낙소스 섬에 머물 때 오랜 긴장감에서 풀린 아리아드네는 잠시 잠이 들었습니다. 달콤하고 깊은 잠에서 깨어난 아리아드네 곁에는 아무도 없었습니다. 테세우스가 그녀를 버리고 간 것입니다.

슬픔에 잠긴 그녀 앞에 달콤한 포도 향과 함께 디오니소스가 나타났습니다. 디오니소스는 아리아드네에게 사랑을 고백하면서 보석이 박힌 왕관을 씌워주었습니다. 아리아드네는 테세우스에 대한 배신감과 공허를 채우려고 더욱 디오니소스를 사랑했습니다.

그러나 그들의 사랑도 오래가지 못했습니다. 이미 테세우스의 아이를 임신하고 있던 아리아드네가 아이를 낳는 도중에 숨을 거두었습니다. 아리아드네를 진심으로 사랑한 디오니소스는 그녀의 왕관을 하늘로 던져 별자리로 만들었습니다. 북쪽 왕관자리였습니다. 아리아드네의 영혼은 그 별자리에서 사랑의 모든 아픔을 잊은 채 편히 쉴 수 있었습니다.

디오니소스와 아리아드네의 만남으로 포도주가 탄생했습니다. 포도주를 마시고 취한 사람들은 그 만들어진 원리에 따라 반응을 보입니다. 디오니소스가 허벅지에서 태어났기 때문에 처음 술이 들어가면 넓적다리가 후들거립니다. 조금 더 마시면 평소와 달리 새처럼 재잘재잘 수다스럽고, 좀 거나하게 취하면 사자처럼 폭력적으로 변하거나 힘자랑하고, 고주망태가 되면 당나귀처럼 추잡하게 놀면서 고

집을 부립니다.

이렇게 사람을 변하게 만드는 힘 때문에 그의 술은 어디서나 인기를 끌었습니다. 바람 따라 구름 따라 방랑하던 디오니소스는 잠시 트라키아에 머물렀습니다. 당시 트라키아는 리쿠르고스라는 왕이 다스리고 있었는데, 심술궂기가 이루 말할 수 없었습니다. 하루는 디오니소스가 리쿠르고스에게 찾아가 며칠 동안 왕궁에서 머물게 해줄 것을 청했습니다. 하지만 왕은 디오니소스를 환대하기는커녕 오히려 채찍을 휘두르며 내쫓았습니다. 왕의 채찍을 피해 도망치던 디오니소스는 실수로 바다에 빠졌습니다. 리쿠르고스는 허우적대는 디오니소스의 모습이 너무나 재미있어서 미친 듯이 웃어댔습니다.

바다에 빠진 디오니소스는 점점 깊은 곳으로 가라앉았습니다. 디오니소스를 알아본 바다의 여신 테티스가 바다의 님프들인 네레이스와 함께 그를 구해 님프들의 은신처에서 그를 치료해주었습니다. 얼마 후 정신을 차린 디오니소스는 다시 트라키아 왕 앞에 섰습니다.

"이런 미친놈 같으니! 그렇게 죽을 고비를 넘기고도 또다시 나타나다니, 간이 배 밖으로 나온 놈이로구나. 그런데 저놈은 무얼 처먹기에 저렇게 배짱이 큰 것이냐. 저놈이 손에 쥐고 있는 가죽부대를 당장 뺏어 오너라."

리쿠르고스는 디오니소스가 들고 있던 포도주 부대를 빼앗아 그 안에 담긴 포도주를 한 모금 들이켰습니다. 달콤하고 은은한 향과 맛이 온몸을 휘감자 점점 기분이 좋아진 왕은 디오니소스가 가지고 있던 모든 포도주를 빼앗아 마셨습니다. 포도주에 취한 왕은 세상이 모두 아름답게 보이는 듯 실실 웃음을 흘리며 궁전의 이곳저곳을 돌아다녔습니다. 그러다 한 여인과 마주하게 되었는데, 그녀의 아름다운 미소가 자신을 유혹하는 것이라 믿은 왕은 갑자기 정욕이 들끓어 그녀를 강제로 범하려 했습니다.

이 모습을 지켜보던 신하들이 득달같이 달려와서 왕을 뜯어 말렸습니다. 그 아름다운 여인은 다름 아닌 리쿠르고스의 어머니였습니다. 자신의 잘못을 깨달은 그는 어머니를 알아보지 못할 정도로 자신을 취하게 만든 것이 도대체 무엇이냐고 디오니소스에게 물었습니다. 그가 포도나무 열매로 만든 것이라고 일러주자 리쿠르고스는 궁전에 있는 포도나무에게 다가갔습니다.

분한 마음에 도끼를 집어든 리쿠르고스는 포도나무 밑동을 도끼로 힘껏 찍었습니다. 그런데 그 밑동에서 포도주보다 더 붉은 피가 흘러나왔습니다. 리쿠르고스가 포도나무라고 믿었던 그 나무는 다름 아닌 그의 아들이었습니다. 완전히 실성한 리쿠르고스는 거기에서 멈추지 않고 자신의 아내까지 죽이고 말았습니다.

어머니를 범하고 아들과 아내를 죽인 리쿠르고스의 죗값이 그에게 내려졌습니다. 그가 다스리던 트라키아가 기근에 시달리게 된 것입니다.

이 천벌이 왕이 저지른 죄 때문임을 안 백성들은 그를 판가이온 산으로 데려가 짐승의 먹이로 주었습니다.

디오니소스는 다시 길을 떠났습니다. 자신이 만든 포도주에 취해 이곳저곳을 떠돌던 그는 더 좋은 포도주를 만들기 위해 포도나무가 많이 자라는 소아시아로 걸음을 옮겼습니다. 디오니소스는 가는 곳마다 그곳 주민들에게 포도나무 재배와 포도주 제조법을 가르쳐주었습니다.

　디오니소스가 건넨 포도주를 마셔본 사람들은 향기로운 그 음료의 맛도 잊을 수 없었지만, 마실수록 야릇한 기분을 느꼈습니다. 때문에 그들은 포도주에 더욱 열광했습니다. 포도주를 향한 사람들의 애정은 포도주를 만든 디오니소스를 향한 애정으로 바뀌었습니다. 사람들은 디오니소스를 신기한 마술을 부리는 신으로 숭배하고 따랐습니다.

　디오니소스는 가는 곳마다 많은 사람들의 찬양을 받았습니다. 그를 따르는 신도의 수도 갈수록 늘어났습니다.

　반면 디오니소스의 포도주를 악마의 음료로 생각하고 거부하는 이들도 있었습니다. 그런 이들 때문에 디오니소스는 어이없게도 사랑하는 여인을 잃고 말았습니다. 여기저기 떠돌다 아티카에 온 디오니소스는 이번에도 역시 주민들에게 포도주 제조법을 알려주기 위해 마을을 찾았습니다. 그는 그곳에서 농부 이카리오스와 그의 딸 에리고네를 만났는데 그들은 낯선 이방인인 디오니소스를 친절하게 맞아주었습니다. 그들의 온정에 기분이 좋아진 디오니소스가 그들에게 포도주 제조법을 알려주자 부녀는 비법에 따라 정성을 다해 포도주를 빚어 그와 함께 나누어 마셨습니다. 디오니소스는 정성스레 포도주를 빚는 부녀가 너무나 마음에 들었습니다. 특히 에리고네는 그가 제우스의 아들이라는 것을 몰랐지만 그를 진심으로 경외하며 따랐습니다. 디오니소스는 이 여인을 조금씩 마음에 품었습니다.

　이카리오스는 맛있게 빚어진 포도주를 더 많은 이들에게 알려주고 싶은 생각에 며칠 후 포도주통을 들고 목장을 찾았습니다. 한가로이 양을 치던 양치기들은 이카리오스가 가져온 포도주를 나눠 마시고는 누구나 할 것 없이 한껏 취했습니다. 취기 때문에 쏟아지는 졸음을 이기지 못한 그들은 그 자리에서 잠이 들었습니다. 이 모습을 지나가던 동네 주민들이 보고는 이카리오스가 양치기들에게 독이 든 음료를 주어 그들이 모두 죽었다고 생각했습니다. 그들은 몽둥이를 들고 이카리오스에게 달려들었고, 뭇매를 이기지 못한 이카리오스는 결국 목숨을 잃었습니다. 주민들은 사실이 알려질까 두려워 그를 숲속의 한 나무 밑에 묻어버렸습니다.

한편 아버지가 디오니소스의 포도주 때문에 허무하게 죽음을 맞은 것을 전혀 모르는 에리고네는 디오니소스와 달콤한 밀어를 속삭이며 꿈같은 나날을 보냈습니다. 디오니소스가 정식으로 청혼하자 에리고네는 믿을 수 없는 황홀한 청혼에 놀라 급기야 울음을 터뜨렸습니다. 디오니소스는 그녀의 모습을 바라보며 흐뭇한 미소를 지었습니다.

에리고네는 한시라도 빨리 이 기쁜 소식을 아버지께 알려야겠다는 생각에 충직한 개 마이라를 데리고 아버지를 찾아 나섰습니다. 그런데 마이라는 아버지가 있을 법한 마을로 가지 않고 자꾸만 숲으로 그녀를 이끌었습니다. 그리고는 한 나무 앞에 이르러 그 아래 흙을 파내기 시작했습니다. 잠시 후 마이라가 파낸 흙 속에서 이미 저세상 사람이 된 아버지의 시신과 포도주통이 발견되었습니다.

에리고네는 정신이 멍해졌습니다. 디오니소스가 알려준 포도주 때문에 아버지가 목숨을 잃었다는 생각을 지울 수 없었습니다. 사랑 놀음에 빠져 아버지가 죽어가는 것도 모르고 있었던 자신이 너무나 미웠습니다. 밀려드는 슬픔을 견딜 수 없었던 에리고네는 아버지가 묻혀 있는 곳의 나무에 목을 매어 자살했습니다. 충견 마이라도 스스로 우물에 빠져 주인의 뒤를 따랐습니다.

　이 소식을 들은 디오니소스는 끓어오르는 분노를 참을 수 없었습니다. 그는 아티카 주민들에게 저주를 내려 마을 여자들이 에리고네처럼 목을 매 자살하게 만들었습니다. 그러나 주민들은 왜 자신의 아내와 딸들이 이렇듯 허무하게 생을 마감하는지 그 이유를 알 수 없었습니다. 아폴론의 신전을 찾아가 신탁을 받았더니, 이 모든 것이 제우스의 아들인 디오니소스를 분노케 한 대가라고 알려주었습니다. 주민들은 이카리오스와 에리고네의 억울한 죽음을 풀어주고자, 그들이 목을 매 자살한 나무 앞에서 제사를 지냈습니다.

　그제야 디오니소스는 화를 거두고 주민들에게 내린 저주를 풀었습니다. 그 대신 제우스에게 그들 부녀를 하늘로 불러 올려 각각 별자리로 만들어달라고 애원했습니다. 덕분에 에리고네는 '처녀자리', 이카리오스는 '목자자리', 충직한 개 마이라는 '작은개자리'가 되었습니다.

　디오니소스는 이렇듯 허무하게 끝난 사랑의 아픔 때문에 앞으로는 자신을 숭배하는 이들에게만 포도주 제조법을 알려주리라 다짐했습니다. 디오니소스의 방랑은 다시 시작되었습니다. 그는 칼리돈으로 갔습니다. 그곳을 다스리는 오이네우스 왕은 디오니소스 이야기를 익히 들었기 때문에 누구보다도 그를 극진하게 맞이했습니다. 특히 그의 포도주 맛을 본 이후부터 디오니소스를 지극히 숭배했습니다. 심지어 그는 자신의 아내 알타이아를 디오니소스에게 내어주면서 말했습니다.

　"저의 아내인 알타이아입니다. 신께서 원하신다면 제 아내를 오늘 밤 침실로 보내드리겠습니다."

디오니소스는 차마 그러라는 말을 꺼내지 못했지만 마음속으로는 그녀를 품에 안고 싶었습니다. 그 속내를 알아차린 오이네우스는 그날 밤 아내를 화려하게 치장시켜 그에게 보냈습니다. 그녀와 달콤한 하룻밤을 보낸 디오니소스는 오이네우스에게 고마움의 표시로 포도주 제조법을 알려주었습니다. 그리고 오이네우스의 이름을 딴 포도주를 오이노스라고 부를 수 있는 영광까지 선물했습니다. 한편 알타이아는 디오니소스의 아이를 임신해 열 달 후 예쁜 딸을 낳았습니다.

디오니소스의 추종자는 갈수록 늘어만 갔습니다. 추종자의 수가 아프로디테의 신도 수와 맞먹을 정도로 디오니소스는 엄청난 인기를 얻었습니다. 디오니소스를 위한 제단의 수도 늘어나 제우스를 제외한 그 어떤 신보다도 더 높은 권력을 얻었습니다. 추종자 중에는 디오니소스에게 지나칠 정도로 열광하는 여인들도 있었습니다. 바로 마이나스들이었습니다. '광란하는 여자들'이라는 뜻의 그녀들은 표범과 사슴 등의 짐승 가죽을 몸에 두르고, 나뭇가지로 만든 관을 쓰고 다녔습니다. 그들은 한 손에는 포도송이나 뱀을, 그리고 나머지 손에는 '티르소스'라고 불리는 지팡이를 들고 디오니소스를 따랐습니다. 이들은 디오니소스가 어디를 가든지 따라다녔습니다.

마이나스들과 함께 아시아 전역을 돌던 디오니소스는 어느 날 어머니의 고향인 테베로 돌아가고 싶다는 생각이 들었습니다. 어머니를 기억하고 있는 사람들에게 수많은 추종자를 거느린 자신의 모습을 자랑하고 싶어서였습니다.

디오니소스는 배에 올랐습니다. 고향에 거의 도착했을 무렵 디오니소스가 탄 배가 해적선에게 잡히는 사건이 일어났습니다. 한눈에 봐도 귀한 신분임이 분명해 보이는 디오니소스를 발견한 해적들은 그를 납치하면 많은 돈을 벌 수 있다는 생각에 자신들의 배에 옮겨 태웠습니다. 돈이 굴러들어올 생각에 신이 난 해적들은 우선 도망치지 못하도록 발을 묶어두려고 그에게 다가갔습니다. 그러나 아무리 튼튼한 줄을 가져와도 그의 발에 닿는 순간 줄이 툭툭 끊어졌습니다. 배의 키를 잡고 있던 선원이 놀라 선장에게 말했습니다.

"이분은 아마도 신인 것 같습니다. 지금 당장 이분을 풀어주지 않으면 엄청난 재앙이 우리에게 닥칠 게 분명합니다."

하지만 선장은 그를 비웃으며 외쳤습니다.

"이런 멍청한 놈 같으니. 저놈이 우리에게 눈속임을 한 게 분명해. 아무리 눈속임을 한다한들 바다 한가운데서 뛰어들지는 못할 테니 일단 육지에서 멀리 떨어지도록 돛을 올리란 말이야!"

해적들은 선장의 호통에 못 이겨 돛을 올려 배의 속도를 높였습니다. 배는 그 자리에서 꿈쩍도 하지 않았습니다. 그런데 어디선가 아주 향기로운 과일 향이 진동하더니 포도주가 갑판 위로 흘러들었습니다. 게다가 푸른 잎사귀들이 갑판 위로 스멀스멀 기어 나오더니, 이내 포도나무로 자라 돛까지 뻗어 올라갔습니다. 검푸른 포도덩굴이 돛대 둘레를 휘감으며 위로 뻗어 올라가는 모습은 흡사 뱀 여러 마리가 기어오르는 것 같았습니다. 잠시 후 돛대는 마치 거대한 포도나무처럼 변해버렸습니다. 놀란 해적들은 공포에 질려 육지를 향해 키를 돌렸지만 이미 디오니소스의 저주에 걸린 키는 꿈짝도 하지 않았습니다. 그들은 바다로 뛰어들어 그 순간 돌고래로 변하고 말았습니다. 해적선에는 키를 잡고 있던 선원 한 명과 디오니소스만이 남았습니다.

디오니소스는 큰소리로 말했습니다.

"나 디오니소스가 네게 말하노니 두려워 말라. 너는 당장 육지로 돌아가서 이곳에 디오니소스 신이 왔다고 전한 뒤, 그들에게 나를 맞을 준비를 하라고 알려주어라."

살아남은 그 선원은 디오니소스가 명령한 대로 자신이 경험한 신기한 일들과 그가 이곳을 방문할 거라는 소식을 사람들에게 전했습니다. 때문에 디오니소스는 사람들의 열렬한 환영을 받으며 테베에 도착했습니다. 주변에 모여든 사람들은 그가 선사한 포도주에 취해 더욱 그를 숭배하게 되었는데, 모두들 흥분 상태에 빠져 노래와 춤으로 그를 찬양했습니다.

디오니소스의 어머니인 세멜레가 태어나고 자란 테베는 펜테우스가 왕이 되어 다스리고 있었습니다. 펜테우스는 세멜레의 언니인 아가베의 아들로, 디오니소스와는 사촌이었습니다. 조용하던 나라가 디오니소스의 등장으로 술렁이자 펜테우스는 심기가 불편했습니다. 그는 아무리 많은 사람들이 디오니소스를 신으로 추앙한다 해도 그는 제우스가 아닌 인간의 아들일 뿐이며, 그가 술로 사람들을 현혹시켜 믿음을 부추기고 있다고 생각했습니다. 때문에 펜테우스는 백성들에게 그를 더 이상 따라다니지 말라고 명령했습니다. 그러나 소용없었습니다. 화가 난 펜테우스는 부하들을 불러 호령했습니다.

"소란을 피우며 군중을 이끌고 다니는 저 방랑자를 당장 잡아오너라. 그는 자신이 인간이 아니라 신이라고 주장하지만, 내가 친히 그것이 거짓임을 자백받을 것이다."

그러나 왕의 명에 따라 디오니소스를 잡으러 갔던 부하들은 그를 에워싸고 있는 추종자들 때문에 만날 수조차 없었습니다. 대신 추종자들 가운데 한 사람을 잡아 왕에게 데려왔습니다. 펜테우스는 분노에 찬 얼굴로 추종자에게 말했습니다.

"다른 추종자에게 본보기를 삼고자 내 너를 당장 처형할 것이다. 그러나 이에 앞서 한 가지 물어볼 것이 있다. 도대체 너희들은 무엇 때문에 디오니소스를 따라다니는 것이냐?"

그 사내는 두려워하는 기색 없이 당당히 대답했습니다.

"내 이름은 아케테스요. 해적선에서 선장에게 배의 길을 알려주는 일을 하고 있었소. 그러던 어느 날 고귀한 신분의 자제로 보이는 디오니소스를 발견하게 되었소. 우리는 그를 납치했지만 결국 그의 위대한 능력으로 나 외에 다른 사람들 모두 돌고래가 되고 말았소. 그래서 그때부터 신봉자가 되어 그를 따라다닌 것이오. 그의 정체가 정말로 궁금하다면 오늘 밤 키타이론 산으로 가보시오. 디오니소스를 숭배하는 사람들이 모여 제전을 펼칠 예정인데, 그야말로 환희롭고 환상적이오. 여장을 하고 그 산에 가면 여자들의 멋진 춤도 구경할 수 있을 것이오."

그의 말을 들으니 펜테우스는 더욱 화가 치밀어 올라 부하들에게 명령했습니다.

"저 어리석은 놈의 이야기를 듣느라 시간만 낭비했구나. 저놈을 데리고 가서 속히 처형하라."

아케테스는 펜테우스의 부하들에게 이끌려 감옥에 갇히고 말았습니다. 그는 꼼짝없이 사형을 당할 처지였습니다. 그런데 왕의 부하들이 아케테스를 처형하려고 준비하는 동안 감옥 문이 저절로 열리더니, 그를 묶고 있던 포승줄도 저절로 풀렸습니다. 자유의 몸이 된 아케테스는 부하들 몰래 감옥을 빠져나갔습니다. 뒤늦게 그 사실을 알게 된 펜테우스의 부하들은 사라진 그를 찾아 여기저기 뒤졌지만 끝내 찾지 못했습니다.

부하들은 펜테우스에게 자초지종을 이야기하고, 아케테스의 말처럼 디오니소스가 제우스의 피를 받은 신이 틀림없다며 지금이라도 그를 영접하는 것이 좋지 않겠냐고 간언했습니다. 그러나 펜테우스는 자신의 두 눈으로 확인하지 않은 이상 그 말들을 믿을 수 없다며 그들을 물리쳤습니다. 그의 머릿속에 오늘 밤 디오니소스 제전이 열릴 거라던 아케테스의 말이 떠올랐습니다. 펜테우스는 디오니소스의 존재를 확인하고자 여장을 한 채 그곳을 찾아가기로 했습니다.

펜테우스는 부하들에게도 알리지 않고 몰래 혼자서 키타이론 산으로 갔습니다. 그가 도착하자 이미 수많은 추종자들이 몰려 있었는데, 그들의 눈을 피해 나무 뒤에 숨어서 이를 지켜보았습니다. 이윽고 나팔소리가 사방에 울려 퍼지면서 제전의 시작을 알렸습니다. 펜테우스의 눈앞에 펼쳐지는 광경은 그야말로 광란의 축제와 다를 바 없었습니다. 디오니소스가 따르는 포도주를 마신 추종자들은 다들 제정신이 아니었습니다. 특히 마이나스라 불리는 여인들은 풀밭을 침대 삼아 누구든 가리지 않고 집단으로 성관계를 맺었습니다. 또 새끼사슴에게 젖을 물리거나 야수를 갈가리 찢어 날것으로 먹는 등 광란이 계속되었습니다. 잠시 후 그녀들은 지팡이를 휘두르며 노래를 불렀습니다.

"오, 달콤해라. 피와 날것인 붉은 살점의 환희여!"

술에 취해 반쯤 넋이 나간 그들의 모습을 펜테우스는 멍하니 바라보았습니다. 그런데 마침 춤을 추던 한 여인이 그를 발견했습니다. 그녀가 그에게 손짓하자 다른 여인들도 그를 바라보았습니다. 그중에는 펜테우스의 어머니인 아가베와 그의 누이들도 있었습니다. 갑자기 아가베가 펜테우스를 향해 외쳤습니다.

"저기 멧돼지가 있네요! 이 숲을 휩쓸고 다니는 저 커다란 괴물을 우리가 잡는 게 어떨까요?"

말이 떨어지기가 무섭게 추종자들은 그를 향해 돌진했습니다. 펜테우스는 다급한 마음에 무릎을 꿇은 채 제발 목숨만은 살려달라고 빌었지만, 이미 만취 상태의 아가베는 딸들과 함께 펜테우스의 팔과 다리를 잡고 잡아당겼습니다. 펜테우스는 사지가 절단된 채 목숨을 잃었습니다. 자신이 죽인 것이 멧돼지라고 착각한 아가베가 외쳤습니다.

"승리다, 승리! 우리가 이겼도다. 이 크나큰 영광을 디오니소스께 돌립시다!"

술에 취해 광란을 펼치던 여인들이 한참 후 하나둘 깨어났습니다. 정신을 차린 아가베와 그의 딸들은 그들이 찢어 죽인 멧돼지가 펜테우스였다는 것을 깨달았습니다. 어처구니없는 자신들의 실수를 깨달은 그녀들은 세상이 떠나갈 듯 통곡했지만, 그 어떤 방법으로도 이미 죽은 펜테우스를 다시 살릴 수는 없었습니다. 자신을 제우스의 혈통을 이은 신으로 받아들이지 않는 자를 향한 디오니소스의 복수는 이렇듯 잔인한 결말을 맺었습니다.

복수를 끝낸 디오니소스는 문득 지금껏 한 번도 보지 못했던 어머니가 너무나 그리웠습니다. 디오니소스는 이미 신들의 반열에 오른 상태였기에 어머니가 머물고 있는 지하세계를 방문하는 것은 허락되었으나, 그 어떤 신도 지하세계까지 가는 길을 알려주지는 않았습니다.

지하세계의 입구를 찾아 세상을 떠돌던 디오니소스는 레르네 늪지대 근처에서 한 남자를 만났습니다. 그 남자는 자신이 지하세계로 가는 길을 알고 있다면서 자신의 부탁 하나를 들어주면 알려주겠다고 했습니다. 그의 부탁이란 여자로 변신하여 자신과 하룻밤을 동침해 달라는 것이었습니다. 디오니소스는 일단 지하세계를 갔다 온 다음에 그의 소원을 들어주겠다고 맹세했습니다. 그 말을 들은 남자는 디오니소스를 늪으로 데려가 그곳에 밀어 넣었습니다. 그 늪의 끝이 지하세계와 연결되어 있었던 것입니다. 지하세계에 도착한 디오니소스는 그곳을 다스리는 왕 하데스를 찾아갔습니다. 그는 하데스에게 자신의 어머니 세멜레를 이승으로 올려 보내줄 것을 요청했습니다. 디오니소스의 명성을 익히 들어 알고 있던 하데스는 순순히 세멜레를 그에게 안내했습니다.

어머니와 함께 지상으로 올라온 디오니소스는 자기에게 길을 알려 주었던 남자와의 약속을 지키기 위해 다시 레르네 늪지대를 찾았지만, 그동안 죽음의 사신이 그를 찾아왔는지 이미 그의 몸이 싸늘하게 식어 있었습니다. 디오니소스는 잠시 생각한 뒤에 그의 시신이 있는 주변의 나무를 잘라 남근 모양 목각인형을 만들고 그것을 자신의 몸 속에 넣어 그와의 약속을 지켰습니다. 디오니소스는 어머니와 함께 올림포스로 올라갔습니다. 신이 아닌 인간이, 그것도 산 자가 아닌 죽은 자가 신들의 세계에서 살 수는 없었습니다. 디오니소스는 세멜레가 신의 반열에 오를 수 있도록 모든 신들에게 간청했습니다. 수많은 추종자를 이끌고 있는 디오니소스를 무시할 수 없었던 신들은 결국 세멜레에게 신의 권위를 부여해주었습니다.

디오니소스는 어머니를 신들의 세계에 머물도록 해주었지만, 정작 자신은 신들의 세계가 아닌 인간 세상에서 인간들과 보내는 시간이 더 즐거웠습니다. 인간들에게 디오니소스가 선사한 포도주는 근심 걱정 없는 평안함과 즐거움, 용기를 주었기 때문입니다. 하지만 한편으로는 타락과 파멸을 불러오기도 했습니다.

디오니소스 제전은 이후에도 계속 이어져 내려왔으며, 그리스에서는 어떠한 축제보다도 성대하게 거행되었습니다. 포도나무가 가지를 뻗기 시작하는 봄에 열리는 이 축제는 닷새 동안 치러지는데, 다들 모든 일상생활을 멈추고 환희와 향락으로 가득한 시간을 보냈습니다. 심지어 이 기간 동안에는 감옥에 갇혀 있던 죄수들도 나와 함께 이 축제를 즐겼습니다.

지금도 이 세상에는 디오니소스를 섬기는, '술을 사랑하는 신도'들이 계속해서 늘어나고 있습니다. 오늘 밤에도 세상 곳곳에서 디오니소스 교를 믿는 신도들이 밤거리를 헤매며 비틀거리고 있을 것입니다.

술은 감정을 돋워 이성을 흔들리게 합니다. 더구나 나중엔 이성을 잃게 합니다. 그러면 감정만이 남아서 모든 것을 환상처럼 보게 됩니다. 술이 있는 곳에서 감성적인 사랑이 마구 생깁니다. 수많은 사랑의 감정이 일고, 수많은 사랑 사건이 발생합니다. 그런데 감정으로만 얻은 그 사랑은 깨고 나면 허망합니다. 보다 온전한 사랑을 위해서는 술의 힘이 아닌 이성의 힘도 보태야 합니다. 디오니소스가 선사한 사랑을 다 믿어선 곤란합니다.

케팔로스와 프로크리스의 바람 같은 사랑

　　얼굴 잘생겼지 한 몸매하지 게다가 남자다운 박력도 있어 모든 여성의 이상형으로 꼽힐 만한 케팔로스라는 젊은이가 있었습니다. 그는 사냥에 심취하여 매일 해가 뜨기도 전부터 사냥을 나서곤 했습니다.

　그러던 어느 날 새벽의 여신 에오스가 지상에 얼굴을 내밀고 세상을 내려다보다 이 젊은이를 보고는 첫눈에 반했습니다. 사랑에 빠진 에오스는 감정을 억누르지 못하고 케팔로스를 납치했습니다. 하지만 케팔로스는 신혼의 단꿈에 젖어 있던 터라 다른 여자에겐 눈길 한 번 주지 않았습니다. 그에게는 누구와도 견줄 수 없을 정도로 아름다운 아내 프로크리스가 있었습니다. 케팔로스는 그녀를 끔찍이도 사랑했습니다.

　프로크리스는 사냥의 여신 아르테미스의 각별한 사랑을 받았는데 아르테미스는 그녀에게 아주 소중한 두 가지를 선물했습니다. 어떤 동물보다 빨리 달리는 개 한 마리와 어떠한 표적이든 백발백중 맞추는 투창이었죠. 프로크리스는 여신에게 받은 두 가지 선물을 남편 케팔로스에게 선물했습니다. 케팔로스는 그녀에게 받은 투창을 들고

개를 데리고 다니며 사냥을 즐겼습니다. 두 사람은 무척 다정했으며 서로 깊은 사랑을 나누었습니다.

그런데 에오스 여신이 그를 납치했습니다. 에오스는 그를 달래도 보고 협박도 해보았지만 아무 소용이 없었습니다. 질투심이 타오른 에오스는 화가 나서 그를 저주하며 욕을 퍼부었습니다.

"어서 꺼져버려. 쪼다 같은 놈아! 가서 네 마누라나 잘 모셔라. 언젠가 네 놈이 네 마누라한테 돌아간 걸 후회하며 땅을 치게 만들고 말 것이야."

에오스에게서 풀려난 케팔로스는 아내를 보고픈 마음에 서둘러 집으로 돌아갔습니다. 그리고는 전과 다름없이 아내를 사랑하면서 평온한 일상을 보냈습니다.

어느 날 아침, 그는 여느 때와 마찬가지로 숲속을 뛰어다니면서 사냥을 즐겼습니다. 어떤 사냥감이든 나타나기만 하면 그가 던진 창은 여지없이 명중이었습니다. 덕분에 케팔로스는 사냥하는 일이 너무나 즐거웠습니다. 사냥에 푹 빠져 돌아다니다 지칠 때면 그는 냇가를 찾아가 물 한 모금 마시고는 근처 나무 그늘에 누워 서늘한 바람에 몸을 식히곤 했습니다. 그는 바람과 다정하게 이야기라도 나누는 듯 하늘을 향해 외치곤 했죠.

"감미로운 바람아! 어서 와서 내 가슴에 부채질을 해주렴. 이리 와서 내 몸에 가득한 열을 식혀주렴."

그는 이날도 평소처럼 바람과 속삭이며 누워 있었습니다. 그런데 근처를 지나가던 사람이 이 소리를 듣고는 케팔로스가 바람이라는 이름의 여자와 사랑을 나누는 것으로 오해했습니다. 그는 이 비밀스

파올로 베로네세, <케팔로스와 프로크리스>(1580년, 프랑스 스트라스부르미술관)

러운 일을 혼자 알고 있기에는 입이 근질거려 참을 수가 없었습니다. 결국 그는 케팔로스의 아내 프로크리스에게 그대로 전했습니다.

그토록 믿었던 남편에게 다른 여자가 있다는 이야기를 들은 프로크리스는 너무 기가 막혀 기절하고 말았습니다. 한참 만에 깨어나서도 그녀는 도저히 그 사실을 믿을 수가 없었습니다. 사냥하러 다닌답시고 하루 종일 나가 있는 남편이 의심스럽긴 했습니다. 한편으로는 언제나 자신에게 헌신하는 남편이 설마 그랬을까 하는 생각도 들었습니다. 그녀는 자기 눈으로 남편의 불륜 현장을 직접 보지 않고는 의심을 풀기 힘들 것 같았습니다.

저녁이 되어 남편이 돌아왔지만 그녀는 아무런 내색도 하지 않고 가슴을 졸이며 다음날 아침이 오기만을 기다렸습니다. 아침이 되자 케팔로스는 여전히 사냥을 나갔습니다. 그녀는 몰래 그의 뒤를 쫓아 자신에게 이야기를 전해준 사람이 알려준 장소에 몸을 숨기고는 남편이 나타나기를 기다렸습니다. 프로크리스의 머릿속에는 여러 생각이 교차했습니다. 남편이 정말 바람이라는 여자와 사랑에 빠진 것이라면 앞으로 자기 신세는 어떻게 될 것인지 생각만 해도 숨이 막혀왔습니다.

얼마나 기다렸을까, 케팔로스는 사냥에 지치자 늘 하던 대로 냇가 나무 그늘 아래에 벌렁 드러누웠습니다. 그리고는 전처럼 "감미로운 바람이여, 어서 와서 내 가슴에 부채질을 해주렴!" 하고 속삭였습니다. 그의 속삭임이 바람을 타고 프로크리스의 귓가에 들렸습니다.

"감미로운 바람아! 어서 와서 내 가슴에 부채질을 해주렴. 내가 너를 얼마나 사랑하는지 너는 알까? 네가 있기 때문에 나의 외로운 산보도 즐겁단다."

케팔로스가 바람에게 속삭이고 있을 때, 갑자기 숲속에서 무언가 흐느끼는 듯한 소리가 어렴풋이 들려왔습니다. 순간 들짐승이겠거니 생각한 그는 소리 나는 곳을 향해 창을 힘껏 던졌습니다. 알 수 없는 외마디 소리가 들려왔습니다. 그는 표적을 정확히 맞혔다는 것을 알고는 기쁨에 차서 그곳으로 달려갔습니다.

하지만 그가 마주한 광경은 너무나 처참했습니다. 그토록 사랑하는 아내 프로크리스가 창에 푹 찔린 채 피를 흘리며 있는 힘을 다해 창을 빼내려고 애를 쓰고 있었습니다. 그녀가 남편에게 선물로 주었던 바로 그 창에 찔리고 말다니! 할 말을 잃은 케팔로스는 잠시 멍하니 있다가 그녀를 안아 일으켜 피를 멎게 하려고 애를 썼습니다.

"정신 차려. 나를 두고 죽으면 안 돼. 당신이 없으면 나는 어떻게 해. 내가 당신을 찌르다니. 제발 죽지는 말아줘."

그가 울부짖으며 그녀를 흔들어댔습니다. 그녀는 겨우 눈을 뜨고 간신히 마지막 말을 전했습니다.

"여보, 당신이 나를 사랑한다면, 만일 내가 당신의 사랑을 받을 만한 가치가 있다면, 제발 내 마지막 소원을 들어줘요. 제발 그 얄미운 바람이라는 여자와는 결혼하지 말아요."

그제야 케팔로스는 그간에 일어난 일의 내막을 알아차렸습니다. 하지만 이제 아무 소용없는 일이었습니다. '바람이란 말을 여자로 알아듣다니! 사랑하는 아내에게서 받은 소중한 선물로 하필이면 아내를 죽이다니!' 그는 바람에 흔들리는 호롱불처럼 아스라한 그녀의 목숨 앞에서, 자기가 속삭였던 말에 아내가 오해했음을 설명해주었습니다. 그녀는 사랑이 가득 담긴 얼굴로 남편을 물끄러미 바라보다가 조용히 눈을 감았습니다.

아내 아닌 다른 여자와 속삭이는 사람을 바람난 사람이라고 한 말이 신화에서 시작된 게 아니었을까요? 그리스신화에는 세 종류의 바람이 있습니다. 습하고 더운 바람 노토스는 남풍, 머리를 풀어헤친 털투성이에다 성질이 난폭한 보레아스는 북풍, 부드럽고 감미롭게 산들산들 불어오는 제피로스는 서풍입니다. 이들 신의 어머니는 에오스로 새벽의 신이요, 아버지는 아스트라이오스입니다. 에오스 역시 치마를 펄럭이며 날마다 가장 먼저 인간 세상에

와서 어둠의 장막을 엽니다. 바람기가 다분한 에오스는 수시로 젊은 남자들을 유혹하여 연애를 즐깁니다.

그래서인지 바람들은 사랑을 닮았습니다. 제피로스처럼 감미롭고 부드럽게 시작한 사랑은 노토스처럼 걷잡을 수 없이 뜨겁게 휘몰아치면서 사랑의 열정에 눈이 멀게 하고, 도가 지나치면 보레아스처럼 세상을 절단 낼 듯 휘몰아치는 광풍으로 변합니다. 사랑은 바람을 닮았습니다. 언제 어디서 시작될지 어떻게 뜨거워질지, 어떤 광풍이 될지, 어떤 광풍으로 변하여 자신은 물론 주변을 휩쓸지 모릅니다. 그러니 바람, 사랑의 바람을 조심해야 합니다.

오이디푸스와 이오카스테의 비극적인 사랑

오이디푸스의 아버지 라이오스는 테베의 왕 라브다코스의 아들로 태어났으나, 그가 한 살 때 아버지를 잃었습니다. 어린 나이에 왕좌에 오른 그를 대신해 외가 쪽의 리코스가 섭정을 맡았습니다. 라이오스는 리코스의 보살핌을 받으며 성장했습니다. 성인이 된 후 그는 암피온과 제토스에게 왕권을 빼앗기고 피사에 있는 펠롭스의 나라로 망명했습니다.

펠롭스의 도움으로 잘살던 그가 배은망덕하게도 펠롭스의 아들 크리시포스를 유괴했습니다. 결국 추방당한 라이오스는 다시 유랑생활을 해야 했습니다. 그러다 우연히 미모의 여인 이오카스테를 만나 서로가 사랑에 빠졌고, 마침내 결혼을 언약했습니다.

그는 결혼 전에 자신의 대를 이을 아들을 얻을 수 있을지 궁금하여 신탁을 받으러 갔습니다. 신탁의 결과는 참담했습니다. 이오카스테가 낳은 아이가 그를 죽일 것이니 아이를 낳지 말라는 것이었습니다.

그 때문에 둘은 결혼을 했으나 동침을 하지 않았습니다. 그러던 어느 날 친구들에게 신세타령을 하며 술을 엄청 마신 그가 그만 취중에 아내를 범하고 말았습니다. 모든 인내가 수포로 돌아갔습니다.

이오카스테는 산달이 되어 아이를 낳았습니다. 신탁의 두려움에 휩싸인 라이오스는 아내가 아들을 낳되 장애를 안고 태어나기를 바랐습니다. 장애가 있으면 신들의 저주를 받은 것으로 인정되어 내다 버리거나 죽여도 신들의 분노를 사지 않기 때문이었습니다. 그런데 아이는 정상이었습니다. 라이오스는 당황하여 녹슨 대못으로 아기의 발꿈치를 뚫었습니다. 갓난아이의 발등에서 빨간 피가 흘렀습니다. 피를 멎게 했으나 아기의 발등엔 이미 큰 상처가 생겼습니다. 라이오스는 시침을 떼고 아이의 발에 상처가 있다며, 양치기를 불러 키타이론 산에 버리도록 시켰습니다.

아기를 버리라는 명령을 받았지만 테베의 양치기는 차마 그냥 버릴 수가 없었습니다. 그는 왕명을 어기고 아기의 다리를 끈으로 묶어 나뭇가지에 매달아두었습니다. 갓난아기는 나무에 매달린 채 울어댔습니다. 마침 근처에서 양을 치던 코린토스의 양치기가 아기의 울음소리를 들었습니다. 아기를 발견한 그는 아무리 애를 써도 아들을 얻지 못하고 있는 자기 나라 왕에게 주면 좋겠다고 생각했습니다.

그는 아무도 몰래 폴리보스 왕에게 데려가서 자초지종을 이야기했습니다. 왕은 기뻐하며 그에게 상을 내리고, 아기의 일은 비밀로 하고 입단속을 시켰습니다. 그는 아기를 자기 아내가 낳은 것으로 했습니다. 비밀을 아는 사람은 왕과 왕비, 그리고 양치기뿐이었습니다. 왕은 아기의 발이 부풀어 올라 있는 걸 보고는 '부풀어 오른 발'이란 뜻으로 오이디푸스라 이름 지었습니다.

오이디푸스는 폴리보스를 친아버지로 알고 성장했습니다. 세월이 흘러 어른이 된 오이디푸스가 어느 날 한 연회에 참석했다가 자신이 폴리보스의 양자라는 말을 들었습니다. 그를 데려왔던 양치기가 취중에 한 말이었습니다. 그 말은 오이디푸스의 귓가를 맴돌며 떠나지 않았습니다. 긴가민가했지만 마음이 찜찜했습니다.

그는 진실을 알기 위해 델포이의 신탁을 받으러 갔습니다. 그곳에서 그는 자신이 친아버지를 죽이고 친어머니와 결혼할 운명이라는 예언을 들었습니다. 그에게는 당연히 폴리보스가 친아버지였으므로 폴리보스가 다스리는 코린토스에는 절대로 돌아가지 않으리라 결심했습니다. 아버지를 혹여 죽이게 될까 두려웠기 때문입니다.

그는 대신에 보이오티아로 향했는데 길을 가던 도중 한 교차로에서 마차를 타고 있는 낯선 무리들과 맞닥뜨립니다. 마차의 일행은 바로 오이디푸스의 친아버지인 라이오스 왕의 무리였습니다.

그즈음 테베에서는 스핑크스라는 괴물이 나타나 길목을 막고는 이상한 수수께끼를 내 맞히지 못하는 사람은 벼랑에 던져 죽이는 일이 이어지고 있었습니다. 라이오스는 스핑크스 몰래 테베를 빠져나가 그 괴물을 물리칠 방법을 묻기 위해 델포이 신전으로 향하는 길이었습니다. 라이오스의 마부가 오이디푸스에게 외쳤습니다.

"길을 비켜, 이 촌놈아!"

하지만 오이디푸스는 꼼짝 않고 서 있었습니다. 그러자 마부는 수레바퀴로 오이디푸스의 발을 밟으며 그대로 마차를 몰았습니다. 마부의 채찍까지 맞은 오이디푸스는 길옆으로 굴러떨어졌습니다. 그는 화가 머리끝까지 치밀어 오른 채 벌떡 일어섰습니다. 어렸을 때 못에 찔린 발이 불구였으므로 평소 지팡이 삼아 창을 짚고 다녔는데, 그 창을 꼬나들고 마차로 돌진했습니다. 마차에 탄 일행 중 한 명만 간신히 도망치고 모두 죽고 말았습니다.

라이오스는 결국 신탁대로 아들의 손에 죽고 말았습니다. 이를 알리 없는 오이디푸스는 여행을 계속하여 테베의 길목에 이르렀습니다. 그곳 백성들은 큰 슬픔에 잠겨 있었습니다. 테베를 다스리던 라이오스 왕이, 나라를 공포로 몰아넣은 스핑크스라는 위험한 괴물을 어떻게 물리칠 수 있을지 묻기 위해서 델포이로 가던 도중에 살해당했기 때문이었습니다. 임시로 왕의 업무를 대리하던 크레온은 스핑크스를 물리치는 자에게 왕비를 아내로 삼게 해주고 왕으로 삼겠다고 공표했습니다.

오이디푸스는 자기가 죽인 사람이 라이오스라는 사실을 알지 못했습니다. 용감하고 호기심 많은 그는 스핑크스라는 괴물과 상대해 보고 싶었습니다. 반인반수의 스핑크스는 아리송한 수수께끼를 낸 후 상대방이 답을 맞히면 자기가 죽고, 못 맞추면 여지없이 그 사람을 먹이로 삼았습니다. 그때까지 스핑크스의 수수께끼를 맞힌 이는 단 한 명도 없었습니다. 그가 낸 수수께끼는 '아침에는 네 발, 낮에는 두 발, 저녁에는 세 발로 걷는데, 네 발로 걸을 때가 가장 약한 것이 무엇이냐'라는 것이었습니다.

오이디푸스는 남들이 맞추지 못한 답을 쉽게 맞힐 수 있었습니다. 다른 사람과 달리 그는 아기였을 때 발등에 못이 박혀 장애가 있었습니다. 그는 늘 지팡이를 짚고 다녀야 했습니다. 그래서 그는 자신을 늘 세발 짐승으로 생각하고 있었습니다. 그는 인간이 그 답이라고 대답하였고, 스핑크스는 약속대로 절벽에 몸을 던져 죽고 말았습니다.

공교롭게도 오이디푸스가 수수께끼를 맞혀 스핑크스를 퇴치했으니 이 얼마나 기막힌 운명이란 말인가요? 그렇게 하여 오이디푸스는 테베의 왕위를 얻었을 뿐 아니라 왕비였던 이오카스테를 아내로 맞았습니다. 델포이의 신탁이 이루어졌습니다. 그는 이미 아버지를 아버지인 줄 모르고 죽였으며, 이번에는 어머니를 어머니인 줄 모르고 아내로 삼았습니다.

가혹한 운명의 진실을 알지 못한 채 오이디푸스는 테베를 평화롭게 다스렸습니다. 또한 아름다운 왕비 이오카스테와 행복한 세월을 보냈습니다. 진실이 숨겨진 채 오랜 세월이 흐른 뒤, 테베에 몹쓸 전염병과 기근이 들기 시작했습니다. 테베의 섭정을 맡은 크레온이 해결책을 찾고자 델포이에 가서 신탁을 물었습니다.

그 결과는 라이오스 왕의 살해자를 다른 나라로 추방시켜야 한다는 것이었습니다. 왕의 살해자를 찾기 위해 여러 방법을 취한 끝에 진실의 문이 열렸습니다. 저주의 주인공이 바로 오이디푸스 왕이었으니, 이오카스테는 아들과 수년을 함께 산 것이었습니다. 그 비밀을 엿들은 이오카스테는 기가 막혔습니다. 사실을 도저히 받아들이기 힘들었던 이오카스테는 결국 목을 매어 자살하고 말았습니다.

오이디푸스는 자신의 어머니이자 조금 전까지는 아내였던 이오카스테의 죽음 앞에 정신을 차릴 수 없었습니다. 그는 자신의 운명을 원망하며, 어머니의 장신구로 눈을 찔렀습니다. 그의 눈에서는 검붉은 피가 철철 흘러넘치고 그의 통곡소리가 온 성 안에 울렸습니다. 결국 그는 장님이 되고 말았습니다.

오이디푸스는 그날 이후로 슬픔과 번민의 날을 보냈습니다. 매일 술에 취해 살던 오이디푸스는 아버지의 환영에 시달리며 헛소리를 하곤 했습니다. 심지어 자신의 두 아들에게 극심한 저주를 퍼붓기도 했습니다. 아들들은 더 이상 참지 못하고 오이디푸스를 죽이려고까지 했습니다. 자식이 아버지를 죽이는 비극이 또다시 일어나는 것을 원치 않은 크레온은 결국 오이디푸스의 큰아들 에테오클레스를 왕의 자리에 앉히고 오이디푸스를 외국으로 추방시켰습니다.

오이디푸스는 크레온의 아들 하이몬과 자신의 딸 안티고네를 데리고 테베를 떠났습니다. 유난히 정이 많은 안티고네는 장님이 된 아버지를 혼자 보낼 수가 없었습니다.

그들이 정처 없는 방랑의 길을 나선 후, 오이디푸스가 아들들에게 내뱉은 저주는 곧 실현되었습니다. 두 아들은 서로 왕이 되려고 했던 터라 어쩔 수 없이 1년마다 교대로 왕위에 오르기로 합의를 했습니다. 그런데 에테오클레스가 왕위에 오른 지 1년이 지났음에도 폴리네이케스에게 자리를 내주려고 하지 않았습니다. 그러자 폴리네이케스의 장인인 아르고스 왕 아드라스토스가 사위를 왕위에 앉히기 위해 군사를 이끌고 테베의 일곱 문을 통해 궁 안으로 공격해 들어갔습니다. 공격에 앞장선 폴리네이케스는 오이디푸스가 추방되어 있던 아테네 부근 콜로누스로 가서 아버지에게 축복을 간청했습니다. 델포이의 신탁이 오이디푸스가 편드는 쪽이 승리할 것이라고 했기 때문입니다. 하지만 오이디푸스는 그 아들에게 축복 대신 저주를 내렸습니다.

이와는 반대로 에테오클레스를 왕위에 앉힌 크레온은 그를 지지하고 있었으므로, 그를 위해 콜로누스에서 오이디푸스를 납치하려 했습니다. '오이디푸스가 죽은 후 그 시신을 테베 시에서 장사지내면 테베가 무사할 것이라'는 예언 때문이었습니다. 하지만 납치를 꾀하던 크레온은 테세우스가 이끄는 아테네 군에게 대패하여 도주하고 말았습니다.

오이디푸스는 테세우스에게 감사를 표하면서, 자신의 유해가 아테네에 있는 한 테베의 어떠한 공격으로부터도 아테네는 안전할 것이라고 축복했습니다. 오이디푸스는 자기한테 마지막 안식의 땅을 마련해준 테세우스 왕의 아티카를 축복하면서 콜로누스에서 죽음을 맞았습니다. 그의 시신은 도시의 안녕에 필요했으므로 테세우스를 제외하고는 그의 무덤이 있는 곳을 알 수가 없었습니다.

운명, 만일 라이오스가 신탁에 따라 오이디푸스를 미리 죽였더라면, 아니면 그를 자신의 자식으로 받아들여 궁에서 키웠더라면 라이오스는 아들의 손에 죽음을 맞지 않았을지도 모릅니다. 오이디푸스는 자신의 어머니와 결혼하지 않았을지도 모릅니다. 그런데 운명의 여신은 그를 이리저리 끌고 가서 신탁을 적중하게 만들었으니, 인간이란 비극적인 숙명을 타고 나는 것일까요? 피할 수 없다면 맞닥뜨려서 운명과 싸워야 했습니다. 우리가 운명이라고 생각하는 게 모두 운명은 아닙니다. 극히 일부입니다. 그러니 피하려 말고 운명의 주인이 되어야 합니다.

천륜의 저버린 스킬라의 사랑

크레타와 메가라 사이에 전쟁이 벌어졌습니다. 크레타의 병력이 훨씬 우세했지만 메가라 성을 포위한 크레타의 미노스 왕은 6개월이 지나도록 굳건히 잠긴 성문을 뚫지 못했습니다. 이는 메가라의 왕 니소스의 자줏빛 머리카락 한 올 때문이었습니다. 그의 자줏빛 머리카락이 그에게 남아 있는 한 메가라는 절대로 점령되지 않으리라는 비밀이 있었기 때문입니다.

그런데 이 메가라의 운명을 바꾸는 일이 일어나고 말았습니다. 메가라 성벽 위에는 높은 탑이 하나 있는데, 이 탑에서는 크레타 군이 진을 치고 있는 모습이 한눈에 내려다보였습니다.

니소스 왕에게는 스킬라라는 이름의 딸이 있었습니다. 그녀는 종종 탑 위에 올라가 적군의 진영을 내려다보곤 했습니다. 성이 오랫동안 포위되어 있었으므로, 자주 적진을 내려다본 그녀는 이제 적진의 지휘관들이 누구인지까지 파악할 정도였습니다. 그들 가운데 그녀의 시선을 끄는 이가 있었으니 바로 크레타의 왕 미노스였습니다. 그를 볼 때마다 그녀의 마음속에는 알 수 없는 열정이 샘솟았습니다. 투구를 쓰고 방패를 든 미노스의 모습이 그녀의 시선을 사로잡아 꼼짝할 수 없게 만들었습니다. 그녀는 하루라도 그의 모습을 보지 않으면 숨이 막힐 것 같았습니다. 미노스가 적이라는 걸 뻔히 알면서도 그의 모습만 보면 타오르는 열정을 제어할 수가 없었습니다. 그의 일거수일투족이 거부할 수 없는 매력으로 다가왔습니다. 창을 던지는 모습은 우아한 새의 몸짓 그 자체였고, 활을 쏠 때의 날렵하고도 우아한 자태는 아폴론을 능가하는 듯했습니다. 투구를 벗고 화려하게 장식한 백마를 탄 그의 모습에 스킬라는 정신이 아득해졌습니다. 그녀는 미노스에게 반한 나머지 미칠 지경이었습니다. 참을 수 없을 정도로 미노스에게 마음을 빼앗긴 그녀는 당장이라도 적진 속으로 달려가 그의 품에 안기고 싶었습니다. 할 수만 있다면 탑 위에서 그의 진영 가운데로 몸을 던지거나, 심지어 그를 위해 성문을 열어주고픈 마음까지 생겼습니다. 그를 기쁘게 하는 일이라면 무엇이든 하고 싶은 충동을 느꼈습니다.

그녀는 자신이 처한 현실을 생각하며 슬픔에 잠겨 탑 안에서 여러 모로 궁리했습니다. 그러다가 혼잣말로 중얼거렸습니다.

"아! 미노스가 적인 것이 너무나 안타까워. 하지만 그이를 보게 된 것이 정말 기뻐. 아마 그이는 우리가 평화를 청한다면 들어줄 거야. 그리고 나를 인질로 받아들일 거야. 할 수만 있다면 그이의 진영으로 날아가서 항복을 고하고, 그이의 처분을 기다리고 싶구나. 하지만 그것은 아버지를 배반하는 것이니 어쩌면 좋아. 이젠 차라리 미노스를 안 보는 편이 좋겠어. 어쩌면 혹시 모르지. 저 정복자가 인자하고 관대하다면 차라리 항복하고 그의 지배를 받는 것이 이 도시를 위하여 더욱 좋은 일일 수도 있어."

안토니오 템페스타, <성벽에서 미노스를 내려다보는 스킬라>(1606년, 미국 로스앤젤레스 주립미술관)

그녀는 생각 끝에 한숨만 내쉬었습니다. 그녀의 감은 눈 속으로 미노스의 모습이 더욱 꽉 찼습니다. 그녀는 숨이 막힐 듯한 심정으로 슬쩍 미노스의 모습을 훔쳐보았습니다.

그녀는 다시 중얼거렸습니다.

"그래, 정의의 신은 분명 미노스 편을 들고 있어. 결국 우리가 정복당하고 말 거야. 전쟁의 결과가 그렇게 될 바에는, 성문이 열리기까지 버틸 게 아니라 차라리 내가 직접 성문을 열어주고 내 사랑을 보여주는 것이 더 나을 거야."

그녀는 당장이라도 그에게 달려가고 싶어 숨이 멎을 것 같았습니다.

'하지만 미노스는 이 나라를 침입해 온 적국의 왕이다! 사랑의 열

병이 이토록 지독하게, 세상 그 무엇과도 바꿀 수 없을 정도로 절박하게 다가오는 것이었던가!'

그녀는 할 수만 있다면 아버지를 팔아서라도 사랑을 얻고 싶은 마음이었습니다. 그녀는 자신의 운명을 한탄했다가, 죄 없는 아버지를 원망하면서 한숨지었습니다. 그녀는 중대한 결심을 했습니다.

'그래, 전쟁을 오래 끈다고 좋을 게 하나도 없잖아. 만일 전쟁 중에 미노스가 부상을 입거나 죽으면 어떡해. 차라리 이 나라를 지참금으로 삼아서 나를 그이에게 맡기는 조건으로 이 기나긴 전쟁을 끝내겠어. 하지만 어떻게 하지? 성문은 문지기들이 지키고 있고, 열쇠는 아버지가 가지고 계시니.'

그녀는 다시금 자신의 신세를 한탄하면서 아버지와 사랑하는 미노스 사이에서 고민을 거듭했습니다. 그러다 그녀는 생각을 굳혔습니다.

'그래, 나의 길을 막는 것은 아버지뿐이야. 차라리 신들이 아버지를 처치해주었으면 좋겠어. 아니, 그럴 필요도 없어. 나의 사랑을 막을 자격이 있는 사람은 아무도 없어. 나는 내 사랑을 위해 무슨 짓이든 할 수 있어. 난 아버지의 목숨이 아니라, 아버지의 한 올 자줏빛 머리카락만 필요할 뿐이야. 그것으로 나의 사랑과 바꾸면 돼.'

스킬라가 결심을 굳힐 무렵 어느덧 밤이 되었습니다. 성안의 모든 사람이 잠이 들었습니다. 그녀는 아버지의 침실로 몰래 들어갔습니다. 아버지는 기척을 못 느끼는 듯했습니다. 잠시 머뭇거리던 그녀가 아버지의 자줏빛, 그 운명의 머리카락을 뽑았습니다. 다행히도 아버지는 알아차리지 못했습니다.

그녀는 몰래 성을 빠져나가 적진으로 향했습니다. 병사들의 제지를 받았으나 미노스 왕께 할 말이 있다는 말에 왕에게 인도되었습니다. 드디어 그 앞에 설 수 있다는 생각에 그녀는 가슴이 터질 것 같았습니다.

"나는 니소스 왕의 딸인 스킬라예요. 당신에게 이 나라와 아버지의 왕궁을 바치고 싶어요. 나는 그 대가로 당신을 원합니다. 그 이외에 아무것도 바라지 않아요. 나는 당신을 사랑하기 때문에 이런 일을 했어요. 이 자줏빛 머리카락을 보세요. 이 머리카락과 함께 나는 아버지와 그의 왕국을 당신에게 드립니다."

그녀는 운명의 머리카락을 그에게 내밀었습니다. 그녀는 미노스가 무척 좋아할 줄 알았습니다. 그런데 미노스는 그 머리카락에 손대기를 거부하면서 뒤로 한걸음 물러서며 큰소리로 외쳤습니다.

"고약한 년 같으니라고! 아비를 배신한 너는 필시 천벌을 받으리라. 이는 우리 시대의 치욕이로다! 대지도 바다도 너에게 안식처를 주지 않기를 바랄 뿐이다. 더욱이 제우스의 요람인 나의 크레타가 너와 같은 괴물로 더럽혀져서는 안 될 것이다."

그리고는 부하들을 돌아보며 명령했습니다.

"앞으로 내가 정복할 도시는 그곳이 어디든 내 도시와 마찬가지로 공정하게 통치되도록 각별히 주의를 기울이라. 그리고 천륜을 어긴 저 년은 당장 바다 속에 던져 고기밥이 되게 하라."

그는 그녀를 쳐다보지도 않은 채 곧바로 함대에 출범 명령을 내렸습니다. 스킬라는 미칠 지경이 되어 발악하듯이 슬피 부르짖었습니다.

"이 배은망덕한 놈! 네 놈이 이렇게 나를 버리고 갈 수 있단 말이냐? 너에게 승리를 가져다준 나를, 네 놈을 위해 아버지를 배반하고 나라까지도 바친 나를 버리다니! 내가 죽을죄를 진 것은 사실이지만 절대 네 놈의 손에 죽지는 않을 테다."

스킬라는 미노스의 함대가 해안을 떠나려는 순간 바다 속으로 거침없이 뛰어들었습니다. 그녀는 이내 바다에 빠져 숨을 거뒀습니다.

그녀의 원한은 극에 달하여 백로로 변하고 말았습니다. 그 백로는 미노스를 태운 배의 키를 부리로 잡고 끈질기게 배의 방향을 돌렸습니다. 그런데 하늘 높이 솟은 물수리 한 마리가 갑자기 그들 곁에 다가와 사정없이 백로를 부리와 발톱으로 쪼았습니다. 그녀는 물수리가 무서워서 그만 배를 놓치고 물에 빠질 뻔했습니다. 그 물수리는, 자신을 배신한 딸을 원망하며 스스로 목숨을 버린 그녀의 아버지 니소스였습니다. 배신한 딸에 대한 원한으로 늘 백로를 못살게 구는 물수리는 백로만 보면 추격하곤 합니다.

세상에는 천륜이냐 사랑이냐로 갈등을 겪는 경우가 종종 있습니다. 분명한 건 천륜은 변하지 않으나 사랑은 변하기도 한다는 점입니다. 때문에 신화는 자연의 질서이기도 한 천륜을 어기는 사람에겐 벌을 내리는 것으로 나옵니다. 불의한 부모가 아닌 한 부모를 곤경에 빠뜨리는 건 천륜을 어기는 일입니다. 분별없는 사랑은 자신은 물론 가족에게도 피해를 미칩니다. 분별 있게 행동하고 분별 있는 사랑을 해야 합니다.

질투로 눈먼 키벨레의 사랑

제우스가 모처럼 낮잠을 즐기고 있었습니다. 그의 꿈에 이제까지 본 적이 없던 절세의 미인이 나타났습니다. 제우스는 꿈을 현실로 착각하고 꿈속의 그녀와 에로틱한 시간을 보냈습니다. 얼마나 좋았던지 흥분할 대로 흥분한 그의 아랫도리에서 분수처럼 정액이 흘러나왔습니다. 그의 정액은 그가 있던 프리기아의 딘디몬 산으로부터 지상으로 흘러 내려갔습니다. 얼마간의 세월이 흐르자 그곳에서 제우스의 피를 받은 아이가 태어났습니다.

그런데 그 아이는 특이하게도 여성과 남성의 성기를 모두 갖고 있었습니다. 그 아이가 신의 피를 물려받았기에 앞으로 신이 될 가능성이 크다고 생각한 올림포스 신들은 회의에서 이 아이의 성기 하나를 제거하기로 결정했습니다. 남근을 제거당한 아이는 자신의 생명을 부지하기 위해 울음을 터뜨리는 작은 여자아이로 산속에 버려졌습니다. 아이의 울음소리가 온 산에 울려 퍼졌습니다. 마침 인근을 지나던 사자 한 마리가 다가가 아이에게 젖을 먹였습니다. 아이는 이때부터 사자를 제 어미로 알았습니다. 어느 날 그 숲을 지나던 프리기아의 왕 메이온이 그를 발견하여 키벨레란 이름을 주고 데려다 키웠습니다.

한편 그녀에게서 떨어져 나간 남근은 땅에 심겨져 아몬드 나무가 되었습니다. 나무는 무럭무럭 자라더니 풍성한 열매를 맺었습니다. 어느 날 그 나무에 열린 열매 하나가 강에 떨어졌습니다. 마침 목욕을 즐기고 있던 강의 님프 나나가 물 위에 떠 있는 탐스런 열매를 맛있게 먹었습니다. 그 후부터 몸에 이상한 기운이 감도는가 싶더니 임신을 했습니다. 어느덧 시간이 흘러 나나는 남자아이를 낳았습니다. 아버지가 누구인지도 모르는 사생아를 낳은 나나는 너무나 창피해 아이를 인적 없는 외딴 곳에 버렸습니다.

마침 그곳에 머물던 한 마리 양이 아이를 발견하고는 자신의 새끼처럼 젖을 먹였습니다. 아이는 양의 보호를 받으면서 잘생긴 청년으로 성장했습니다. 양들의 틈에서 자란 덕분에 양치기가 된 그 청년의 이름은 아티스였습니다. 이렇듯 제우스의 씨가 흘러서 하나는 키벨레라는 여자아이, 다른 하나는 아티스로 태어났습니다.

어느 날 아티스가 살고 있는 지역을 여행하던 키벨레가 아티스와 우연히 마주쳤습니다. 서로의 혈연관계를 모르는 키벨레는 아티스를 보자마자 첫눈에 반했습니다. 그때부터 키벨레는 아티스를 자신의 남자로 만들기 위해 집요하게 따라다니며 구애를 했습니다. 하지만 아티스는 그녀에게 관심조차 없었습니다. 아티스를 향한 그녀의 사랑은 나날이 깊어갔지만 그럴수록 아티스는 그녀가 부담스러워 자리를 피했습니다.

그런데 그녀의 집요한 사랑 앞에 아티스의 마음도 서서히 움직이기 시작했습니다. 어느 정도 사랑이 무르익었다고 생각한 키벨레는 아티스에게 자신을 사랑하는지 물었습니다. 그리고는 평생을 함께하자는 맹세를 해달라고 졸랐습니다. 그녀를 사랑한다고 생각한 아티스는 그녀가 원하는 대로 맹세했습니다.

"염려 마오. 나도 이제는 그대를 진정으로 사랑하게 되었다오. 이제부터 영원히 당신만을 사랑하며, 당신에게 평생을 바칠 것이오."

하지만 얼마 지나지 않아 아티스의 마음에 사가리티스라는 새로운 여인이 들어찼습니다. 너무나 다정하고 여성스러운 그녀는 키벨레와는 완전히 다른 매력을 지니고 있었습니다. 태어날 때부터 남자가 될 수도 있었던 키벨레는 여성스러운 나긋나긋함이 없었습니다. 이 때문에 아티스는 새로운 여인에게 점점 빠져들었습니다. 결국 아티스는 키벨레를 배신하고 사가리티스와 결혼하기로 결정했습니다.

키벨레는 타오르는 분노를 억누를 수 없었습니다. 그녀는 아티스를 찾아가 미친 사람으로 만들어버렸습니다. 정신이 이상해진 아티스를 키벨레는 냉랭하게 대했습니다. 그것으로도 부족해 아티스의 남근을 잘라버렸습니다. 아티스는 자신의 잘린 남근을 붙잡고 애통해 했지만 되돌릴 수 있는 방법은 없었습니다. 결국 시름시름 앓던 아티스는 얼마 후 자신의 과오를 한탄하다가 죽고 말았습니다. 막상 아티스가 죽고 나자 키벨레는 무척 마음이 아렸습니다. 한때나마 사랑했던 남자를 죽음으로 내몬 과거의 잔인한 행위를 뒤늦게 후회했습니다. 키벨레는 비통의 눈물을 흘리다가 제우스에게 아티스를 다시 살려달라고 간청했지만 제우스도 죽은 자를 살릴 수는 없었습니다. 다만 그녀의 비통한 눈물을 측은하게 여긴 제우스는 아티스의 시신만은 절대로 썩지 않게 하겠노라고 약속했습니다.

그때 키벨레의 몸에는 아티스의 아이가 자라고 있었습니다. 얼마 후 그녀에게서 아이가 태어나자, 키벨레의 아버지 프리기아의 왕은 자신의 딸이 아비 없는 자식을 키우게 할 수 없다며 그 아이를 죽이라고 부하들에게 명했습니다.

사랑하는 남자를 죽게 만들고, 그 사랑의 증표인 아이까지 잃은 키벨레는 완전히 제정신을 잃고 실성한 채 북을 치며 온 나라를 돌아다니면서 연인의 죽음을 탄식했습니다. 그 후 나라에는 온갖 질병이 퍼지고 민심 또한 흉흉해졌습니다.

프리기아인들은 견디다 못해 델포이 신전에 가서 신탁을 물었습니다. 신탁은 키벨레를 여신으로 모시고 아티스의 성대한 장례식을 거행하라고 명했습니다. 신탁에 따라 여신이 된 키벨레는 그 후 인간의 대지를 다스렸습니다. 그녀를 섬기는 신전도 생겼습니다. 그녀는 제사장들을 시켜 자신의 신전으로 아티스의 시신을 옮겨온 후 매년 그의 기일마다 성대한 제사를 지냈습니다. 그 신전은 아티스처럼 거세된 남자만을 신관으로 받아들였습니다.

질투에 눈이 멀면 판단력을 잃습니다. 그러면 거칠어지고 물불을 가리지 못합니다. 사랑에 빠지면 판단이 흐려지고 소유욕만 커집니다. 그 소유욕이 질투를 유발하고 그 때문에 집착이 생기며, 집착이 생기면 모든 것을 자기중심으로 판단합니다. 지나친 자기중심적 애정이 광기를 부릅니다. 광기는 스스로 제어를 못합니다. 자신의 애정이 광기인지 모르고 그것을 정당한 것으로 당연한 것으로 자기 합리화합니다. 사랑의 본질은 아름다우나 그 사랑에 무엇이 끼어드느냐에 따라 재난으로 바뀌기도 합니다. 자신을 아는 사랑, 상대를 제대로 아는 사랑, 제대로 앎을 전제로 하는 사랑, 그 사랑이 아닌 지나친 사랑은 스스로를 눈멀게 합니다. 그 눈먼 판단이 자칫 비극을 낳습니다.

아탈란테를 향한 멜레아그로스의 잘못 꿴 사랑

칼리돈의 왕 오이네우스와 아내 알타이아는 건장한 사내아이를 낳자 너무나 기뻤습니다. 하지만 기쁨도 잠시, 운명의 여신 모이라이 세 자매가 그들에게 찾아와 예언을 남겼습니다.

첫번째 여신은 이렇게 예언을 했습니다.

"이 아이는 참으로 용기 있는 사람이 될 운명일세."

아이의 부모는 내심 기뻐했습니다.

두번째 여신이 아이를 내려다보며 예언을 했습니다.

"이 아이는 자라서 영광을 얻을 운명이군."

기쁨에 들뜬 부모는 세번째 여신은 더 좋은 예언을 할 것이라고 기대했습니다. 그런데 여신은 아이의 어머니를 한참 동안 물끄러미 바라보더니 조심스레 입을 열었습니다. 여신은 장작이 활활 타오르는 난로를 가리키며 말했습니다.

"이 아이는 필시 저 난로 속 장작이 다 타서 재가 되는 것과 동시에 죽을 운명이로다."

기대와 달리 끔찍한 예언을 들은 아이의 부모는 아연실색했습니다. 간신히 정신을 차린 아이의 어머니는 얼른 난로로 다가가 여신이

가리킨 장작을 꺼내 조심스럽게 불을 끄고는 아무도 모르는 곳에 보관해두었습니다.

어머니의 순간적 판단으로 죽음을 피한 이 아이의 이름은 멜레아그로스였습니다. 다행히 멜레아그로스는 아무런 탈 없이 다른 아이들보다 총명하고 용감하며 지혜롭게 잘 자랐습니다. 세월이 흘러 그는 늠름한 청년이 되었습니다.

그러던 어느 날, 그의 아버지 오이네우스가 신들을 위한 제사를 올리던 중 깜빡 잊고 여신 아르테미스에게 아무런 제물도 바치지 않았습니다. 유난히 질투심이 많은 아르테미스가 가만히 있을 리 없었습니다. 여신은 무시당했다는 생각이 들었습니다. 끓어오르는 분노를 참을 수 없었던 여신은 이에 대한 벌로, 무시무시하게 큰 멧돼지 한 마리를 칼리돈으로 보내 나라의 모든 들을 헤집고 다니게 만들었습니다.

눈은 피와 불로 빛나고, 털은 어찌나 빳빳하고 날카로운지 창끝처럼 뾰족하게 선 멧돼지였습니다. 뿐만 아니라 송곳니는 코끼리 상아처럼 앞으로 길게 삐져나와 보기만 해도 섬뜩했습니다. 칼리돈의 모든 들이 멧돼지 발아래 짓밟혔고, 포도나무와 올리브나무는 송곳니에 걸려 맥없이 뿌리째 뽑혔습니다. 멧돼지 기세에 놀란 가축들은 우리를 벗어나 모두 산속으로 도망쳤습니다.

힘센 젊은이들이 멧돼지를 잡으려고 몇 번이고 시도했지만, 온몸이 흉기인 이 짐승 앞에서는 속수무책이었습니다. 보다 못한 멜레아그로스가 그리스 전역의 영웅들에게 전갈을 보내 호소했습니다.

'그리스의 훌륭한 영웅들이여, 칼리돈을 쑥대밭으로 만들고 있는

저 무시무시한 멧돼지를 퇴치해주시오. 우리 함께 저 멧돼지 사냥을 합시다.'

멜레아그로스의 아버지 오이네우스도 사냥에 참여할 사람들을 모집했습니다. 그는 모인 사람들에게 "저 거대한 멧돼지를 잡는 이에게는 멧돼지의 가죽을 선물하겠소."라고 약속했습니다. 그러자 힘깨나 쓰는 장사들과 그리스의 영웅들이 멧돼지 사냥을 위해 몰려왔습니다. 오이네우스는 이들을 위해 잔치를 열었습니다.

9일 동안 펼쳐진 성대한 향연이 끝나자 모두 사냥에 나섰습니다. 테세우스와 그의 친구인 페리토스, 이아손, 펠레우오스, 아이아스의 아버지인 텔라몬 등 이름만 들어도 쟁쟁한 영웅들이 이 사냥에 참여했습니다.

아르카디아의 왕 이아소스의 딸 아탈란테도 참가했습니다. 그녀는 여느 남자 못지않게 사냥에 능했는데, 그녀에겐 사냥꾼의 피가 흘렀습니다. 아탈란테가 세상에 태어났을 때 아들을 바랐던 그녀의 아버지 이아소스는 실망해 아이를 산속에 내다버렸습니다. 비정하게 버려진 아기는 다행히 커다란 암곰의 젖을 먹으며 생명을 연장할 수 있었습니다.

그러던 어느 날 곰과 함께 놀고 있던 그녀를 사냥꾼이 발견해 친딸처럼 키웠습니다. 그가 사냥을 나갈 때마다 쫓아다닌 덕분에 아탈란테는 아버지보다 더 능숙한 사냥꾼이 되었습니다.

성인이 된 아탈란테는 여성적인 아름다움과 남성적인 늠름함이 한데 어우러진 묘한 매력을 지니고 있었기에 뭇 남성들의 시선을 받곤 했습니다. 로이코스와 히라이오스도 그녀를 따라다니며 구애했습니다. 그들은 그녀가 자신들의 마음을 받아주지 않자 강제로 겁탈하려 하기도 했습니다. 그녀는 능숙한 솜씨로 활을 쏘아 그들을 물리쳐서 자신의 순결을 지켰습니다.

그런 그녀가 쟁쟁한 남성들과 사냥 솜씨를 겨루고자 멧돼지 사냥에 참가한 것입니다. 그녀는 반짝이는 황금 조임쇠로 옷을 죄고, 왼쪽 어깨에는 상아로 만든 화살통을 메고, 왼손에는 활을 들고 사냥에 나섰습니다.

그녀의 모습을 본 멜레아그로스는 첫눈에 사랑에 빠졌습니다. 어떻게 해서든 그녀에게 말이라도 붙여보고 싶었습니다. 그렇지만 멜레아그로스는 마음만 앞설 뿐 도무지 입이 떨어지지 않았습니다.

어느덧 멧돼지가 사는 굴 가까이에 다가선 일행은 준비해 온 튼튼한 그물로 굴의 입구를 막았습니다. 완벽하게 준비를 마친 그들이 데리고 온 사냥개들의 목줄을 풀었습니다. 신이 난 사냥개들은 멧돼지 흔적을 찾아 이리저리 킁킁거리며 열심히 돌아다녔습니다. 그 숲에는 늪지로 향하는 내리막길이 있었습니다. 바로 이곳의 갈대 속에 몸을 숨기고 있던 멧돼지는 사냥개들이 짖는 소리를 듣자 개들을 향해 돌진했습니다. 순식간에 개 두 마리가 멧돼지의 송곳니에 찢겨 힘없이 너부러졌습니다.

이아손이 사냥의 여신 아르테미스에게 승리를 달라고 기원하며 멧돼지를 향해 창을 날렸습니다. 하늘에서 이를 지켜보던 아르테미스는 간절히 기도하는 이아손의 마음씨가 고마워서 그의 창이 멧돼지를 맞히도록 도와주었습니다. 하지만 여신은 자신이 보낸 멧돼지에게 상처를 입힐 수는 없었습니다. 그래서 창이 날아가는 동안 창날을

페테르 피올 루벤스, <멜레아그로스와 아탈란테의 사냥>(1628년, 스페인 프라도미술관)

뽑아버렸습니다. 멧돼지는 상처 하나 입지 않고 오히려 자극을 받아 더욱 난동을 부렸습니다.

사냥에 참가한 영웅 가운데 네스토르는 멧돼지가 갑자기 달려들자 혼비백산하여 나무로 부리나케 올라가 가까스로 몸을 피했습니다. 텔라몬은 멧돼지를 향해 창을 겨누고 기세등등하게 돌진한 것까지는 좋았는데, 그만 땅 위로 튀어나온 나무뿌리에 걸려 앞으로 고꾸라졌습니다. 이처럼 사냥에 나선 사람들 모두가 실패를 거듭했습니다.

이번에는 아탈란테가 앞으로 나섰습니다. 그녀는 멧돼지를 향해 활을 겨누고는 힘차게 시위를 당겼습니다. 아름다운 아탈란테의 손끝에서 튕겨나간 화살은 성난 멧돼지를 향해 날아갔습니다. 모두들 숨을 죽이고 화살 끝의 움직임을 눈으로 좇았습니다. 그녀가 쏜 화살은 멧돼지의 몸에 정확히 맞았습니다. 멧돼지의 몸에서 피가 흐르자 모두들 환호성을 질렀습니다. 마침내 처음으로 멧돼지가 화살에 정통으로 맞았습니다. 하지만 상처가 깊지 않았던 탓에 멧돼지는 더욱 맹렬히 날뛰었습니다.

아탈란테에게 연정을 품은 멜레아그로스는 가장 먼저 환호성을 내지르며 그녀를 칭찬했습니다. 그 모습을 아니꼽게 바라보던 안카이오스는 비위가 상했습니다. 영웅들도 못 맞힌 멧돼지를 여자가 공격하자 자존심이 상했고, 질투심도 생겼습니다. 이를 만회하고픈 욕심에 안카이오스는 용맹스럽게 소리치면서 멧돼지를 향해 돌진했습니다. 하지만 격분할 대로 격분한 멧돼지가 안카이오스를 머리로 받아쳐 그는 치명적인 부상을 입고 쓰러졌습니다.

이번에는 테세우스가 힘차게 창을 던졌지만 멧돼지 근처에도 가지 못하고 튀어나온 나뭇가지를 스치며 빗나가고 말았습니다. 이아손이 다시 던진 창마저도 멧돼지 대신 그 옆의 사냥개 한 마리만 맞혔을 뿐이었습니다.

이번에는 멜레아그로스가 나섰지만 그가 던진 창도 마찬가지로 아슬아슬하게 빗나갑니다. 하지만 그는 한 번으로 포기하지 않고 용감하게 멧돼지 가까이 접근해 다시 한 번 창으로 옆구리를 공격했습니다. 그가 온힘을 다해 일격을 가하자 멧돼지가 크게 울부짖더니 쓰러집니다.

길길이 날뛰며 사람들을 공포에 몰아넣던 멧돼지가 쓰러지자, 함께 사냥에 참가했던 사람들 모두가 환호성을 지르며 멧돼지 주위로 몰려들었습니다. 멜레아그로스는 의기양양하게 멧돼지 머리를 밟고는 승자의 미소를 지으며 아탈란테를 돌아보았습니다.

그는 그녀에게 자신의 전리품인 멧돼지 머리와 가죽을 선물로 주었습니다. 그러자 멧돼지 머리를 차지하고 싶었던 사람들이 그를 비난했습니다. 그들은 급기야 그녀가 받은 전리품을 빼앗으려 했습니다. 그 가운데는 멜레아그로스의 외삼촌 플렉시포스와 톡세우스도 있었습니다. 그들은 다함께 참여한 사냥의 전리품을 한 사람에게 몰아주어서는 안 된다면서 강제로 아탈란테에게서 멧돼지 머리를 빼앗았습니다. 멜레아그로스는 자신의 결정에 반발한 이 사건에 격분한데다, 자신이 연정을 품고 있던 아탈란테가 모욕을 당하자 순간적으로 이성을 잃고 칼을 빼들어 이들의 심장을 찔렀습니다.

이들의 죽음과 함께 소란은 잦아들었습니다. 멜레아그로스는 일단 멧돼지의 장기들을 나누어 여러 신들의 제단에 바쳤습니다. 멜레아그로스의 어머니 알타이아도 이 제사에 참여했습니다. 그녀는 동생들의 죽음을 알지 못한 채 아들의 용맹함에 기쁨을 감추지 않았습니다. 하지만 얼마 후, 신전으로 운반된 동생들의 주검을 보자 목이 메었습니다. 그들을 살해한 이가 누구인지 밝히어 기필코 복수하리라 맹세했습니다.

그녀는 범인이 자신의 아들이라는 사실을 알고는 멜레아그로스를 증오했습니다. 집으로 돌아온 그녀의 뇌리에 운명의 여신의 예언이 떠올랐습니다. 장작이 다 타서 재가 되는 동시에 자신의 아들이 죽음을 맞이하게 될 거라던 예언 말입니다. 이성을 잃은 그녀는 자신이 보관해두었던 장작을 찾아낸 뒤 하인들에게 불을 지피라고 명령했습니다. 그러나 불 속에 운명의 장작을 던지려는 순간 사랑하는 아들을 잃는다는 생각이 미치자 정신이 번쩍 들었습니다. 그러다가도 아들이 동생들을 죽였다는 사실이 떠오르면 치미는 분노로 얼굴이 붉게 달아올랐습니다. 바람에 흔들리는 등불처럼 알타이아의 마음은 갈피를 잡을 수 없었습니다. 그러다가 마침내 남매 사이의 정이 어머니의 정을 압도했습니다.

알타이아는 운명의 여신이 가리킨 장작을 손에 꼭 쥔 채 신들을 향해 울부짖으며 고했습니다.

"복수의 여신이여, 몸을 돌려 제가 가지고 온 희생물을 바라보십시오. 죄는 죄로써 그 값을 치러야 합니다. 남편 오이네우스도 내 동생들의 죽음을 가져온 아들의 승리를 절대 기뻐하지 않을 겁니다."

그녀는 아무 말 없이 입술을 깨물고 울음 섞인 목소리로 나지막하게 말했습니다.

"아! 내가 지금 무슨 짓을 한 거야! 동생들아, 누나를 용서해 다오. 차마 내 손으로 아들을 죽일 수는 없구나."

한참을 울던 그녀는 다시 결심한 듯 말을 이었습니다.

"아들아, 내 동생들이 저승에서 원수를 갚지 못해 한이 맺혀 있을 것 같구나. 그래도 네가 살아남아 칼리돈을 지배할 수 있겠느냐? 이건 아니야! 아들아, 너는 내 덕에 이제까지 살아온 것이다. 이제는 네 죄로 너는 죽어야만 한다. 나는 네게 두 번의 생명을 주었다. 너를 낳았을 때 첫번째 생명을 주었고, 이 타다 남은 장작을 화염 속에서 끄집어냈을 때 두번째 생명을 주었다. 이제 그 생명을 돌려받아야겠구나! 차라리 그때 네가 죽었더라면 좋았을 것을. 아! 너의 승리가 오히려 불행이로구나. 동생들아! 내가 너희들의 원수를 보내주마. 너희들이 승리한 것이니 저승에서 편히 쉬어라."

그리고는 부르르 떨면서 손에 쥔 장작을 불 속으로 던졌습니다. 장작이 불 속에 떨어지자 멜레아그로스는 갑작스레 찾아온 고통으로 괴로워했습니다. 속이 타들어가는 듯한 고통 속에 이내 그의 온몸에 불이 붙었습니다. 그 순간에도 멜레아그로스는 피를 흘리지 않고 불명예스럽게 죽는다는 것이 무엇보다 한스러웠습니다. 숨을 거두기 전, 그는 나지막하게 사랑하는 사람들의 이름을 불렀습니다. 늙은 부친과 형제자매, 그리고 잠시나마 연정을 품었던 아탈란테까지. 그러나 그는 자신이 고통스럽게 죽음을 맞이하는 것이 자신을 낳고 길러준 어머니 때문이라는 사실을 전혀 몰랐습니다.

운명의 불꽃은 더욱 격렬하게 타올랐습니다. 불꽃이 격렬해질수록 멜레아그로스의 고통도 더해만 갔습니다. 마침내 장작은 재가 되었습니다. 마찬가지로 한 줌의 재가 된 멜레아그로스의 육신도 바람에 날아갔습니다.

아들을 죽여야만 했던 알타이아는 결국 죄책감을 견디지 못하고 스스로 목숨을 끊었습니다. 이 모습을 지켜보던 아르테미스는 이들을 불쌍히 여겨, 죽은 그들 모두를 새로 환생시켰습니다. 그들은 지금도 그곳에서 슬프기도 하고 기쁘기도 한 것 같은 묘한 노래를 부르고 있습니다.

사랑도 사회 속에 있습니다. 사회를 벗어나는 사랑은 설 곳이 없습니다. 사랑에 취해 공평을 잃으면 사회는 그 사랑을 버립니다. 사회 속의 사랑, 이성과 지혜가 필요합니다. 개인에겐 사랑이 먼저이지만 때로 아무리 소중한 개인의 사랑이라도 더불어 사는 사회인 이상 개인의 소중함으로 공평을 잃어서는 정의를 버려서는 안 됩니다.

내 사랑만 생각하고 더불어 삶 속에서 공평을 잃는다면 그건 문제입니다. 우리는 누구나 홀로이면서 더불어 살 수밖에 없는 존재이기 때문입니다. 그러니까 공과 사를 구분할 수 있어야 합니다. 공사를 구분하지 못하면 당연히 사에 치중할 수밖에 없고, 사에 치중하면 다른 이들의 공분을 사는 건 당연합니다. 공에선 사를 누를 수 있어야 합니다. 아무리 사랑한다 해도 공과 사는 구분해야 제대로 사랑을 지킬 수 있습니다. 사랑도 홀로이면서 더불어 속에 포함되어 있기 때문입니다.

아탈란테와 히포메네스의 목숨보다 소중한 사랑

불세출의 여걸, 남성 못지않은 용맹과 무예로 아탈란테는 뭇 사내들의 사랑을 한 몸에 받았습니다. 남성적인 미를 가진 그녀는 어디에 가든 관심을 끌었습니다. 그러나 그녀는 흘끔거리는 남자들의 시선을 애써 모르는 체했습니다. 아예 남자에겐 관심조차 없었습니다. 그녀가 남자들을 거부한 것은 신탁 때문이었습니다.

"아탈란테여! 너는 절대로 결혼해선 안 된다. 만일 네가 결혼하면 넌 필연코 비참하게 죽고 말 것이다!"

그 때문에 그녀는 남자들이 다가오면 의식적으로 피했습니다. 그런데 그녀가 피할수록 남자들은 더욱 집요하게 따라다녔습니다. 아탈란테는 남자들에게 눈길조차 주지 않고 사냥을 다니며, 열렬히 구애하는 남자에게는 다음과 같은 조건을 내걸어 그들을 물리쳤습니다.

"당신이 정말로 나를 원한다면 나와 경주를 하여 이기세요. 당신이 이긴다면 그 상으로 당신께 나의 몸을 바치겠어요. 만일 내가 이기면 나에게 당신의 목숨을 주세요."

이러한 제안은 끈질긴 구혼자들을 물리치는 데 아주 효과적이었습니다. 왜냐하면 그녀의 경주 실력을 이길 만한 사람은 거의 없기 때문이었습니다. 그녀와 경주로 내기를 한다는 건 곧 죽음을 의미하는 것이나 다름없었습니다. 그럼에도 불구하고 그녀에게 도전하는 무모한 남자들은 여지없이 죽음을 당했습니다.

어느 날 그녀는 자신의 내기를 받아들인 남자들과 경기를 벌였습니다. 이날의 심판은 히포메네스가 맡았습니다. 그는 아탈란테의 미모를 전해 들어 알고 있었지만, 목숨을 걸고 도전할 만큼 가치가 있다고는 절대 생각지 않았습니다. 그래서 심판을 맡아달라는 이들의 청원에 이렇게 말했습니다.

"한 여자 때문에 목숨을 걸 만큼 경솔한 젊은이들이 도대체 누구란 말인가?"

하지만 히포메네스도 직접 아탈란테를 보자 말을 바꾸었습니다.

"나를 용서하게. 그대들이 이 경주의 승리로 얻을 상의 가치를 미처 몰랐네."

히포메네스는 경주를 준비하는 젊은이들을 바라보면서 만감이 교차했습니다. 어느덧 히포메네스의 마음속에도 그녀를 향한 연정이 샘솟았습니다. 심판을 보는 동안에도 그는 경주에 참여한 모두가 패배하기를 간절히 원했습니다. 그들이 사랑의 열정 때문에 죽는 것이 마음 편치는 않았지만, 그녀를 향한 사랑 때문에 그들의 실패를 바랐습니다.

아탈란테와 그녀를 원하는 젊은이들의 경주가 시작되었습니다. 무엇보다 그들의 경주를 지켜보는 히포메네스의 심장은 바짝바짝 탔습니다. 그는 오로지 그들 모두가 경주에서 패하기를 원했기 때문에, 그녀와 비슷한 속도로 달리는 젊은이가 눈에 띄면 혹시나 그가 승리하는 건 아닌가 싶어 질투심에 어찌할 바를 몰랐습니다.

아탈란테는 무서운 속도로 질주했습니다. 그녀의 달리는 모습은 너무나 아름다웠습니다. 그녀의 걸음은 미풍의 날개가 달린 것처럼 우아했고, 바람에 나부끼는 그녀의 머리카락은 나비가 춤추는 것 같았습니다. 햇살을 받아 장밋빛으로 붉게 달아오른 뽀얀 피부도 더욱 고와보였습니다.

히포메네스가 심판의 본분을 잊은 채 그녀의 모습에 취해 있는 순간에도 경주자들은 사력을 다해 달렸습니다. 그들은 '죽기 아니면 까무러치기'로 달릴 수밖에 없었습니다. 역시 아탈란테가 승리했습니다. 그녀는 냉혈한처럼 잔인하게도 경기에 진 젊은이들의 목을 가차 없이 베었습니다.

잠시 후 아탈란테가 심판석으로 돌아오자 히포메네스가 앞으로 나서며 말했습니다.

"아탈란테여, 이런 느림보들을 경주에서 이겼다고 우쭐해하지 마시오. 이번에는 내가 당신에게 도전하리다. 내 그대와 경주하여 당신을 반드시 내 여자로 만들리다."

이 말에 아탈란테는 히포메네스를 측은한 눈빛으로 바라보았습니다. 방금 자신의 손에 죽은 젊은이들의 싸늘한 시체를 돌아본 뒤 다시금 그를 불쌍한 듯 쳐다보았습니다. 한편 아탈란테의 아버지 이아소스는 히포메네스가 경주를 이겨서 그녀와 결혼했으면 하고 내심 바랐습니다. 아탈란테도 이번엔 느낌이 달랐습니다. 히포메네스의 용모와 당당함이 예사롭지 않은 매력을 풍겼기 때문이었습니다.

다시 경주 준비를 갖춘 아탈란테는 수려한 용모의 이 사내에게 승리를 안겨줘야 할지 말아야 할지 몹시 혼란스러웠습니다. 그녀는 혼 잣말로 중얼거렸습니다.

"신이 어찌하여 이처럼 젊고 아름다운 청년을 경주에 내보내 그 목 숨을 버리게 하는가. 내가 불쌍히 여기는 것은 그의 아름다움 때문이 아니고 젊음 때문이다. 차라리 그가 경주를 포기했으면 좋으련만."

그녀는 주저했습니다. 구경꾼들은 경주를 빨리 시작하라며 재촉했 습니다. 그녀의 아버지는 히포메네스의 승리를 위해 아프로디테에게 기도를 올렸습니다.

"아프로디테여, 도와주십시오. 이런 사태까지 온 것은 모두 당신 때문이지 않습니까?"

이아소스의 간절한 기도를 들은 아프로디테는 자비를 베풀기로 했 습니다. 아프로디테를 수호신으로 삼은 키프로스 섬의 신전 정원에 는 황금 사과나무가 있었습니다. 아프로디테는 이 나무에서 황금 사 과를 세 개 따다가 조심스레 히포메네스에게 건넨 후 사용할 방법을 알려주었습니다.

드디어 경주가 시작되었습니다. 신호가 떨어지자 두 사람은 빠른 속도로 내달렸습니다. 그들의 걸음걸이가 어찌나 가볍고 빨랐던지 화살보다 더 빠른 것 같았습니다. 구경꾼들은 다들 큰소리로 히포메 네스를 응원했습니다.

"달려! 빨리 더 빨리! 기운 잃지 말고 좀 더 힘을 내!"

구경꾼들은 노심초사하며 또 아까운 한 젊은이가 목숨을 잃을까 걱정했습니다. 그래서 그가 경주에서 이기기를 모두들 손에 땀을 쥐 며 응원했습니다. 하지만 잠시 후 히포메네스는 숨이 가빠오기 시작했습니다. 위기라고 생각한 그는 아프로디테가 준 황금 사과 한 알을 그녀 앞에 던졌습니다. 아탈란테는 그 황금 사과를 주우려고 발을 멈췄습니다. 그 사이에 드디어 히포메네스가 앞섰습니다. 사방에서 환호성이 터져나왔습니다.

그것도 잠시 아탈란테가 다시 힘을 내어 얼마 지나지 않아 히포메네스를 따라붙었습니다. 히포메네스는 다시 사과를 던졌습니다. 예상대로 그녀는 또 걸음을 멈췄습니다. 그 사이에 있는 힘을 다해 달렸지만 그녀는 또 따라붙었습니다. 그의 목숨이 걸린 순간이었습니다. 결승점도 얼마 남지 않았습니다. 아탈란테는 바로 뒤까지 따라왔습니다. 그녀와의 경주가 애초에 무리였다는 것을 그는 깨달았습니다.

기회는 단 한 번뿐입니다. 아프로디테에게 받은 마지막 황금 사과를 던지는 수밖에 없었습니다. 그는 사과를 정성스럽게 매만지면서 자신의 간절한 마음을 담아 아프로디테 여신에게 청했습니다.

"여신이여, 당신의 선물이 성공을 거둘 수 있게 도와주소서!"

그리고는 마지막 남은 사과를 그녀로부터 멀리 떨어진 곳으로 던집니다. 아탈란테는 그 사과를 보자 잠시 주저합니다. 만일 그녀가 사과를 줍는다면 경주에서 질 수도 있습니다. 그것을 알기에 이번에는 섣불리 줍지 않습니다. 히포메네스가 승리하기를 바라는 아프로디테 여신이 아탈란테의 마음을 움직여 그녀가 그것을 줍도록 유혹했습니다. 마음이 바뀐 아탈란테가 사과를 줍는 데 정신이 팔린 사이에, 죽을힘을 다해 달린 히포메네스가 결승점에 먼저 들어왔습니다.

히포메네스의 승리였습니다. 하지만 그는 자신이 꾀를 써서 이긴 것이 썩 내키지 않았습니다. 그러면서도 한편으로는 그녀의 아름다운 모습을 보자 그런 생각이 말끔히 사라지고 무척이나 기뻤습니다. 또한 히포메네스에게 호감을 품고 있던 아탈란테도 경주에 진 것이 오히려 잘 된 것 같은 기분이 들었습니다. 서로의 마음을 확인한 두 연인은 너무나 기쁜 나머지 아프로디테에게 감사의 예를 올리는 것도 잊은 채 행복한 신혼을 보냈습니다.

시간이 흘러도 히포메네스가 감사의 예물을 바치지 않자, 아프로디테는 화가 치밀어 올랐습니다. 여신은 타오르는 분노를 참지 못하고 산림의 여신 키벨레에게 대신 복수해달라고 요청했습니다. 키벨레는 이들 부부를 사자로 변하게 해 자기 수레에 고삐를 맨 후 이들을 매어두었습니다. 그때부터 이들 부부는 평생 키벨레의 수레를 끄는 처지로 살아야만 했습니다.

***

사랑도 도전입니다. 얻고 싶은 사랑이 있다면 용기를 내어 도전해야 합니다. 물론 무모하게 덤벼들 게 아니라 지혜롭게 도전해야 합니다. 할 수만 있다면 힘으로 사랑을 쟁취하기보다 더 쉽고 보다 상처 입지 않고 보다 그 사랑을 얻으려 지혜를 모아야 합니다. 사랑을 응원할 원군을 찾을 수 있다면 훨씬 좋습니다.

에케나이스를 배신한 다프니스의 사랑

하늘을 뒤덮을 정도로 높다랗게 자란 월계수 잎들이 푸르름을 발하던 어느 날, 숲을 가르는 바람 속에서 낯선 소리가 들려왔습니다. 이 숲에 살고 있던 님프들이 한데 모여 무슨 소리인지 서로에게 물었습니다. 한 님프가 먼저 말을 꺼냈습니다.

"이건 아무래도 바람소리가 아닌 것 같아. 자세히 들어봐. 꼭 아기 울음소리 같은 걸."

그러자 다른 님프가 고개를 갸웃거리며 말했습니다.

"이 숲에 무슨 아기가 있다고 그래. 아마도 동굴에 부딪힌 바람소리가 그렇게 들리는 걸 거야"

아기 울음소리라고 굳게 믿은 님프는 궁금증을 참지 못하고 월계수 숲속으로 들어갔습니다. 예상대로 건장한 사내아이가 있었습니다. 님프는 친구들이 모여 있는 곳으로 아기를 데려갔습니다. 품에 안겨 방긋이 미소 짓는 아기는 정말 사랑스러웠습니다. 그 님프는 자신이 직접 아기를 기르기로 결심하고 아기에게 월계수라는 뜻의 단어인 다프네에서 따온 다프니스라는 이름을 붙여주었습니다.

다프니스는 비록 비정한 부모에게 버림받았지만, 평온한 숲속에서 님프들의 귀여움을 독차지하며 점점 늠름한 청년으로 자랐습니다. 성인이 된 후에는 그 숲에서 양을 치는 히메라에게 훈련을 받아 훌륭한 목동이 되었습니다.

다프니스는 음악에 남다른 재주가 있어 양을 지키면서 가끔씩 노래를 부르곤 했습니다. 구슬프면서도 감미로운 그의 목소리에 다들 찬사를 아끼지 않았습니다.

아폴론과 아르테미스 여신도 그를 무척이나 예뻐했습니다. 그의 재주는 신들 사이에서 화젯거리가 되었고 더 많은 신들의 사랑을 받았습니다.

마침 양과 소의 번식을 맡은 판 신이 다프니스의 노래를 들었습니다. 다프니스의 노래에 반해 그와 어울릴 만한 악기를 찾던 판은 직접 피리를 만들어 그에게 선물했습니다.

다프니스는 한참동안 피리를 만지작거리더니 조심스레 입술에 가져갔습니다. 그리고는 이미 손에 익은 악기를 대하듯 능숙하게 피리를 불었는데, 그 소리가 어찌나 애절하고 매력적이던지 숲의 풀벌레들도 숨죽인 채 경청했습니다.

그의 연주솜씨에 신들은 더욱 그를 사랑했습니다. 그의 노래와 연주를 들은 이는 누구나 그를 사랑했는데 인기가 올라갈수록 그의 자만심 또한 점점 높아졌습니다.

아름다운 여인들로부터 수없이 구애를 받은 다프니스는 그녀들의 사랑을 모른 체하는 것이 너무나 재미있었습니다. 여인들의 사랑 고백이 늘어갈수록 그는 여인들의 마음을 자신이 직접 조종할 수 있으리라는 생각까지 했습니다. 그는 이렇게 호언장담했습니다.

"나를 사랑하는 사람은 저토록 많지만, 어느 누가 유혹해도 나는 넘어가지 않을 자신 있어."

그의 말을 들은 사랑의 신들은 화가 치밀었습니다. 사랑의 유혹을 이겨낼 수 있다는 것은, 곧 사랑의 신들의 권위에 대한 도전이었기 때문입니다. 특히 에로스와 아프로디테는 다프니스의 오만한 태도를 고쳐주고자 그를 시험하기로 했습니다.

우선 아프로디테는 강의 님프들 가운데 가장 아름다운 에케나이스에게 다프니스의 곁에 머물라고 시켰습니다. 다프니스가 에케나이스 앞에 나서자 에로스는 그에게 사랑의 화살을 쏘아 지독한 사랑에 빠지게 했습니다. 처음에 다프니스는 자신이 호언장담한 대로 그녀를 무시하려고 애를 썼습니다. 하지만 사랑의 묘약이 온몸에 퍼지자 결국 사랑의 포로가 되고 말았습니다.

그는 매일같이 에케나이스 앞에서 사랑의 노래를 불렀습니다. 완전히 사랑에 빠진 것을 확인한 사랑의 신은, 이번 기회에 그의 오만한 버르장머리를 고쳐주려고 에케나이스를 종용하여 그에게 사랑의 맹세를 받으라고 했습니다. 그녀는 다프니스에게 다음과 같이 사랑의 맹세를 하지 않으면 그의 사랑을 절대로 받아줄 수 없다고 말했습니다.

"당신이 나를 사랑한다면, 앞으로 나 이외의 다른 여자는 거들떠보지 않겠다고 지금 당장 맹세하세요. 그렇지 않으면 당신의 사랑을 거부하겠어요."

다프니스는 진정으로 그녀를 사랑하고 있었습니다. 때문에 사랑의 맹세를 거부할 이유가 없었습니다. 그녀에게 완전히 반한 그는 자기 자신보다 그녀가 더 소중했습니다.

"물론이오. 절대로 다른 여자에게는 관심조차 두지 않을 뿐더러, 앞으로 당신만을 영원히 사랑할 것을 맹세하노니 제발 내 사랑을 받아주오."

다프니스에게 달콤한 나날들이 펼쳐졌습니다. 얼굴에 행복의 미소가 떠나지 않았습니다. 그에게는 연인과 함께하는 순간이 천국과 다를 바 없었습니다. 하지만 그가 행복에 젖어 있는 것을 사랑의 신들이 그냥 내버려둘 리 없었습니다.

에로스와 아프로디테는 다음 계획을 실행하기 위해 다프니스 앞에 아름다운 인간을 보냈습니다. 신들의 선택을 받은 크세니아라는 처녀는 매혹적인 눈매를 가진 여인으로 사랑의 신들이 자신을 이용한다는 것을 모르고 있었습니다.

우연히 길을 가다가 다프니스를 만난 그녀는 에로스의 화살에 맞아 그를 사랑하게 되었습니다. 그녀는 어떻게 해서든 그를 자신의 남자로 만들고 싶었습니다. 그녀는 용기를 내어 다프니스에게 접근했습니다.

아름다운 미소를 머금은 그녀는 하늘의 천사 같았습니다. 그녀를 만난 다프니스는 자신도 모르게 긴 한숨을 내쉬었습니다. 하지만 자신을 기다리고 있을 아내의 모습이 떠오르자 애써 그녀의 눈길을 피했습니다.

다프니스가 쉽게 넘어오지 않자 크세니아는 꾀를 냈습니다. 그녀는 낭랑한 목소리로 그를 불러 술 한 잔을 권했습니다. 처음에는 거부하던 그도 못이기는 척 그녀가 주는 술을 마셨습니다. 그렇게 한 잔을 마시자 앞에 앉은 크세니아가 더욱 아름다워 보였습니다. 다시 한 잔을 마시자 미치도록 그녀가 사랑스러웠습니다. 술에 취한 다프니스는 술의 힘을 빌려 그녀에게 사랑을 고백했습니다. 아내와의 맹세 때문에 처음엔 주저했지만, 이제는 크세니아가 자신의 전부처럼 느껴졌습니다. 다프니스는 그녀와 동거를 시작했습니다.

남편이 돌아오기를 손꼽아 기다리던 에케나이스는 그를 찾아나섰습니다. 여기저기 찾아 헤매던 그녀는 남편이 다른 여자와 사랑을 나누는 장면을 목격했습니다. 화가 난 그녀는 도저히 참을 수 없어 다프니스에게 다가갔습니다. 다프니스는 깜짝 놀라며 그녀에게 용서를 구했습니다. 그러나 그녀는 그를 저주하며 막대기로 그의 두 눈을 마구 찔렀습니다.

소경이 된 다프니스는 아내에게 했던 사랑의 맹세처럼 앞으로 어떤 여자도 볼 수 없는 신세가 되었습니다. 그 후 그는 자신의 신세를 한탄하면서 판이 준 피리를 찾아들고는 발길 닿는 대로 정처 없이 떠돌아다녔습니다.

그는 날마다 강가에 홀로 앉아 피리를 연주하거나 구슬픈 노래를 부르곤 했습니다. 그것이 그가 할 수 있는 유일한 일이었습니다. 그러던 어느 날, 발을 헛디디는 바람에 다프니스는 강물에 빠지고 말았습니다. 앞을 보지 못하는 그는 강에서 어떻게든 벗어나려고 허우적거렸습니다. 강의 님프들이 이 모습을 지켜보았지만 친구 에케나이스가 떠올라 그를 도와주지 않았습니다.

그가 물속으로 완전히 사라지자 강은 다시 고요를 되찾았습니다. 그런데 그 후부터 강에서는 다프니스가 연주하던 구슬픈 피리소리가 흘러나왔습니다. 소리가 어찌나 애처로운지 지나가던 이들은 발걸음을 멈춘 채 이를 듣곤 했습니다. 지금도 강가에서 조용히 마음을 열고 귀를 기울이면 그 피리소리를 들을 수 있답니다.

━━━━━━━━━━━━━━━━━━━━━━━━━━━━━━━━━━━━━━

사랑은 이성이 아니라 감정에서 싹이 틉니다. 때문에 정확한 판단과 명확한 생각의 결과가 아닙니다. 오히려 알 수 없는 모호한 감성에서 사랑은 싹트므로 그 사랑, 언제 어디서 시작될지 모르는 사랑, 가만히 있다가도 불처럼 이는 사랑, 사랑은 종잡을 수 없습니다. 사랑은 감정입니다. 감정이란 내 몸에 갇혀 작은 것 같지만 그 크기는 무한합니다. 언제 어떻게 사랑의 바람을 불게 할지 모릅니다. 감정에서 싹트는 사랑, 그 사랑의 소리에 귀 기울여야 합니다.

파리스와 헬레네의 전쟁을 부르는 사랑

비운의 여인 카산드라에게는 파리스라는 이름의 오빠가 있었지만 그녀는 이 사실을 전혀 모르고 자랐습니다. 아버지 프리아모스가 태어나자마자 깊은 산속에 그를 버렸기 때문입니다. 파리스가 그런 운명에 처하게 된 데에는 다음과 같은 사연이 있었습니다.

프리아모스와 결혼한 헤카베는 얼마 지나지 않아 아이를 임신했습니다. 그런데 임신 사실을 안 지 얼마 되지 않았을 때 태몽이라기에는 너무나 기이한 꿈을 꾸었습니다.

"여보! 어젯밤 꿈이 너무나 불길해요. 글쎄 내가 아기를 낳았는데 사람이 아니라 활활 타오르는 횃불이더라고요. 그런데 그 횃불이 나무에 옮겨 붙더니 잠시 후 이 나라 전체를 태워버렸어요. 도대체 이게 무슨 꿈일까요?"

프리아모스는 별것 아닐 거라며 위로했지만 그녀는 불안한 마음을 지울 수 없었습니다.

시간이 흘러 출산 날짜가 코앞에 다가왔을 때 헤카베는 과거의 기이했던 꿈과 비슷한 꿈을 또다시 꾸었습니다. 한 나무가 도시를 모두 불타오르게 하더니 갑자기 100개의 팔을 가진 괴물 모습으로 바뀌는 것이었습니다. 이번에도 헤카베는 남편에게 도대체 무엇을 뜻하는지 모르겠다며 꿈 이야기를 했습니다. 프리아모스는 너무나 걱정하는 아내를 달래주고, 자신 또한 이유를 알 수 없는 불안감을 떨쳐내고자 부하들에게 트로이에서 가장 유명한 예언자를 불러오라고 일렀습니다.

프리아모스는 예언자에게 아내의 두 꿈 이야기를 들려주고는 해몽을 부탁했습니다.

"그 꿈은 트로이의 파멸을 예고하고 있습니다. 얼마 후 당신들에게 사내아이가 태어날 텐데 그 아이를 즉시 죽여야만 트로이가 무탈할 것이오."

프리아모스는 예언자의 말에 너무나 당황했지만 그럴 리 없을 거라며 애써 부인했습니다.

며칠 후 예언자의 말처럼 헤카베는 사내아이를 낳았습니다. 이 아이 때문에 트로이가 멸망할지 모른다는 생각에 프리아모스는 불안해서 견딜 수가 없었습니다. 고민 끝에 프리아모스는 양치기 아겔라오스를 불러 갓 태어난 아들을 이다 산에 버리라고 명했습니다.

양치기는 왕의 명대로 숲속에 아기를 버렸지만, 그로부터 닷새가 지났을 무렵 혹시나 하는 생각에 이다 산을 다시 찾았습니다. 아기를 버렸던 장소에서 양치기는 엄청난 광경에 발걸음을 멈출 수밖에 없었습니다. 커다란 어미 곰이 새끼들에게 젖을 먹이고 있었는데, 그 가운데 자신이 버린 아기가 너무나 행복한 표정을 지은 채 다른 새끼 곰들과 함께 젖을 빨고 있었습니다. 한동안 숲에서 지켜보던 양치기는 어미 곰이 잠시 자리를 비우자 틈을 타 아기를 집으로 데려갔습니다. 왕이 사실을 알면 목숨을 부지할 수 없다는 걸 알았지만, 아기를 차마 산속에 다시 두고 올 수는 없었습니다.

양치기는 아기를 양자로 삼아 정성을 다해 키웠습니다. 아이를 늘 안고 키울 수는 없어서 그는 바구니를 줄로 매달아놓고 바구니를 흔들며 그 안에서 놀게 했습니다. 이름도 바구니라는 뜻으로 파리스라 지었습니다. 잘생긴 청년으로 자란 파리스는 양치기 아버지의 일을 물려받아 양치기가 되었습니다. 그는 양떼와 함께 너른 들판을 찾아 돌아다니며 일을 즐겼습니다.

아름다운 청년으로 성장한 그에게도 어느 날 사랑이 찾아왔습니다. 상대는 오이노네라는 님프였습니다. 파리스가 머물고 있는 이다 산에는 강물의 신 케블렌이 살고 있었는데, 그의 딸이 바로 오이노네였습니다. 그들은 사랑에 빠진 지 얼마 되지 않아 결혼을 하여 소박하고 아름다운 사랑을 이어갔습니다.

어느 날 파리스의 친부 프리아모스가 영토를 확장한 기념으로 나라의 늠름한 청년들을 불러모아 경기를 치른다고 했습니다. 우승자에게는 최고의 황소를 수여하기로 약속했습니다. 좋은 황소를 구하기 위해 프리아모스의 부하들이 이다 산을 찾았는데 하필이면 파리스의 황소가 그들의 눈에 띄었습니다. 황소는 파리스가 매우 아끼던 녀석이었습니다. 황소를 내주기 싫어 갖은 핑계를 댔지만 소용없었습니다. 왕이 개최하는 경기 우승자에게 선사하는 상품으로 그 황소를 쓸 거라는 데 달리 도리가 없었습니다. 파리스는 자신도 그 경기에 참여하겠다며 만류하는 양치기 아버지를 뿌리치고 산을 내려갔습니다. 그는 기어이 황소를 되찾겠다는 생각으로 경기장을 찾았습니다.

드디어 경기가 열렸습니다. 이 경기에는 프리아모스의 아들들도 참가했습니다. 파리스는 출중한 실력으로 상대를 하나하나 제압했습니다. 결국 그는 경기에서 우승하여 자신의 황소를 되찾았습니다. 프리아모스의 아들들은 보잘것없는 한낱 양치기에게 자신들이 패했다는 사실이 믿기지 않았습니다. 어디서 왔는지도 모르는 촌놈에게 우승을 빼앗긴 것에 자존심이 상했습니다. 그들은 화가 나서 파리스에게 칼을 들고 달려들었습니다. 너무나 놀란 파리스는 일단 제우스 신전으로 피했습니다.

마침 그곳에는 파리스의 친누이 카산드라가 제우스에게 기도를 올리고 있었습니다. 파리스가 신전으로 뛰어 들어오는 모습을 본 카산드라는 단번에 그가 자신의 친오빠임을 알아차렸습니다. 뒤이어 파리스의 목을 베려고 트로이의 왕자들이 신전으로 뛰어들었습니다. 카산드라는 그의 오빠와 동생들에게 밑도 끝도 없이 파리스가 자신들의 친형제라고 말했습니다. 카산드라는 자신의 예언을 차근차근 설명하고, 그의 몸에서 트로이 왕가의 상징인 배냇저고리를 찾아냈습니다.

파리스는 신분을 되찾아 트로이의 왕 프리아모스에게 인도되어 환영을 받았습니다. 죽은 줄 알았던 아들이 살아 있다니, 왕비 헤카베는 파리스를 가슴에 안고 울었습니다. 파리스는 왕자로 인정받아 그곳에 머물렀으나 그 생활도 이내 싫증이 났습니다. 왕족으로서 화려한 삶을 누리기보다 아내와 함께 너른 들판에서 양떼를 치며 살아가는 양치기 신분이 더 좋았다고 생각했습니다. 결국 그는 다시 이다 산으로 돌아갔습니다.

파리스의 아내 오이노네는 그의 결단이 너무나 고마웠습니다. 한편으로는 왕족의 신분을 되찾아 어느 것 하나 부러울 것 없는 파리스가 언젠가 자신을 버릴지도 몰라 불안했습니다. 오이노네의 불안감은 적중했습니다. 그런데 이 부부의 파국은 바다의 여신 테티스의 결혼식이라는 전혀 엉뚱한 곳에서 일어났습니다.

인간 펠레우스와 결혼을 결심한 테티스는 자신의 결혼식에 올림포스 신들을 초대했습니다. 그런데 결혼식이 완벽하게 치러지길 바라는 마음에 불화의 여신 에리스는 초청하지 않았습니다. 그 사실을 안 에리스는 격분한 나머지 결혼식을 순식간에 망쳐놓을 묘안을 떠올렸습니다. 하객이 앉아 있는 연회석 가운데에 '가장 아름다운 여신에게'라는 문구가 새겨진 황금 사과를 하나 던진 것입니다. 그 사과를 발견한 여신들은 하나같이 그 황금 사과의 주인공이 자신이라며 소리 높여 주장했습니다. 그들 중에서도 헤라, 아프로디테, 그리고 아테나는 미모만큼은 자신이 있었습니다. 그들은 서로 자신이 사과의 주인이라고 주장했습니다. 아무도 양보하지 않자 그들은 황금 사과의 주인인 가장 아름다운 여신을 가리는 일을 최고의 신 제우스에게 부탁했습니다.

판정을 맡은 제우스는 난감했습니다. 이 세 여신은 각자 나름의 특별한 아름다움을 지니고 있어서 누가 더 아름답다고 규정하기 어려웠습니다. 게다가 이들 중 한 신을 사과 주인으로 인정하면 곤란한 문제가 있었습니다. 세 여신이 모두 신의 나라의 문제를 논하는 열두 신에 속했기 때문입니다. 제우스는 헤르메스를 불러 이 일을 의논했습니다. 지혜가 뛰어난 헤르메스는 선택받지 못한 다른 여신들의 미움을 받지 않고 그 문제를 해결할 방법을 찾아보았습니다. 이에 신들의 세계와 관계없는 인간에게 판정을 맡기는 것이 좋겠다는 결론을 내렸습니다.

헤르메스는 가장 아름다운 남자로 꼽히던 파리스를 심판으로 추천했습니다. 그렇게 해서 헤르메스는 헤라, 아테나, 아프로디테를 데리고 파리스가 머무는 이다 산으로 향했습니다. 세 여신은 자존심이 걸린 문제였기에 파리스를 매수하려고 물밑 작업에 나섰습니다. 여신들은 각각 자신을 뽑아준다면 다음과 같은 선물을 주겠노라고 약속했습니다. 헤라는 소아시아의 왕을, 아테나는 모든 전쟁의 승리와 지혜를, 아프로디테는 세상에서 가장 아름다운 여인을 각각 제의했습니다.

여신들의 제의를 받은 파리스는 잠시 고민했습니다. '모든 나라의 왕이 된다, 전쟁을 할 때마다 승리하여 백성들의 환영을 받는다' 더할 나위 없이 좋았습니다. 그러나 최고의 미인을 곁에 둔 모습을 그려보자 그보다 더 행복한 삶은 없을 것 같았습니다. 파리스는 들고 있던 황금 사과를 아프로디테에게 건네주었습니다. 자존심이 상한 헤라와 아테나는 파리스를 흘깃 쳐다보고는 각자의 처소로 돌아갔습니다.

그러나 두 여신보다 더한 아픔을 겪은 여인은 바로 파리스의 아내 오이노네였습니다. 지금까지 잘 살아온 파리스가 다른 여인을 아내로 맞으러 간다니 오이노네는 기가 막혔습니다.

그럼에도 파리스는 새 여인을 맞으러 아프로디테를 따라나섰습니다. 아프로디테가 파리스에게 약속한 세상에서 가장 아름다운 여인은 스파르타의 왕비 헬레네였습니다. 헬레네는 스파르타의 메넬라오스 왕과 이미 결혼한 사이였습니다.

자크 루이 다비드, <헬레네에게 구애하는 파리스>(1788년, 프랑스 루브르박물관)

어렸을 때부터 너무나 아름다웠던 헬레네는 메넬라오스와 결혼하기 전에 이미 테세우스에게 강제로 끌려가 결혼한 바 있었습니다. 헤라클레스에게 구조되어 다시 스파르타로 돌아온 후에도 헬레네는 수많은 남자들에게 청혼을 받았습니다. 스파르타의 왕궁은 늘 청혼자로 북적였습니다. 헬레네의 아버지 틴다레오스는 청혼자들 중에 마음에 든 사윗감이 있었지만, 만약 그를 선택할 경우에 칼부림이 일어날까 걱정이었습니다. 틴다레오스는 오디세우스의 제안에 따라 헬레네의 남편으로 선택된 사람의 생명을 반드시 지켜주겠다는 서약을 모든 청혼자에게 받은 뒤 상대를 고르기로 했습니다. 그 결과 당시 스파르타의 최고 부자인 메넬라오스가 선택됐습니다.

스파르타로 떠날 채비를 하는 파리스를 두 여인이 막아섰습니다. 그의 누이 카산드라와 아내 오이노네였습니다. 카산드라는 파리스가 헬레네를 데려오면 머지않아 트로이가 멸망할 거라고 예언했지만, 아폴론의 저주 때문에 그 누구도 그녀의 예언을 믿지 않았습니다. 오이노네도 파리스를 막아서며 그가 헬레네를 얻으면 조만간 큰 부상을 입게 될 거라며 스파르타 행을 말렸습니다. 그러나 단순히 아내가 질투 때문에 그렇게 얘기하는 것이라고 생각한 파리스는 그녀에게 눈길조차 주지 않았습니다. 더 이상 그의 마음을 돌릴 수 없음을 깨달은 오이노네는 만약 부상을 입으면 반드시 이다 산으로 돌아오라는 당부만 남긴 채 홀로 산으로 돌아갔습니다.

파리스는 아프로디테의 보호 아래 스파르타에 이르렀습니다. 자신의 아내를 파리스에게 빼앗길 거라고는 상상조차 못한 스파르타 왕 메넬라오스는 파리스 일행을 극진히 환대했습니다. 잠시 후 헬레네와 마주한 파리스는 매혹적인 그녀의 모습에 숨이 멎을 것 같았습니다. 파리스의 심정을 모를 리 없는 아프로디테는 자신의 약속을 지키기 위해 서서히 움직이기 시작했습니다. 일단 아프로디테는 헬레네에게 파리스를 향한 사랑의 감정이 싹트게 했습니다. 그러자 헬레네는 아무리 제어하려고 해도 파리스를 향해 타오르는 연정을 억누르지 못했습니다. 헬레네는 파리스와 사랑을 나눌 기회만을 엿보았습니다.

마침 메넬라오스가 할아버지 장례식을 치르기 위해 크레타 섬으로 가야만 했습니다. 메넬라오스의 부재 덕분에 파리스와 헬레네는 마음 놓고 사랑을 나눌 절호의 기회를 얻었습니다. 두 사람은 지금껏 경험하지 못한 황홀경에 빠져 하루하루를 보냈습니다. 이미 헬레네와 메넬라오스 사이에는 헤르미오네라는 어여쁜 딸이 있었지만 사랑에 빠진 여인에게는 아무것도 보이지 않았습니다. 파리스는 자신을 향한 그녀의 불타오르는 감정을 이미 알고 있었지만 짐짓 모른 척하며 그녀의 마음을 떠보았습니다.

"이제 나는 내 나라로 돌아가야겠소. 왕의 아내를 범했으니 아마도 나는 살아남지 못할 것이오. 그가 돌아오기 전에 하루라도 빨리 떠나야 할 것 같소."

그러자 헬레네는 눈물로 얼룩진 얼굴로 그를 바라보며 말했습니다.

"알고 있어요. 하지만 이제 당신 없이는 한시도 살 수 없어요. 당신이 어디를 가든 따라가겠어요. 저도 데려가주세요."

'아! 얼마나 고대하던 대답이었던가.' 파리스는 아프로디테에게 다시 한 번 감사의 인사를 올린 후 서둘러 그녀와 함께 떠날 채비를 했습니다. 두 사람은 메넬라오스의 가장 값비싼 보석을 훔쳐 아무도 몰래 궁을 나섰습니다. 파리스에 대한 앙심이 남아 있던 헤라가 그들의 모습을 지켜보다가 그들이 항해하는 바다에 폭풍을 보내 사랑의 도피를 방해했지만, 아프로디테 역시 가만히 있지 않았습니다. 아프로디테 여신의 보호를 받으며 그들은 사흘 만에 트로이로 귀환했습니다.

이들은 프리아모스에게 인사를 올린 뒤 결혼을 허락해달라고 간청했습니다. 왕은 원로들을 소집하여 사실을 알렸지만 대부분의 원로들이 이 결혼을 반대했습니다. 하지만 그들의 불붙은 사랑은 누구도 꺼뜨릴 수 없었습니다. 그들은 모두의 만류에도 불구하고 결혼식을 올렸습니다.

한편 장례식을 마치고 돌아온 메넬라오스는 아내가 파리스와 함께 트로이로 도망쳤다는 소식을 들었습니다. 영원한 사랑을 맹세했던 그녀가 단 며칠 만난 남자에게 반해 딸까지 버리고 도망갔다는 사실이 도무지 믿기지 않았습니다. 메넬라오스는 형인 미케네 왕 아가멤논에게 왕비를 되찾기 위한 전쟁에 필요한 군사들을 원조해달라고 요청했습니다. 그는 우선 트로이에 사신을 보내 헬레네를 돌려줄 것을 요청했습니다.

헬레네를 돌려달라는 외교적 교섭이 수년 동안 이뤄졌습니다. 그러나 이를 위해 트로이로 간 메넬라오스는 입성마저 거절당했습니다. 스파르타로 돌아온 메넬라오스는 몇 년 동안 그리스 여러 왕국의 병사들을 모집해 대규모 군대를 편성하고 트로이를 침공했습니다.

파리스와 프리아모스는 성문을 굳게 걸어 잠그고 장기전에 돌입했습니다. 그러는 동안 헬레네는 안절부절 못했습니다. 파리스와 도망친 일을 후회하기도 했습니다. 자신의 부질없는 사랑이 전쟁을 초래했다는 것이 믿기지 않았지만, 이미 전쟁은 돌이킬 수 없었습니다.

파리스는 자신 때문에 이런 전쟁이 일어났지만 전투에 나서지 않았습니다. 아프로디테에게 황금 사과를 준 파리스에게 앙심을 품은 전쟁의 여신 아테나가 그의 용맹함을 모두 앗아가 버렸기 때문입니다. 파리스가 전면에 나선 것은 메넬라오스와의 맞대결뿐이었습니다. 그러나 그는 맥없이 피해만 다니다가 일격을 당해 쓰러지고 말았습니다. 의기양양해진 메넬라오스는 땅에 쓰러진 파리스의 투구를 잡은 채 자신의 진영으로 질질 끌고 갔습니다. 이 모습을 지켜보던 아프로디테는 파리스를 구하기 위해 주변을 아주 짙은 안개로 감싸버렸습니다. 그리스 군사들이 안개 때문에 혼란스러워 하는 틈을 타 아프로디테는 파리스를 트로이 성 안으로 옮겼습니다.

파리스는 그제야 헬레네를 만나기 위해 이다 산을 떠나던 날 아내 오이노네가 상처를 입으면 자신에게 오라고 했던 말이 떠올랐습니다. 파리스는 부하들과 함께 이다 산으로 가 오이노네를 찾았습니다. 그들의 재회는 무려 19년 만이었습니다. 파리스가 떠날 때 그녀가 했던 말처럼 오이노네는 이다 산을 떠나지 않고 있었습니다. 그러나 오이노네의 마음은 이미 차갑게 변해 있었습니다. 오이노네의 싸늘한 시선과 마주한 파리스는 그녀를 찾아온 자신이 너무나 부끄러웠습니다. 파리스는 지난날을 반추하며 씁쓸한 미소를 지었습니다. 오이노네는 파리스를 문전박대하여 내보냈지만 그럼에도 그에 대한 연민은 남아 있었습니다. 그를 그냥 보낸 것이 후회되어 산을 내려간 그녀는 이미 이 세상 사람이 아닌 파리스의 소식을 듣고 그를 죽게 내버려두었다는 죄책감에 슬픔을 이기지 못해 자살하고 말았습니다.

파리스가 죽자 관례대로 헬레네는 파리스의 동생인 데이포보스와 결혼했습니다. 사랑 없는 강제 결혼생활에 지친 헬레네는 점점 그리스에서의 삶을 그리워했습니다. 그래서 그녀는 스파르타에서 파병 온 오디세우스가 정찰을 위해 트로이 성 안으로 잠입했을 때 그를 알아보고도 밀고하지 않았습니다.

트로이와 그리스의 전쟁은 좀처럼 끝나지 않았습니다. 그러던 어느 날 그리스 군대가 하룻밤 사이에 모두 물러갔습니다. 그리고 그들이 떠난 자리에 '고향으로 돌아가는 감사의 선물로 아테나 여신에게 바친다'라고 적힌 대형 목마가 있었습니다. 카산드라는 그 목마가 트로이의 멸망을 가져올 것이라며 예언했지만 사람들은 여전히 그의 말을 듣지 않았습니다. 트로이 군사들은 승리를 자축하고자 목마를 성 안으로 들여와 흥겨운 잔치를 벌였습니다.

잔치가 끝나갈 무렵 트로이 군사들은 모두 술에 취해 잠들었습니다. 이때 목마 안에 숨어 있던 그리스 군사들이 쏟아져 나와 전투가 벌어졌습니다. 혼란 속에서 헬레네의 전 남편 메넬라오스와 현재의 남편인 데이포보스가 마주쳤습니다. 옛 남편을 본 헬레네는 마음이 울렁거리고 갑자기 죄책감이 솟구쳐 올랐습니다. 결국 헬레네는 메넬라오스가 수세에 몰리자 그를 도와 데이포보스를 죽게 했습니다.

전쟁은 그리스가 트로이를 함락시키는 것으로 끝났습니다. 카산드라의 예언처럼 점령당한 트로이 성은 온통 불에 타올랐습니다. 그 와중에 그리스군 대장 아이아스가 아테나 신전에 숨어 있던 카산드라를 발견하고는 그녀의 아름다움에 취해 욕정이 솟구쳤습니다. 그는 그곳이 신전이라는 것도 의식하지 못한 채 그녀를 끌어내려 강제로 범했습니다. 그 바람에 아테나 신상이 쓰러졌습니다. 분노한 아테나는 자신을 모독한 그리스인들에게 저주를 내려 고향으로 돌아가던 많은 군사들이 목숨을 잃었습니다.

트로이가 함락된 후 메넬라오스와 헬레네는 다시 남은 생애를 함께하게 됐습니다. 여전히 아름다운 그녀를 보자 메넬라오스는 차마 그녀의 배신을 벌할 수가 없었습니다. 스파르타로 돌아간 헬레네는 그와 함께 오랫동안 행복하게 살았지만 메넬라오스가 먼저 죽자 남은 생애를 보장받을 수 없었습니다. 그리스의 모든 남자들이 헬레네의 매력에 빠져 그녀의 부정을 잊었지만, 그녀의 두 아들만은 예외였습니다. 두 아들에게 쫓겨 달아나던 헬레네는 어릴 적 친구인 폴릭소를 찾아갔습니다. 폴릭소는 트로이전쟁으로 남편을 잃었지만 어릴 시절의 인연을 생각해 헬레네를 따뜻하게 받아주었습니다. 하지만 폴릭소의 시녀들은 그렇지 않았습니다. 자신들의 남편이 헬레네 때문에 죽었다는 생각에 분노가 치민 그녀들은 헬레네를 나무에 매달았습니다. 나무에 매달린 채 헬레네는 생의 마지막 순간을 맞이했습니다. 그녀가 매달려 죽은 나무는 아직도 로도스 섬에 남아 있으며, 지금도 사람들은 '헬레네 나무'라는 이름으로 숭배한다고 합니다.

사랑은 전쟁과 같습니다. 죽고 죽이는 전쟁 말입니다. 한 사람을 사랑하면 그 한 사람이 마음을 차지하여 삽니다. 그 사람 대신 다른 사람을 사랑하면, 앞서 사랑한 사람은 마음에서 죽고 다른 사람이 그 자리를 차지합니다. 사랑은 사람을 마음에서 죽이고 살리는 일이니 진지해야 합니다. 별것 아닌 것 같은 사랑, 쾌락만을 추구하는 사랑은 때로 누구보다 열정적이며 누구보다 능력 있던 자신을 무력하게 만들고 때로 그 사랑의 고집은 자신의 주변을 비극으로 만들기도 합니다.

너무 뜨거운 사랑은 사랑이 아닐 수도 있습니다. 분별없는 사랑이란 의미입니다. 분별을 잃으면 뜨겁기는 하나 그 안에 진실이 없으므로 식으면 이내 다른 사랑으로 옮겨가게 마련입니다. 눈앞에 아른거리는 쾌락, 그 쾌락이 바로 분별을 잃게 합니다. 그러니 쾌락을 전제로 한 사랑을 조심해야 합니다.

알크메네를 향한 암피트리온의 인내로 얻은 사랑

암피트리온은 메두사를 물리친 영웅 페르세우스의 손자입니다. 어릴 적부터 매우 용맹스러웠던 그는 강인하고 잘생긴 청년이었습니다. 청년 암피트리온이 한 여자를 사랑했습니다. 숙부인 미케네 왕 엘렉트리온의 딸 알크메네였습니다. 알크메네는 무척 아름다운 여인이었습니다. 암피트리온은 그녀에게 진한 연정을 느꼈습니다. 어떻게든 그녀를 아내로 맞고 싶었습니다. 암피트리온뿐만 아니라 그녀를 본 남자들은 하나같이 그녀에게 반했습니다.

하지만 그의 꿈은 숙부인 엘렉트리온을 실수로 죽이면서 산산이 부서지고 말았습니다. 그 비극의 발단은 이렇게 시작되었습니다. 엘렉트리온과 메스트로는 형제였습니다. 그런데 엘렉트리온이 미케네 왕국을 물려받자, 형에게 부담을 줄까 염려한 메스트로는 가족을 이끌고 타포스 섬으로 떠났습니다. 당시 타포스 섬의 왕은 프테렐라오스였는데, 메스트로의 딸 히포토에를 보자 첫눈에 그녀에게 흑심을 품었습니다. 그에게 의탁할 수밖에 없는 처지였던 메스트로는 프테렐라오스의 강력한 요구를 물리칠 수 없었습니다. 왕은 권력을 내세워 히포토에를 아내로 삼으려는 것이었습니다.

둘의 결혼은 반강제적으로 이루어졌고, 세월이 많이 흘렀습니다. 히포토에는 여섯 아들을 낳았습니다. 자신이 원하는 것이라면 모두 손아귀에 넣어야 직성이 풀리는 프테렐라오스는 이제 미케네를 빼앗으려는 욕심을 품었습니다. 그는 미케네 왕국의 절반이 메스트로의 것이라고 생각했습니다. 요컨대 장인의 몫이라고 생각한 거죠. 그는 여섯 아들을 불러 상황을 설명하고 그들을 미케네로 보냈습니다. 아버지의 명령을 받은 아들들이 미케네 왕국에 갔습니다. 동생 메스트로의 외손자들이 왔다는 소식을 들은 엘렉트리온은 그들을 궁으로 불러들여 성대한 잔치를 열었습니다.

"그래, 너희들이 메스트로의 손자란 말이지? 허헛 어느새 늠름하게 잘 자랐구나."

엘렉트리온의 진심어린 환대에도 불구하고, 프테렐라오스의 아들들은 예의를 차릴 생각은커녕 다짜고짜 정색하며 미케네 왕국의 절반은 자신들에게 권리가 있다고 주장했습니다.

"우리가 이곳까지 온 것은, 우리 외조부의 권리인 미케네 왕국 절반을 우리 아버지 프테렐라오스에게 내어줄 것을 요청하기 위해서요."

대노한 엘렉트리온은 그들의 말이 끝나자마자 그들을 나라 밖으로 추방하라고 명했습니다. 하지만 그들은 고국으로 돌아가지 않고 오히려 미케네 왕국의 소들을 약탈했습니다.

화가 난 엘렉트리온의 아들들이 프테렐라오스의 아들들과 싸움을 벌였습니다. 그 결과 엘렉트리온의 아들 모두와 프테렐라오스의 다섯 아들이 목숨을 잃었습니다. 소를 실은 배를 지키느라 싸움에 참여하지 않은 덕분에 목숨을 건진 프테렐라오스의 아들 에우엘레스는 일단 엘리스의 왕 폴릭세노스에게 찾아가 모든 소를 그에게 팔았습니다.

엘렉트리온은 길길이 날뛰는 야생마처럼 분노를 주체할 수 없었습니다. 그에 못지않게 암피트리온 역시 불안감에 휩싸였습니다. 아들 모두를 잃어 슬픔에 휩싸인 엘렉트리온에게 결혼을 승낙받기가 힘들 것 같았습니다. 이제나저제나 알크메네와의 결혼을 꿈꾸던 암피트리온은 일단 이야기나 꺼내보자는 심정으로 말을 꺼냈습니다.

"왕이시여, 저는 알크메네 공주를 무척 사랑하고 있습니다. 단 한 순간도 공주를 마음속에서 지워본 적이 없습니다. 공주도 나를 사랑하고 있으니 결혼을 허락하여주시옵소서."

그러자 엘렉트리온은 무거운 표정을 지으며 말했습니다.

"나 또한 그 마음을 이해 못하는 바가 아니네. 하지만 지금은 안 되네. 내 자식들이 타포스 놈들에게 어이없이 죽임을 당했고, 이 나라의 많은 소를 빼앗겼으니 일단 이를 수습하기 전까지는 허락할 수가 없네. 자네가 그렇게 내 딸과의 결혼을 원한다면 잃어버린 소를 모두 찾아오고 타포스 놈들에게 복수하게. 이 두 가지 일을 해결한 후에 결혼을 허락하겠네."

하루라도 빨리 알크메네를 아내로 얻고 싶었던 암피트리온은 우선 잃어버린 소를 찾고자 엘리스로 떠났습니다. 폴릭세노스를 만나 자초지종을 이야기한 암피트리온은 그의 배려로 너무나 손쉽게 소들을 되찾았습니다. 암피트리온은 들뜬 마음에 일단 소들을 미케네로 데려왔습니다. 그가 소떼를 이끌고 돌아온다는 소식을 접한 엘렉트리온은 만면에 미소를 머금고 그를 마중 나왔습니다. 그런데 공교롭게도 소 한 마리가 도망치기 시작했습니다. 암피트리온은 급한 마음에 소가 도망치는 것을 저지하기 위해 손에 든 막대기를 힘껏 던졌습니다. 그런데 하필이면 막대기가 엘렉트리온의 정수리를 정통으로 맞혔습니다. 너무나 놀란 암피트리온은 왕에게 달려갔지만 왕은 얼마 견디지 못하고 숨을 거두었습니다.

엘렉트리온이 죽은 뒤에 미케네의 왕위는 그의 둘째동생 스테넬로스가 차지했습니다. 왕은 아무리 실수라지만 왕의 목숨을 앗아간 죄는 용서할 수 없었기에 암피트리온을 미케네에서 추방하기로 결정했습니다. 암피트리온은 왕에게 간청하여 사랑하는 알크메네를 데리고 테베로 떠났습니다. 그녀 또한 아버지와 형제가 죽고 없는 미케네에 머물 이유가 없었으므로 순순히 그를 따라나섰습니다. 비록 추방자 신세지만 사랑하는 사람과 함께한다는 것으로 알크메네는 다행이라고 여겼습니다.

암피트리온은 테베의 왕 크레온에게 그간의 일들을 이야기하고 테베에 머물러도 좋다는 허락을 받았습니다. 암피트리온은 이제 알크메네와 함께 지낼 것을 생각하니 무척 기뻤습니다. 그러나 문제는 다른 데 있었습니다. 알크메네가 그의 기대를 깨고 동침을 거부한 겁니다.

"알크메네, 도대체 왜 그러는 거야. 나는 네 생각만 하면 미칠 지경이라고. 난 너를 세상 그 누구보다도 사랑해. 하지만 아무리 사랑한들 너와 잠자리를 함께할 수 없다면 무슨 소용이야. 너도 나를 사랑하잖아. 그런데 대체 왜 그러는 거야?"

알크메네는 침착하면서도 비장한 목소리로 말했습니다.

"나도 알아요. 하지만 이해해줘요. 내 가족 모두가 목숨을 잃어 이제 난 혼자랍니다. 아버지는 당신의 실수로 죽었다고 하지만, 형제들의 원수가 타포스 섬에 버젓이 살아 있는데 그들에게 복수조차 하지 못하고 나 혼자 이렇게 숨을 쉬고 있잖아요. 그 원수를 갚기 전까지 난 당신의 사랑을 받아들일 수 없어요. 형제들의 울부짖는 목소리가 이렇게 귓가에 맴도는데 나 혼자 사랑 놀음에 빠져 있을 수는 없어요. 내 맘을 이해한다면 제발 내 형제들의 복수를 해주세요."

암피트리온은 달리 방법이 없었습니다. 실수였지만 결과적으로 그녀의 아버지를 죽인 살인자였기 때문입니다. 그는 죄책감으로 얼굴이 붉어져 용기를 내어 그녀에게 말했습니다.

"알았어. 내가 무슨 수를 써서라도 원수를 갚고 돌아와 너와 행복한 일생을 보내겠어."

그녀를 위로하느라 그리 말했지만 막상 원수를 갚을 뾰족한 묘안이 떠오르지 않았습니다. 알크메네를 생각하면 무엇이든 해야만 했습니다. 잠시라도 알크메네와 떨어져 있으면 불안하고 초조했습니다. 그러나 그녀가 원하는 일이라면 어떻게든 들어주고 싶었습니다. 여러 날을 생각한 끝에 묘책을 찾지 못한 그는 테베의 왕 크레온에게 도움을 청했습니다. 크레온은 다음과 같은 조건을 내걸며 협조를 약속했습니다.

"내가 기꺼이 자네를 도와줄 것을 약속하지. 그런데 한 가지 조건이 있네. 이 나라에는 아주 영악한 암여우 한 마리가 있는데, 한 달에 한 명씩 이 나라의 건장한 청년을 잡아먹는다네. 이 괘씸한 여우를 몰아내주게. 그러면 내 군대를 자네에게 내주겠네."

사랑하는 사람을 얻기 위해 어떤 일이라도 하겠다고 마음먹은 그는 여우를 잡을 방법을 궁리했습니다. 그러나 뾰족한 방법이 떠오르지 않아 그는 또다시 며칠을 괴로워했습니다. 이 여우는 아주 민첩하여 세상의 어떤 사냥개도 따라잡을 수가 없었기 때문입니다. 방법을 찾느라 골몰하던 암피트리온에게 희소식이 들려왔습니다. 아테네의 케팔로스가 가진 사냥개라면 능히 이 여우를 잡을 수 있다는 것이었습니다.

케팔로스는 아르테미스로부터 개를 선물 받았는데, 라이라푸스라는 이름의 사냥개는 매우 발이 빨라 세상 그 어떤 사냥감도 어김없이 잡을 수 있다고 했습니다. 암피트리온은 만사 제치고 케팔로스를 찾아갔습니다. 하지만 케팔로스에게 라이라푸스는 사냥개 이상이었습니다. 친구와 다를 바 없었습니다. 그는 내줄 수 없다며 부탁을 거절했습니다. 암피트리온은 타포스 섬의 왕을 물리친 뒤 얻을 전리품의 절반을 내주겠다는 약속을 하고서야 라이라푸스를 넘겨받았습니다.

간신히 케팔로스에게 사냥개를 빌린 암피트리온은 테베로 향했습니다. 그는 이미 여우를 사냥한 것 같아 이루 말할 수 없이 기뻤습니다. 군중이 지켜보는 가운데 암피트리온은 여우 사냥을 시작했습니다. 절대 잡을 수 없는 날쌘 여우와 그 무엇도 놓치지 않는 발 빠른 사냥개의 쫓고 쫓기는 싸움은 좀처럼 끝이 보이지 않았습니다. 암피트리온은 기대 반 우려 반으로 가슴이 타들어갔습니다.

그런데 이 모습을 제우스가 우연히 보았습니다. 사실 이 암여우는 제우스의 아내 헤라가 풀어놓았습니다. 헤라와 은근히 신경전을 벌이던 제우스가 이 싸움을 보고는 헤라의 코를 납작하게 해줄 생각에 사냥개와 여우 모두를 돌로 바꿔버렸습니다. 덕분에 암피트리온은 자신이 원하는 바를 얻어 의기양양하게 크레온 앞으로 나아가 군사를 요청했습니다. 그는 크레온의 군사 외에도 암피트리온의 숙부인 헬레이오스, 파노페우스, 로크리스 군대의 도움을 받아 타포스 섬 정벌에 나섰습니다.

타포스 섬의 왕 프테렐라오스는 두려울 것이 없었습니다. 아버지 포세이돈에게 황금 머리카락을 선물 받아 이를 자신의 머리에 심었기 때문입니다. 그 머리카락이 빠지지 않는 한 그의 성은 난공불락이 될 것이라는 예언이 있었습니다. 그 사실을 알 리 없는 암피트리온은 프테렐라오스의 성 앞에 진을 치고는 성을 함락시키기 위해 오랜 시간 전쟁을 벌였습니다. 수차례 공격에도 무너질 낌새라곤 없는 성을 바라보며 암피트리온은 점점 절망에 빠졌습니다.

그런데 고뇌하는 암피트리온의 모습을 성루에서 지켜보며 사랑에 빠진 한 여인이 있었습니다. 프테렐라오스의 딸 코마이토였습니다. 암피트리온이 자신의 아버지를 죽이러 온 적장이라는 것도 잊은 채, 우수에 찬 암피트리온의 모습에 완전히 사로잡힌 코마이토는 그를 가까이에서 만나고 싶었습니다. 그가 이 전쟁에서 죽으면 어떻게 하나 하는 마음에 그녀는 매일 성루에 올라 그를 바라보며 마음을 졸였습니다. 그녀의 마음속에 암피트리온이 가득 찼습니다. 만일 그가 전쟁에서 아버지를 이긴다면 자신과 결혼할 수 있을지도 모른다는 생각을 품은 코마이토는 성곽을 무너뜨릴 방법을 찾았습니다. 바로 아버지의 황금 머리카락을 뽑는 일이었습니다.

그녀는 잠든 아버지에게 다가가 몰래 황금 머리카락을 뽑은 뒤 암피트리온의 진영으로 갔습니다. 드디어 그토록 원하던 암피트리온을 직접 볼 수 있게 된 그녀가 용기를 내서 나지막한 목소리로 말했습니다.

"저는 프테렐라오스의 딸 코마이토라고 합니다. 실은 오래전부터 성루에서 장군님을 내려다보았습니다. 당신을 처음 본 순간부터 내 마음속에는 온통 당신뿐입니다. 당신에게 이런 제 마음을 전하고자 이곳을 찾았습니다."

"아니 그렇다고 이 적진에 겁도 없이 왔단 말이냐? 필시 너는 이곳을 정탐하러 온 것이 틀림없다. 여봐라! 이년을 당장 잡아 족쳐서 자백을 받아내라."

너무나 놀란 코마이토는 암피트리온 앞에 엎드린 채 눈물을 펑펑 흘리며 말을 이었습니다.

"잠깐만요, 장군님. 왜 내 진심을 이렇게 몰라주시나요? 지금까지 장군님이 아무리 공격해도 이 성은 절대 무너지지 않았습니다. 당신만이 아니라 그 누가 공격한다 해도 마찬가지일 겁니다. 그건 바로 제 아버지의 머리에 심겨져 있던 황금 머리카락의 신비한 힘 때문이랍니다. 당신을 향한 사랑이 너무나 깊어진 나머지 저는 아버지를 배신했습니다. 아버지의 황금 머리카락을 뽑아 들고 바로 당신에게 찾아온 것이랍니다. 제발 이런 진심을 받아주세요."

그러나 암피트리온은 불같이 화를 내며 호통을 쳤습니다.

"이런 천하에 발칙하고 불효막심한 년! 아무리 그렇기로 천륜을 어기다니. 내 용서치 않을 것이니라. 당장 이년의 목을 쳐서 그녀의 아버지에게 보내라."

결국 코마이토는 사랑을 얻기는커녕 불효자라는 낙인만 찍힌 채 잔인하게 처형을 당했습니다. 코마이토의 말을 듣고 승리를 확신한 암피트리온은 날이 밝자마자 성으로 쳐들어갔습니다. 딸의 배신으로 신의 가호를 받을 수 없게 된 프테렐라오스는 종이호랑이와 다를 바 없었습니다. 암피트리온의 칼날에 그는 목숨을 잃고 말았습니다.

성을 함락시킨 암피트리온은 자신을 도왔던 이들에게 땅을 분배했습니다. 케팔레니아는 케팔로스에게 주었고, 그 밖의 땅은 헬레이오스에게 주었습니다. 암피트리온에게는 타포스 섬이 중요하지 않았기 때문입니다. 알크메네에게 형제들의 원수를 갚았다는 사실을 알려주는 것만이 그에겐 중요했습니다. 그는 원수를 갚고 돌아온 자신을 사랑스러운 눈빛으로 바라보며 품에 안길 그녀를 떠올리며 서둘러 테베로 향했습니다.

그런데 암피트리온은 모르고 있었지만, 이 전쟁의 이면에는 제우스의 계획이 숨어 있었습니다. 제우스는 후일 신들의 세계에 권력싸움이 일어날 것을 알고 있었습니다. 거인족 기간테스와의 일전이었습니다. 제우스가 티탄 신족을 지하세계에 가두었는데, 언젠가 저들이 지하에서 뛰쳐나올지 모른다는 불안감이었습니다. 이 전쟁을 끝낼 존재는 인간이라는 예언이 있었기 때문에 제우스는 용감한 인간이 필요했습니다. 그는 자신의 씨를 받아 영웅을 낳을 수 있는 현명하고 아름다운 여성으로 알크메네를 점찍었습니다. 때문에 알크메네를 임신시키기 위한 시간을 벌 요량으로 암피트리온을 그 전쟁에 참여시킨 것입니다.

암피트리온이 막상 전쟁에 나서자 알크메네는 왠지 모르게 불안하고 초조했습니다. 그녀도 이미 마음 깊이 암피트리온을 사랑하고 있었기 때문입니다. 불안감에 휩싸이다가도 한편으로 그의 넓고 강한 가슴에 안겨 사랑을 속삭일 날들을 생각하면 저절로 미소가 피어올랐습니다. 그런데 그녀 앞에 암피트리온이 예고도 없이 갑작스레 나타났습니다. 그 사람은 암피트리온으로 변장한 제우스였죠. 이제나저제나 그가 돌아오기만을 기다리던 알크메네는 제우스인 줄 꿈에도 모르고 그의 등장에 기쁨을 감출 수 없었습니다. 그녀는 그의 품에 안겨 그가 그토록 원하던 사랑을 나눴습니다. 그와의 사랑은 좀처럼 끝나지 않았습니다. 제우스가 그녀와의 사랑을 위해 그 밤의 길이를 길게 늘여 놓았던 것입니다.

달콤한 밤이 지나고 알크메네가 잠에서 깨었을 때 이미 제우스는 떠난 뒤였고 대신 암피트리온이 승전보와 함께 돌아왔습니다. 암피트리온은 그녀와 한시라도 빨리 사랑을 나누고 싶어 그녀를 침실로 이끌었습니다.

"알크메네, 내가 이 순간을 얼마나 기다려왔는지 넌 절대 모를 거야."

그러자 알크메네는 얼굴을 붉히며 말했습니다.

"며칠 전 그렇게 뜨거운 밤을 보내고선 왜 오늘이 처음인 것처럼 말을 하세요."

나중에야 암피트리온은 알크메네의 그 말에 의구심이 생겨 테베 최고의 예언자 테이레시아스에게 어떻게 된 일인지 물었습니다. 예언자가 답했습니다.

"제우스가 자네 모습으로 변신해 알크메네와 하룻밤을 보낸 걸세. 훌륭한 영웅을 낳기 위해 자네 아내를 이용한 거라네. 그날은 밤의 길이가 평소보다 세 배나 늘어났다네. 이 사실은 자네 아내도 모르고 있네."

암피트리온은 그제야 아내의 말을 이해했지만 한편으로 분노가 타올랐습니다. 그토록 자신이 원했건만 그런 마음을 몰라준 알크메네가 원망스러웠습니다. 전쟁터에서 스스로 몸을 바치겠다고 찾아온 코마이토마저 알크메네 생각에 냉정하게 거절하고 오히려 엄중한 벌을 내렸는데, 자신이 그토록 아낀 알크메네는 제우스에게 몸을 허락했다는 생각에 너무나 화가 났습니다. 하지만 그가 최고의 신 제우스를 상대로 싸울 수는 없었습니다.

시간이 흘러 알크메네는 헤라의 방해에도 불구하고 제우스와 암피트리온의 쌍둥이 아들을 낳았습니다. 쌍둥이는 알키데스와 이피클레스라는 이름을 얻었는데, 알키데스는 제우스의 아들이었고 이피클레스는 암피트리온의 아들이었지만 알크메네는 그러한 사실을 전혀 몰랐습니다.

암피트리온은 쌍둥이가 태어났어도 기쁘기는커녕 생각할수록 화가 치밀어 견딜 수가 없었습니다. 게다가 제우스의 아들임이 너무도 분명한 알키데스는 아주 용맹한 청년으로 자라났지만, 그의 아들인 이피클레스는 비실비실했습니다. 암피트리온은 비록 자신의 피를 이은 아이는 아니지만 알키데스를 진정한 자신의 아들로 받아들였습니다. 용기 있고 능력 있게 자라나는 알키데스를 바라보면서 암피트리온은 뿌듯했습니다. 쌍둥이가 어른이 될 무렵, 암피트리온은 오르코메노스 왕인 에르기노스와 미니아스인을 상대로 싸우다가 결국 죽음을 맞았습니다. 그가 죽은 후 알크메네는 크레타 섬의 라다만티스와 결혼하여 보이오티아에서 살았습니다. 그녀는 죽은 뒤에 특별한 인간에게만 허용되는 행복의 섬으로 옮겨졌습니다. 이 모두 그녀의 순결을 앗아간 제우스의 배려 덕분이었습니다.

암피트리온의 고마운 용서와 제우스의 배려 덕분에 알크메네는 행복하게 살았습니다. 알키데스와 이피클레스가 서로 우애 있게 자라는 걸 지켜보면서 그녀는 먼저 세상을 떠난 암피트리온에게 그 공을 돌리며 어렵게 얻은 사랑을 아름답게 추억했습니다.

제우스의 아들인 알키데스는 후에 헤라에 의해 강제로 이름을 바꾸었으니, 바로 '헤라의 영광'이란 뜻의 헤라클레스입니다. 인간 중 최고의 영웅인 헤라클레스는 열두 과업을 마치고 신들의 전쟁에 참여하여 제우스를 도와 지대한 공을 세웁니다. 그리고 인간 남자들 중 유일하게 신으로서 신들의 세계에 들어갑니다. 그리스에서 가장 힘이 세고 또 가장 유명한 영웅입니다.

꽃❧❦❧❦ ❧❦❧❦ ❧❦❧❦ ❧❦꽃

사랑의 기다림, 그 긴긴 기다림 끝에 그나마 사랑을 얻을 수 있다면 행운입니다. 그 행운으로 이제까지의 슬픔이나 고통, 외로움이나 설움을 일시에 해소할 수 있을 테니까요. 사랑은 오래 참습니다. 상대를 사랑한다면 슬픔도 혼자 참아야 합니다. 그 인내마저 기꺼울 때, 기쁠 때, 그게 진정한 사랑입니다. 상대를 지켜주었다는 기쁨, 그것이 사랑입니다.

메스트라의 자기희생적 사랑

포세이돈이 눈독을 들인 여인이 있었습니다. 그녀는 무척이나 효심이 지극하고 아름다운 심성을 지닌 여인이었습니다. 그녀는 테살리아의 왕 에리식톤의 딸 메스트라였습니다. 그런데 메스트라는 포세이돈의 사랑을 받았음에도 그를 받아들이지 않았습니다. 포세이돈이 멋진 남자, 카리스마 넘치는 남자로 변신하여 접근할 때마다 아버지를 핑계로 그의 손에서 벗어나곤 했습니다.

메스트라의 아버지 에리식톤 왕은 오만하기 짝이 없었습니다. 그는 인간은 물론이려니와 신들마저도 업신여겼습니다. 모두가 신성시하는 것들을 우습게 여기고, 자신을 세상에서 가장 신성한 존재라고 생각했습니다. 에리식톤은 자신이 못할 것이라곤 아무것도 없다고 생각했습니다. 그도 그럴 것이 그의 힘을 당할 만한 인간이 없었기 때문입니다.

그가 왕으로 있는 테살리아에 무척이나 큰 떡갈나무가 있었습니다. 이 나무는 얼마나 컸던지 조금 떨어져서 보면 마치 커다란 숲처럼 보였습니다. 그 울창한 나무 아래에서는 큰 나무들도 작은 아기나무처럼 보였습니다. 멀리서 보면 숲으로 보이는 이 엄청난 크기의 한 그루 나무 아래는 수많은 나무들이 자라고 그 나무들 아래는 풀이 무성했습니다.

이 떡갈나무는 데메테르 여신의 것으로 그녀를 섬기는 숲의 님프들이 지키고 있었습니다. 이를테면 성스러운 숲이었습니다. 이 숲에서 님프들 오레이아스는 종종 춤을 추었고, 그럴 때면 수많은 새들도 깃들어 아름다운 노래를 부르곤 했습니다.

그런데 어느 날 에리식톤 왕이 이 거대한 나무를 베어다가 멋진 식당을 지어야겠다고 생각했습니다. 그는 신하들을 데려다 그 숲의 떡갈나무를 베라고 명령했습니다. 그러나 어느 누구도 감히 그 나무를 벨 생각을 못했습니다. 데메테르 여신의 성목임을 알고 있었기 때문입니다. 그런 연유를 신하들이 왕에게 알렸으나 그는 들은 척도 하지 않았습니다. 오히려 그는 신하의 도끼를 빼앗아 즉시 그를 내리쳐 죽이고는 손수 도끼를 그 나무에 들이댔습니다.

숲의 님프들이 깜짝 놀라서 님프들 중 하나를 급히 데메테르 여신에게 보냈습니다. 그 사이에 에리식톤은 강한 힘을 이용해 나무를 찍기 시작했습니다. 그가 찍을 때마다 나무는 비명을 질렀으나 그의 귀에는 단지 도끼질 소리로만 들렸습니다. 나무는 핏물을 쏟아냈으나 그는 나무의 진으로만 생각했습니다.

전갈을 들은 데메테르가 숲에 당도했을 때엔 나무는 이미 상처를 입을 대로 입은 후였습니다. 여신이 아닌 신관으로 변신한 데메테르는 에리식톤에게 나무를 베지 말라고 명령했습니다. 그러나 그는 코웃음을 치며 도끼질을 계속했습니다. 너무나 화가 난 데메테르가 그에게 벌을 내렸습니다.

얀 스텐, <딸 메스트라를 노예로 파는 에리식톤>(1650~60년, 네덜란드 국립박물관)

"앞으로 너는 아무리 먹어도 배고픔을 느낄 것이다. 이것이 내 말을 거역한 너에게 내린 벌이니라."

그리고는 숲의 님프들 중 하나를 굶주림의 님프 리모스(또는 페나이)에게 보냈습니다. 사실 데메테르와 리모스는 서로 사이가 좋지 않았습니다. 데메테르가 곡물과 생산을 책임 맡은 신인 데 비해 리모스는 기근 또는 굶주림의 여신이었기 때문입니다. 그럼에도 달리 방법이 없는 데메테르는 님프에게 리모스를 정중히 모셔오라며 아주 빨리 날 수 있는 마차를 내려주었습니다.

숲의 님프는 서둘러 길을 떠났습니다. 그리고 곧 리모스의 나라에 도달했습니다. 과연 그 나라는 황량하고 쓸쓸했습니다. 보이는 존재들 모두 뼈만 남은 앙상한 존재들이었습니다. 여신 역시 보기에 흉하여 차마 가까이 하기 두려울 정도였습니다. 리모스는 황량한 들판의 돌투성이 밭에서 드문드문 난 풀을 뜯어 질겅질겅 씹어대고 있었습니다. 피부는 핏기라곤 전혀 없고, 눈은 퀭하니 구멍이 뚫린 듯한 모습이었습니다. 가까이하기 너무 두려웠기 때문에 님프는 멀찌감치서서 데메테르 여신의 부탁을 전달했습니다.

리모스는 마침 할 일도 없었는데 잘 되었다고 말하며 님프를 따라 나섰습니다. 이내 데메테르 앞으로 인도된 리모스에게 데메테르가 간곡히 부탁했습니다.

"리모스여, 같은 여신으로서 나의 분노를 대신 풀어주시오. 에리식톤이 나를 무시하고 나의 성목을 저리 망쳤으니 그냥 두고 볼 수가 없소."

"내 그리 당신을 좋아하지는 않으나 이는 몹쓸 폭력이요 오만함의 극치니 내 기꺼이 당신의 부탁을 들어주겠소. 내가 해야 할 일이 무엇이오?"

데메테르가 대답했습니다.

"지금 당장 에리식톤의 뱃속으로 들어가 그가 평생을 굶주림에 시달리도록 만들어주시오. 그게 내 부탁이오."

데메테르의 부탁을 들은 리모스는 밤이 오기를 기다려 에리식톤이 잠자고 있는 방으로 들어갔습니다. 그녀가 그를 껴안자 잠든 그도 잠결에 그녀를 꼬옥 껴안았습니다. 리모스가 입을 맞추자 그는 마치 입맛을 다시듯 그녀의 입술을 빨아댑니다. 그러고는 입맛을 다십니다. 그렇게 하여 리모스는 배고픔의 씨앗을 그의 입속으로 맘껏 흘려넣었습니다. 그때부터 에리식톤은 아무리 먹어도 배가 부르지 않는 병을 앓게 되었습니다. 에리식톤이 음식을 삼키면 배고픔의 씨앗이 싹을 내고 자라면서 뱃속으로 들어오는 족족 다 삼켜버리기 때문이었습니다. 심한 허기 때문에 에리식톤은 이제 잠조차 잘 수 없었습니다.

에리식톤은 먹고 먹고 또 먹었습니다. 그러면서 점차 자신의 모든 재산을 털어 음식으로 바꾸었습니다. 하지만 아무리 먹어도 허기를 달랠 수 없었습니다. 견디다 못한 그는 딸마저도 노예로 팔아 식량을 샀습니다. 효심이 지극한 메스트라는 아버지를 위해 기꺼이 노예로 팔려갔습니다. 이제 배를 타면 여지없이 아버지의 나라를 떠날 판이었습니다. 그녀의 마음에는 오직 아버지 걱정뿐이었습니다.

그때 그녀는 자신에게 구애하던 남자를 떠올렸습니다. 지푸라기라도 잡고 싶은 심정이었던 그녀는 혹시나 그 남자를 만나면 문제가 해결되지 않을까 싶었습니다. 하여 그녀는 상인에게 하루의 말미를 달라고 부탁했습니다.

그녀의 사정을 익히 알고 있던 포세이돈은 이것을 기회삼아 그녀에게 접근했습니다. 포세이돈은 메스트라의 사정을 듣고는 자신과 동침하는 조건으로 원하는 무엇이든 들어주겠다고 약속했습니다.

효심이 지극한 메스트라는 아버지의 허기를 달랠 수 있도록 도와달라며 포세이돈의 청을 들어주었습니다. 원하는 대로 욕정을 채운 포세이돈은 에리식톤이 데메테르의 저주로 늘 배고픔에 시달리고 있다는 것을 알게 되었습니다. 데메테르와 껄끄러운 관계였던 포세이돈은 이 저주를 풀 수가 없었습니다. 때문에 포세이돈은 메스트라에게 어떤 동물로도 변신할 수 있는 능력을 선물로 주었습니다.

메스트라는 노예로 팔려갈 때마다 다양한 모습으로 변신하여 도망을 치곤했습니다. 아버지가 그녀를 상인들에게 팔면 처녀였던 그녀가 상인이 한눈을 파는 사이 얼른 늙은 어부로 변신합니다. 상인은 노인으로 변신한 그녀에게 처녀의 행방을 묻습니다. 그녀는 너스레를 떨며 그 자리를 모면하곤 합니다.

그렇게 에리식톤은 딸을 판 돈으로 양식을 사서 연명했습니다. 그래도 허기는 사라지지 않았습니다. 메스트라는 그때마다 야수로 변신하여 온갖 동물을 사냥해 아버지에게 갖다드렸습니다. 하지만 에리식톤은 여전히 허기에 시달렸습니다. 결국 그는 배고픔을 참지 못해 자신의 팔다리까지 뜯어먹다가 결국 죽음을 맞았습니다. 에리식톤이 걸신들린 듯 먹어대는 병을 아구병이라고 하는데, 이는 에리식톤 증후군입니다.

메스트라도 아버지의 죽음과 함께 결국 비극적인 결말을 맞고 말았습니다. 매번 거짓말로, 매번 변신으로 위기를 모면하던 그녀는 몸도 정신도 피폐해져서 몰골사나운 최후를 맞았습니다. 그 자리에 포세이돈은 코빼기도 보이지 않았습니다.

희생당한 사랑은 그 누구도 구원하지 못합니다. 희생으로 불행이 끝나는 게 아니라 주변을 불행하게 만듭니다. 희생을 강요하는 사랑은 또 다른 희생을 요구합니다. 그 사랑은 악순환을 거듭하다가 결국 모두를 몰락시킵니다. 진정한 사랑만이 아름다운 결실을 맺을 수 있습니다. 사랑은 구걸도 기근도 굶주림도 아닙니다. 진정한 자기존재의 확인입니다.

그리스로마 신화로 읽는 사랑열전

초판 찍은 날 2019년 1월 22일
초판 펴낸 날 2019년 1월 28일

지은이 최복현

펴낸이 김현중
편집장 옥두석 | 책임편집 이선미 | 디자인 이호진 | 관리 위영희

펴낸 곳 (주)양문 | 주소 서울시 도봉구 노해로 341, 902호(창동 신원리베르텔)
전화 02. 742-2563-2565 | 팩스 02. 742-2566 | 이메일 ymbook@nate.com
출판등록 1996년 8월 17일(제1-1975호)

ISBN 978-89-94025-75-9 03100   잘못된 책은 교환해 드립니다.